중국의
선택

중국의 선택

초판 1쇄 발행 2021년 2월 9일
초판 2쇄 발행 2021년 2월 22일

지은이·이철
발행인·안유석
편집장·박경화
책임편집·채지혜
디자인·김남미
펴낸곳·처음북스   출판등록·2011년 1월 12일 제2011-000009호

주소·서울특별시 강남구 강남대로 364 미왕빌딩 14층
전화·070-7018-8812 팩스·02-6280-3032
이메일·cheombooks@cheom.net
홈페이지·www.cheombooks.net
페이스북·www.facebook.com/cheombooks
ISBN·979-11-7022-218-7 03340

21세기 미중 신냉전 시대

중국의
선택

이철 지음

처음북스

엔지니어로서 교육받고 살아온 나는 공학이라는 체계를 통해 세상을 바라본다. 공학은 과학과 사실에 근거하여 세상을 이해하는 것이기에 나는 언제나 세상 속에서 사실만을 보려 노력해 왔다. 엔지니어 외에도 컨설턴트, 전문 경영인, 사업가로 살아왔지만, 많은 사람들은 나를 중국통으로, 중국 전문가로, 중국과 관련된 일을 하는 사람으로 본다. 그리하여 이제 이 책을 통해서 세상이 이렇게 나에게 부여한 역할에 보답하려 한다.

지금까지 중국에 관한 수많은 책이 있었지만 과거가 아닌 오늘의 중국을 단면이 아닌 종합적으로 설명하려는 책은 없었던 것 같다. 이 책이 중국에 대한 완전한 정보를 제공할 수는 없을지라도 중국을 정확히 이해하고 바라볼 수 있도록 도와주는 중국 설명서가 되기를 바란다. 더불어 이 책의 부족함을 느낀 분들이 뒤를 이어 훨씬 더 훌륭한 작업들을 해 줄 것을 기대한다.

이 책이 세상의 빛을 볼 수 있었던 것은 모두 내 인생에서 가장 귀중한 사람들 덕분이다. 나에게 너무나 많은 것을 베풀어 주신 부모님, 나 하나만을 믿고 이국에 와 사람 사는 길로 나를 인도해 준 아내, 나의 환희이며 보람인 재인과 유정, 지구의 반대편에 있지만 마음만은 가장 가까운 웅, 윤경, 재은에게 감사하고 사랑한다는 말을 전한다.

2020년 겨울
눈 내리는 수목란정에서

차례

머리말 _5

1장

당신이 중국을 싫어하는
진짜 이유

'우리'와 '남'을 나누는 중국인 _14

'우리'와 '너희'로 나누는 한국인 _21

중국 공산당, 중국 인민은 중국인을 대표하지 않는다 _24

호감이 반감으로 변한 이유 _28

2장

강림, 중국몽

토지 개혁에서 또다시 토지 개혁까지 _38

내부의 투쟁에서 외부와의 투쟁으로 _50

중국 공산당 지도부의 진정한 목적, 통일 중국 _56

하늘을 가리고 바다를 건너는 일대일로 _60

돌을 던져 길을 묻는 남중국해 점령 _68

말라카 해협의 선택 _71

중국이 북극권 국가라는 이유 _74

3장

어제의 친구가 오늘의 적,
미국과 중국

이길 수 없는 전쟁, 미중 무력 전쟁 _82
미중 경제 전쟁은 두 나라에 무엇을 가져왔나? _88
쩐의 전쟁과 애국심 없는 용병, 월 스트리트 _110
중국의 지구전, 미국이 돌파할 수 있나? _120

4장

21세기 중국의 국가 전략

단기 상황을 알려면 장기 정책을 이해해야 한다 _133
중국 고위 공무원은 백화가 아니라 관화, 삼푼 화법을 사용한다 _139
한국 사장님의 1천 개 CSF와 중국 공산당의 한 페이지 국가 계획 _146
중국의 2035년 비전과 미국 추월 시간표 _150

5장

제14차 5개년 계획,
비상체계로 돌입하는 쌍순환 경제

내순환 경제에 외순환 경제를 입힌 쌍순환 경제 _165
좌회전하는 중국 경제, 흔들리는 시장 경제 _170
신공산주의와 신계획경제 _175
과학 기술 자립 자강 _179
전략 물자 비축 _183

6장

우군과 적군으로
세계를 나누는 외순환 경제

세계 속에 구축하는 위안화 경제권 _194

금융은 실체 경제를 지원해야 한다 _199

세계 최대의 메트로폴리탄, GBA(대만구) _206

디지털 위안화와 홍콩 달러 _214

월 스트리트는 중국의 우군이다 _224

7장

국내 소비 시장을
두 배로 키우는 내순환 경제

첨단 기술의 자력갱생과 실체 경제론 _236

내순환 경제의 초점은 신경제 _249

중국의 넘버원 기술 개발 프로젝트, 3세대 반도체 _255

신에너지와 자동차 산업 _261

내륙으로 내륙으로, 남수북조와 슝안 신구 _267

관광, 체육, 문화로 일구는 내수와 소프트파워 _276

군수 산업 _280

중국의 명운이 걸린 도시화 농촌 정책 _284

8장

적은 언제나 내부에 있다

중국 경제를 위협하는 수출, 실업, 부채, 외환, 부동산, 금융의 고리 _305
중국의 민영 경제는 살아남을 것인가? _320
4대 외세 민족 위구르, 티베트, 몽고, 조선족에 대한 대책 _324
변증법이 적용되지 않는 중국 공산당 _332
시진핑의 후계 구도는 언제쯤 나타날 것인가? _333
중국 공산당 최대의 적은 미국이 아니라 인민이다 _337

9장

미중의 신동북아 전략

21세기 합종연횡 _344
미국의 새로운 대중 정책 _349
중국의 방패, 한중일 삼국 경제권 _353

10장

싸우지 않고 이긴다

중국의 최대 약점, 한국의 최대 강점 _370
진리부를 무력화하라 _376
중국을 무너뜨릴 수 있는 것은 중국 인민뿐이다 _380
중국을 바꾸면 북한도 바뀐다 _387
한반도를 넘어서 _393

1장

당신이 중국을 싫어하는
진짜 이유

최근 우리나라의 혐중 정서가 대단한 것 같다. 필자는 중국에서 오래 거주하고 있는 관계로 우리나라 사정은 대부분 인터넷을 통해서만 접하기 때문에 이런 혐중 정서가 일부 사람들의 제한적인 것인지 대부분의 한국 사람들이 공통적으로 느끼는 것인지는 잘 알지 못한다. 하지만 어쩌다 만나는 한국 사람들도 중국이나 중국 사람들을 싫어한다는 사람은 본 적이 있지만 좋아한다는 사람은 본 지가 제법 오래되었다. 그런 걸 보면 확실히 중국이 좋다는 쪽보다는 싫다는 쪽으로 저울이 기울어져 있다고 판단을 할 수밖에 없다.

필자가 만난 한국 사람들에게 왜 중국이나 중국 사람들을 싫어하는지 물으면 대답은 대체로 비슷하다. 그 내용이 다 이해가 되면서도 그런 이유로 싫어하는 것이라면 미워하는 에너지가 정말 대단하다는 생각이 들기도 한다. 우리는 왜 중국을 이렇게 싫어하게 되었을까?

'우리'와 '남'을 나누는 중국인

사람들은 흔히 중국인을 친구로 사귀기 어렵다고 말한다. 여간해서는 속을 보여 주지 않는다고도 하고 친구가 되는 데 오랜 시간이 걸린다고도 말한다. 어떤 이는 중국인들은 의심이 많아서 그렇다고 비아냥하기도 한다.

한국인이라면 누구나 어릴 때 부모님의 손을 잡고 동네 중국집에 가서 처음 짜장면을 먹던 그날을 기억할 것이다. 필자는 어머니의 손을 잡고 처음 중국집에 갔을 때 보았던 신기한 장면을 기억한다. 장꿰이라고 불리던 주인과 젊은 종업원들 사이에 오가는 쏼라쏼라 중국말, 한국 음식점과는 달리 기름 냄새가 진동하던 가게 안, 처음 먹어 보는 기름진 짜장면 등 모두 잊을 수 없는 순간으로 필자의 마음에 새겨져 있다.

고등학생이 되고 나서 이성에 대한 관심이 생겼을 때 친구들과 어울려 중국집에 가서 짜장면을 먹고 호기롭게 군만두에 몰래 배갈(중국식 고량주)을 마실 때면 으레 너무나도 예쁜 그 중국집 딸이 화제에 올랐다. 화교 학교에 다니던 그 집 딸은 피부가 무척 맑아 치즈 같았고 입술은 아름답게 윤기가 흐르는 붉은 빛이었다. 백설 공주는 바로 이런 아가씨를 두고 형용한 것이리라. 우리들은 혹시라도 그녀의 하교 모습이라도 볼 기회가 생기면 난리를 쳤다. 그러고는 그녀와 눈이라도 마주치면 소리를 지르며 너스레를 떨곤 했던 것이다. 하지만 들리는 이야기에 따르면 어떻게 해도 여자들을 한국인에게는 시집 보내지 않는 것이 당시 화교들의 관습이라고 했다.

또한 중국인을 친구로 사귄다는 것은 거의 불가능하다는 게 당시의 정설이었다. 사춘기의 한국 남학생들은 첫 만남 이후 몇 번 만나서 말을 섞으면 이후에는 함께 놀게 되고 그다음에는 자연스레 친구라고 서로 부르기 마련이다. 그 시간은 길어야 몇 달 정도일 것이다. 그러나 중국인들은 1~2년을 교제해도 마음을 허락하지 않는다고 했다. 대신에 한번 친구가 되면 평생 배신하지 않는다는 이야기도 전설처럼 들리곤 하였다.

필자가 살던 옛 동네를 20년 만에 다시 찾았을 때 어렸을 적 그 중국집이 그대로 있는 것을 보고 감회가 새로웠던 기억이 있다. 사실 중국집들은 대개 한번 자리를 잡으면 10년, 20년이 가도 그 자리에 그대로 있는 경우가 많아서 중국인들은 변화를 싫어하고 전통을 지키는 것을 좋아한다는 말도 많이 들었다. 그것이 부동산 거래를 하려면 법무부 장관의 친필 사인을 받으라는 비현실적인 한국의 법규로 인하여 사실상 화교들은 부동산 거래가 불가능하기 때문이라는 것을 안 것은 한참 후의 일이다(IMF 사태 이후 외국인들의 국내 부동산 거래가 허용되면서 화교들도 부동산 거래를 할 수 있게 되었다).

필자는 중학교에 들어가면서 무협지에 빠져 매일 두 시리즈의 무협지를 읽을 정도였고, 1년이 지나자 학교 가는 길에 있던 서적 대여점의 무협지를 모두 읽어 버렸다. 무협 소설의 대가 김용의 작품들도 그 시기에 대부분 읽었다. 이어서 이소룡의 영화를 접했고 대학에 들어가 성룡 영화를 만나면서 필자는 무협지 마니아에서 무협 영화 마니아가 되었다. 개봉관에서 상영을 마친 무협 영화를 받아 상영하는 재개봉관, 즉 이류 극장의 단골이 되었는데 월요일 아침에 조조할인을 받아서 가면 손님이 아무도 없었다. 그래서 영화관에서도 애국가나 대한뉴스, '무슨 무슨 양복점' 같은 광고를 틀지 않았다. 직접 본 영화를 상영하는 것이다. 필자는 앞자리에 두 발을 올려놓고 마치 재벌이 된 듯한 기분으로 담배를 피우며 영화를 감상했다. 영화관 안에는 군것질거리와 담배를 파는 아이들이 서넛 있었는데 손님이라고는 필자밖에 없으니 모두 근처에 앉아 있기 마련이다. 필요할 때마다 필자가 "어이, 콜라 하나!" 이렇게 외치면 이들이 경쟁하듯 달려와서 콜라나 과자를 내어준다. 이건희 회장인들 이런 사치를 누렸겠는가!

젊은 시절 이렇게 중국인에 대한 어렴풋한 인상을 키워 가던 필자는 1981년에 처음으로 타이완에 여행을 가게 되었다. 그것이 인연이 되어 타이완에서 한국으로 유학을 오는 학생들과 교류를 하게 되었다. 당시 필자는 타이완 친구들을 사귀고 싶어 많은 노력을 했는데, 그 노력이 보상받은 것은 10년 후였다. 당시 왕래했던 타이완 학생 중 하나가 10년 후에 찾아와서 자신이 부탁했던 조그만 약속을 10년 동안 지켜 주어 고맙다며 '이제 우리는 친구'라고 하는 것이었다. 약속이라는 것은 그 친구의 사생활 중 하나를 남들에게 말하지 말아 달라는 것이었는데, 필자는 그와의 약속을 지키고 싶어서 지켰다기보다는 그 사건 자체를 잊어버렸기에 약속을 지킬 수 있었다. 하지만 이로 인해서 중국인들 사이에서 어떻게 '친구'라는 관계가 형성되는지 알 수 있었다.

중국인들이 어떻게 서로 친구가 된다고 생각하는가? 필자에게는 가깝게 지내던, 중국 산시山西성의 사업가 친구가 하나 있었다. 편의상 그 친구를 모 사장이라고 하겠다. 어느 날 필자가 모 사장에게 이렇게 물었다.

"모 사장, 첫인상이라는 말이 중국 말에도 있나?"
"첫인상? 무슨 말인지 모르겠는데?"

물론 중국에도 첫인상이라는 말이 있다. '제일인상第一印象'이라고 한다. 하지만 우리처럼 자주 사용하는 말은 아니다. 그래서 필자는 중국 사람에게는 첫인상이라는 개념이 없는 것이 아닌가 의심했던 것이다. 예를 들면 우리나라의 '배려'라는 말에 정확히 부합하는 중국어를 필자는 아직까지 찾지 못했다.

필자는 모 사장에게 첫인상이 무슨 개념인지 설명해 주고 첫인상을 결정하는 데 얼마나 시간이 걸리는지 물었다. 참고로 한국인의 경우 30초 이내, 미국인의 경우 3분 이내라고 한다. 그러자 모 사장의 대답은 이러했다.

"음, 첫인상이 그런 뜻이라면 나 같은 경우 첫인상이 정해지기까지 1년 정도 걸리는구먼."

첫인상이 결정되는 데 1년이 걸린다니, 중국인을 사귀는 데 10년이 걸리는 것이 전혀 이상하지 않을 정도다. 그렇다면 사회생활을 시작하는 20세부터 중년이 되는 20년 동안 중국인 한 사람이 사귀는 사람의 수는 몇 명이나 될까? 아마 다섯 손가락에 꼽기도 어려울 것이다. 여기에 중국인들의 인간관계의 비밀이 있다. 중국인들은 인간관계를 중시한다. 그래서 '꽌시关系'라는 단어는 우리에게도 매우 익숙하다.

한 사람을 사귀는 데 그렇게도 오랜 시간이 걸린다면 중국인들은 어떻게 인맥을 형성할 수 있을까? 그 답은 바로 '소개'에 있다. 중국인들은 자신의 친구에게 한 명의 친구를 소개해 주면 그 둘도 즉시 친구가 된다. 즉 친구의 친구는 나의 친구인 것이다. 하지만 여기에는 암묵적인 룰이 있다. 당신이 어떤 한 사람을 소개했다면 그에 대한 모든 책임을 져야 한다. 당신이 누군가에게 한 사람을 소개하는 순간부터 그 사람의 보증인이 되는 것이다. 만일 그 사람이 중국 친구에게 사기를 치거나 손해를 입힐 경우 중국친구는 당신에게 모든 책임을 물을 것이다. 그리고 당신이 이를 나 몰라라

한다면 그 즉시 피해를 입은 중국 친구와 그로부터 비롯된 모든 중국 친구들에게 절연 당할 것이다.

10년 만에 타이완 친구를 한 명 사귄 필자는 이 친구가 소개하는 또 다른 타이완 친구를 소개받았고 이런 식으로 계속 타이완 친구들을 만들 수 있었다. 이런 방식은 필자가 중국으로 발령을 받아 파견 근무를 나갔을 때도 계속되었다. 그래서 필자가 중국에서 사귄 초기 친구들은 대부분 타이완 친구들이다. 이들은 대부분 타이완에서 IBM이나 HP 같은 다국적 기업에서 일하다가 해당 기업이 중국에 진출하면서 보다 좋은 대우를 받고 온 사람들이었다. 그리고 이들이 조금씩 소개해 준 대륙 친구들이 생겨서 나중에는 대륙의 인맥도 조금 가지게 되었다.

한국의 기업인들은 필자를 만나면 처음 만난 자리에서도 누군가를 소개해 달라는 말을 쉽게 하는데, 예전과 달리 필자는 이제 절대 쉽게 응하지 않는다. 그간 수차례 한국 기업인이나 지인을 중국 친구들에게 소개해 주는 과정에서 중국 친구들과 그들의 친구들까지 모두 잃게 된 가슴 아픈 경험을 자주 했기 때문이다. 그래서 그 후로는 혹시 소개를 해 주는 경우가 생겨도 "내가 소개하는 사람이나 기업이 내가 보증할 수 있을 만큼 가까운 사람이나 기업은 아니다"라고 중국 친구에게 미리 통지해 주었고, 그 덕분에 더 이상 중국 친구들과 유감스러운 일을 겪지 않게 되었다.

중국인들은 이런 식으로 자기 자신으로부터 출발하여 인맥을 구축해 나간다. 이 인맥의 사슬은 상당한 신뢰로 이루어져 있으며 중국처럼 어지러운 세상에서 불확실성을 딛고 확실성을 제공하는, 그야말로 '험한 세상의 다리'가 된다. 그래서 중국인들은 '먼저 친구로 사귀고 장사는 그다음부터'라는 입장을 고수하는 것이다. 믿을 수 없는 사람과 무슨 비즈니스를 하겠는가. 한국 기업인들이 어느 날 갑자기 찾아와서 협력을 하자고 말해도 이들은 귀를 닫는다. 오늘 당장 무슨 일이 일어날지 알 수 없는 중국이다. 아무리 내가 믿을 수 있는 사람이라고 주장해 보아야 중국인들의 닫힌 귀에는 들리지 않는다.

하지만 중국인들끼리 친구가 소개하고 보증하면 서로 좋은 친구가 된다. 그렇게 해서 사업을 하는 중국인들은 소위 자기들만의 서클, '췐즈圈子'라는 것이 생긴다. 필자가 '홈 앤 어웨이 시스템'이라고 부르는 독특한 협력 방식이 배양되는 것이다.

이 시스템을 어느 한 사업가의 관점에서 설명해 보겠다. 예를 들어 앞에서 이야기한 모 사장이 산시성 타이위엔太原이라는 곳에 살고 있는데 선전深圳에서 구매처나 잠재 고객 또는 투자자를 알아보려 한다고 가정하자. 한국 기업인이라면 상대에게 수차례 메일을 보내거나 전화를 걸어 어렵게 약속을 하고 출장을 가서 택시를 타고 다니며 몇 곳을 방문하는 방식으로 일을 진행할 것이다. 하지만 중국인의 경우 현지의 친구에게 연락하여 부탁하고 선전으로 날아간다. 선전에 사는 모 사장의 친구를 신 사장이라 하자. 신 사장은 공항에서 공항까지 모 사장에게 서비스한다. 모 사장이 만나려는 업체나 사람들도 모두 안배해 준다. 그리고 모 사장이 선전에 머무는 동안 호텔비도 내 주고 식사도 대접하며 기사 딸린 고급 승용차를 내주어 모 사장이 목에 힘을 줄 수 있도록 도와준다. 물론 일이 성사되면 신 사장은 현지에서 자기의 이익을 챙길 것이다.

이익을 얻지 못하는 경우여도 상관없다. 신 사장이 하는 비즈니스가 모 사장 쪽은 도울 수 없는 비즈니스라 가정하자. 신 사장은 자기의 고객들을 모 사장에게 보낸다. 말하자면 접대 여행을 보내는 것인데 모 사장은 신 사장의 고객들을 공항에서부터 고급 승용차로 모시고 극진하게 대접한다. 그리고 이 고객들과 다시 친구가 된다. 신 사장에게 신세 진 것을 갚는 의미도 있고, 신 사장 같은 레벨의 사람이 접대해야 하는 사람들이라면 자기에게도 결코 나쁘지 않은 인맥이 될 수 있을 것이기 때문이다. 이런 영업 방식은 고객과 며칠을 같이 보내며 '꽌시'를 형성하는 것으로 한국 기업의 직원들이 이런 식으로 잠재 고객을 만나면 곧바로 회사에서 잘릴 것이다.

이렇게 자기 영역을 확보한 후 친구의 자원을 이용하는 것은 중국인 사업가들에게는 기본적인 방식이다. 그렇기에 친구의 네트워크는 커질수록 좋다. 하지만 네트워크가 커지면 상대해야 할 사람의 수가 늘고 그 부담도 커진다. 실력이 부대끼는 사람도 나올 수 있다. 그렇게 되면 이 서클에 분화가 일어난다. 실력이 강한 핵심 멤버들과 상황과 조건에 따라 참여하게 되는 방계 조직으로 나뉘는 것이다.

이 서클이 얼마나 크고 강한지가 사업가의 영향력을 좌우한다. 그것을 꽌시라고 부르는 것이다. 그렇기 때문에 꽌시는 특정한 한 사람과의 관계라기보다는 하나의 서클 개념으로 보는 것이 더 적합하다. 서클이 크고 구성원의 능력과 자원이 풍부할수록 서클 구성원 전체의 힘이 상승 작용을 하며 커진다. 그리고 구성원은 자신들을 '우리'라고 부르게 된다.

그런데 자신들을 우리라고 부르는 이들에게 우리가 아닌 사람들은 모두 '남'이 된다. 그리고 남들이 어떻게 되든 상관하지 않는다. 문자 그대로 '남'인 것이다. 우리들끼리 잘 뭉쳐서 이 험한 세상을 잘 헤쳐 나가면 된다. 한국에 있는 화교들, 중국집들을 보며 이들이 배타적이라고 하는 의견들이 있는데 사실 중국 사람들이 집을 떠나 한국에 이민을 와서 그러는 게 아니다. 중국 본토에서도 중국 사람들은 마찬가지다. 일단 우리라는 서클을 철저히 지키며 협력한다. 남들까지 신경 쓸 여유나 이유는 없다. 그래서 중국인들은 세상의 모든 사람을 우리와 남으로 나눈다고 할 수 있다.

'우리'와 '너희'로 나누는 한국인

중국인이 사람들을 우리와 남으로 나눈다면 한국인은 사람들을 '우리'와 '너희'로 나눈다. 당신이 고객을 접대하는 종업원이라면 당신에게 우리는 같은 종업원들이며 고객은 상대방이다. 만일 상사가 나타나면 당신에게 상사는 상대방이고 동료들이 우리들이다. 만일 동료 중에 마음에 들지 않는 인물이 있으면 내 편과 상대편으로 동료들을 나누게 된다.

이러한 한국인의 시각은 개인 차원이 아니라 회사 차원에서도 마찬가지다. 어느 중국 회사와 미팅을 한다고 하자. 중국인들에게 가장 중요한 것은 한국 회사가 우리가 될 수 있는지다. 우리가 될 수 없다면 한국 회사는 남이며 이에 따라 협력은 제한적이고 철저히 단기적 이익을 추구하게 된다. 반면 한국인들에게 회사 간 미팅은 우리 회사와 상대 회사의 미팅이며 일종의 너와 나라는 대결 구도를 가진다.

우리와 너희로 나누는 구분 방식은 곧바로 누가 위고 누가 아래인지를 나누게 한다. 상대가 고객이면 너희는 곧 받들어 모셔야 할 사람들이 되고, 상대가 협력 업체라면 우리를 받들어 모셔야 할 사람들이 된다. 이렇게 우리와 너희로 나누는 이분법은 기본적으로 상대를 위아래로 나누며 비슷할 경우 서열을 나누게 된다. 마치 동창회에 가 보면 소위 출세한 친구들이 뻐기고 앉아 있고 그렇지 못한 친구들은 구석에 앉아 있듯이 말이다.

문제는 이런 두 나라의 문화가 자주 충돌한다는 것이다. 한국 기업을 찾아와서 회의에 참석하는 중국 사람들은 자주 모욕감을 느낀다. 두 회사가 마주 앉아 회의를 시작하면 한국인들은 모두 자기들의 상사와 중국 측의 상사 두 사람만 주의하기 때문이다. 자기들은 쳐다보지도 않고 최상급자 한 사람만 바라보는 한국인들을 보며 중국인들은 소외감, 심하면 모욕감을 느낀다.

하지만 한국인들은 이런 상황을 전혀 인지하지 못한다. 왜냐하면 한국인들끼리 회의를 해도 모두의 관심은 양측 진영의 최상급자들에게 몰려 있기 때문이다. 그래서 중국 측 최고위직의 얼굴이나 발언 내용은 기억해도 다른 사람들은 얼굴조차 잊는 경우가 많다.

이러한 한국인의 행동 방식은 양측 회사가 우리가 될 수 있는지 시험하는 중국인에게는 너무나 낯선 방식이다. 게다가 중국의 경우 갑을 관계는 분명히 존재하지만 한국처럼 그렇게 수직적이지 않다. 갑을 관계의 경우에도 형식상으로는 먼저 친구가 되어야 한다. 따라서 실제로는 갑으로서 각종 향응을 즐기고 특별한 대우를 받더라도 겉으로는 평등한 친구 관계를 유지한다.

한 회사 내의 상사와 부하 관계도 마찬가지다. 중화 문화권에서 한국처럼 '나는 상사, 너는 부하'와 같은 경직된 수직 관계는 매우 드물다. 너와 나는 우리라는 것이 전제이며 그 안에서 각자의 역할이 다를 뿐이다. 하지만 권력 또는 권한의 차이는 분명하기 때문에 상사의 권위에 거스르는 사람은 거의 없다. 그래도 생활 면에서는 어디까지나 우리 안에서의 상사와 부하이다.

한국인의 수용 태도는 국가 간 관계에서도 유사한 형태로 나타난다. 한국은 대미 관계, 대중 관계, 대일 관계라는 말을 주로 사용한다. 그런 식으로 두 나라의 관계를 쌍무적으로 바라보는 것이다. 하지만 현실적으로 미국이 한국을 자국과 동등하거나 중요한 비중으로 고려해 줄까? 영국, 프랑스, 독일, 이탈리아 같은 유럽 국가들 그리고 캐나다나 멕시코 같은 인접 국가들을 제치고 한국과의 이해관계를 고려할 것 같은가? 현실은 그렇지 않다.

중국이 한국에 대한 외교 정책을 비중 있게 다룰 것 같은가? 또 중국이 한국을 얕잡아 보고 고압적인 자세를 보인다고 하는데 과연 한국에만 그럴까? 그렇지 않다. 일본에 대한 태도 역시 마찬가지다. 비록 이제 대한민국의 국력이 많이 신장하여 선진국에 진입하고 있다지만 한국의 국제적인 영향력은 강대국 입장에서 일대일로 상대해 주기에는 아직 국력이 거기까지 도달하지 못했다. 그럼에도 불구하고 대미 관계, 대중 관계, 대일 관계로 국제 관계를 파악하는 관행이 유지되는 것은 그것이 우리의 기본적인 관계 문화이며 우리가 사람들을 이해하는 프레임이기 때문이다. 하지만 우리나라에 대한 주변 강대국들의 입장과 태도, 정책은 우리와는 관계없이 주로 그들 사이의 역학관계에 의해 결정된다. 이것을 알아야 우리나라와 인접 국가들 간의 관계를 진정으로 이해할 수 있다. 그래서 강대국들 사이의 역학 관계를 전제로 아무리 좁혀서 생각해도 미국과 중국, 두 나라의 관계 속에서 한국을 파악하지 않으면 우리의 위치가 보이지 않는다.

그런 의미에서 중국을 제대로 이해하는 것은 우리에게 매우 중요하다. 미국이나 일본은 개방 국가이며 투명한 정치 체계를 갖고 있다. 그래서 마음만 먹으면 이 국가들에 대한 많은 정보를 확보할 수 있고 교류도 많다. 상대국에 유학을 다녀온 인재들도 많이 있다. 그렇기에 이들 국가에 대한 정보 접근이나 이해는 상대적으로 쉽다.

하지만 중국의 경우는 다르다. 중국의 국가 체제를 제대로 이해하는 한국인은 많지 않다. 어떤 한국인은 중국이 이제 한국보다 더 심한 자본주의 국가라고 하는가 하면, 또 어떤 이는 "사회주의자들이 사는 자본주의 국가가 한국이요, 자본주의자들이 사는 사회주의 국가가 중국이다"라는 말을 하기도 한다. 그러나 이는 대부분 오해다. 중국은 분명한 사회주의 국가이며 우리와는 매우 다른 정치, 사회, 경제, 문화를 가지고 있다.

그럼에도 불구하고 우리는 중국을 잘 안다고 생각한다. 연배가 높은 사람들은 본인이 삼국지를 열 번 이상 읽었기 때문에, 중년들은 중국에 자주 여행을 가고 중국에서 일하는 친지들도 있어서 많은 이야기를 들었기 때문에, 젊은이들은 미디어에서 중국 소식을 많이 접하고 거리에서도 쉽게 중국 유학생이나 관광객들을 접하기 때문에 중국을 잘 안다고 생각한다. 하지만 이것은 모두 오해다. 당신은 중국을 잘 알지 못한다.

중국 공산당, 중국 인민은 중국인을 대표하지 않는다

우선 중국과 중국인에 대해 생각해 보자. 만일 지난 세기였다면 중국이란 말은 '자유 중국'을 의미했다. 지금은 우리가 타이완이라고 부르는 국가 말이다. 사실 타이완의 정확한 국호는 중화민국인데 그렇게 부르는 사람은 매우 적다. 오늘날 한국인들에게 중화민국인들은 중국인이 아니다. 타이완 사람이다. 이는 일본인들이 재일 교포들을 조선인이라고 부르는 것과 동일한 처사이다. 우리 한국인들은 의식하지 못하는 것 같지만 말이다.

그렇다면 우리와 함께 살고 있는 화교들은 타이완인인가? 아니면 상대의 국적을 밝혀 국적에 따라 중국인, 타이완인으로 나누어 부를 것인가? 일본인들이 국적에 따라 조선인이나 한국인으로 나누어 부르듯이? 아니면 우리가 고려인이라고 부르는 동포들이 있듯이 해외 화교들은 지나인 정도로 불러야 하는가?

우리가 일상에서 사용하는 '중국', '중국인'이라는 말은 현재 상황에서는 너무 모호한 말이다. 그래서 중국의 부상과 함께 이러한 현상을 서방 국가에서 먼저 겪은 해외의 중국인들은 '화인華人'이라는 말을 사용한다. 중화인이라는 뜻이다. 이 단어는 중국 인민, 타이완인, 전 세계의 화교 그리고 제3국의 국적을 가진 모든 중국계 사람들, 자신의 정체성을 중국인으로 생각하는 이들을 포함한다. 그리고 이러한 서클을 '화인세계華人世界'라고 부른다. 우리가 자주 사용하는 중국인은 응당 이 '화인'이라는 의미로 사용해야 할 것이다.

중국 국적의 사람을 의미하는 뜻으로 중국에서 사용하는 중국 인민이라는 말을 사용한다면 중국 인민은 결코 전체 중국인을 대표할 수 없다. 중국인이라는 말은 화인, 곧 중화인이라는 뜻이며 이는 중국 대륙, 타이완, 홍콩, 마카오, 싱가포르의 상당수, 동남아 일대의 화교, 미국과 유럽의 중국계 교포들을 모두 포괄하는 단어라고 본다.

그래서 이 책에서 중국인은 화인들을 의미하는 말로, 중국 인민은 중국 국적의 사람들을 칭하는 말로 사용할 것이다. 또 중국 인민들과 그들이 살고 있는 중화인민공화국에 대해서 다룰 것이며, 앞으로 수십 년간 중화인민공화국이 어떤 길을 가려고 하는지에 대하여 이야기할 것이다. 단 '중화인민공화국'이라는 표현은 낯설고 길어 주로 중국이란 말을 사용할 것이다.

중국은 국가의 개념이 우리와 다르다. 사실 모든 공산주의 국가가 대부분 그렇다. 이들 국가에서 국가라는 것은 공산당 조직의 하위 개념이기 때문이다. 그래서 중국 인민들이 말하는 국가와 한국인이 말하는 국가는 그 의미가 다르다. 예를 들어 "이게 나라냐?"라고 말할 때 중국에서는 중앙 행정 기구를 의미한다.

이 기회에 국가의 이름에 대해서 한번 생각해 보자. 우리나라의 정식 국호는 대한민국이다. 중화민국도 민국이다. '민국'은 무슨 뜻일까? 민국은 바로 공화제를 의미한다. 주권이 국민에게 있다는 뜻이다. 그럼 왜 나라 이름에 민국을 넣었을까? 그것은 나라가 세워질 당시에는 공화제가 아니었기 때문이다. 우리나라의 경우는 건국 당시 일본 제국주의 식민지였고 그 이전에도 군주 국가였다. 주권이 국민들의 손에 있어 본 적이 없었던 것이다. 중화민국의 경우에도 건국 이전 수천 년 동안 봉건 군주제였다. 그래서 국가의 이름에는 대개 건국 당시 추구하는 국가 이념이나 체계를 집어넣는다. 북한의 정식 명칭은 '조선민주주의인민공화국'이다. 건국 당시 이념이자 이상이었던 단어들이 '민주주의', '인민', '공화국' 등으로 들어가 있다.

그렇다면 '자본주의'라는 단어가 들어간 국가 이름을 본 적이 있는가? 아마 없을 것이다. 왜냐하면 아무도 자본주의가 이상적인 국가 체계라고 생각하지 않기 때문이다. 심지어 수많은 정당 이름 중에 '○○자본주의 정당' 이라는 것도 들어 본 적이 없다. 과거 우리나라 권위주의 정권들이 반공을 국시로 삼을 때도 자본주의를 지향한다고 한 적은 없다. 필자가 과문한 탓인지 모르겠으나 이 세상에 자본주의라는 단어가 들어간 이름을 가진 국가는 들어 본 적이 없다.

하지만 '공산주의'라는 말은 귀에 딱지가 앉도록 들었다. 왜냐하면 '공산주의'의 이상과 이념을 주장하는 사람들이 무척 많았기 때문이다. 많은 국가들이 나라 이름에 '사회주의'라는 단어를 넣고 있다. 자본주의를 넣은 국가들은 없는데 말이다. 그러면 공산주의가 자본주의보다 더 좋은 것일까?

필자는 자본주의라는 개념 자체가 공산주의를 설명하기 위해 만들어진 부산물이라고 생각한다. 공산주의는 인류 사회를 계급으로 나누고 계급 간의 모순과 투쟁으로 이해한다. 이 관점에서는 구체적인 국가의 이름, 국왕의 이름 등은 중요하지 않다. 삼국지의 첫 장면에 나오는 황건적의 난도 중국에서는 무산 계급의 투쟁으로 해석한다. 황건적이 일어날 당시 황제가 누구인가는 중요하지 않다. 일본이 한반도에 임나일본부를 두어 한반도 남부를 통치했든, 백제가 규슈에 식민지를 만들어 일본을 통치했든 공산주의 사관에서는 별 의미가 없다. 어차피 무력을 가진 일부 귀족 계급이 백성들의 노동력을 착취하면서 산 것은 똑같기 때문이다. 그놈이 그놈인 것이다.

그래서 공산주의에서 국가는 중요하지 않다. 영구히 계급 투쟁을 사라지게 할 수 있는 공산주의가 가장 중요하다. 공산주의를 이끄는 것은 공산당으로 국가는 이러한 공산당의 이념을 실현하고 집행하는 행정 기구일 뿐이다. 그래서 중화인민공화국은 국호에 사회주의를 나타내는 '인민'을 넣고 있다.

중국에서 가장 높은 사람인 시진핑习近平 주석의 보직은 국가 주석이다. 국가에서 가장 높은 사람이라는 뜻이다. 그럼 국가 주석이 중국에서 가장 높은 사람일까? 아니다. 국가는 공산당의 아래에 있기 때문이다. 공산당에서 가장 높은 자리는 공산당 주석이다. 마오쩌둥毛泽东이 공산 혁명을 일으켰을 때 최초로 중국 공산당 주석의 자리에 올랐지만 대약진 운동, 문화대혁명 등으로 실정을 거듭하자 그 후 정권을 장악한 덩샤오핑邓小平이 일인 독재의 폐해를 막기 위하여 집단 지도 체제를 정착시켰다. 그래서 만들어진 집단 지도 조직이 현재의 중국 공산당 정치국 상무위원회다. 현재 이 위원회에는 시진핑, 리커창李克强, 리잔수栗战书, 왕양汪洋, 왕후닝王沪宁, 자오러지赵乐际, 한정韩正 등 7인의 상무위원이 있으며 이들이 중국을 이끌고 있다.

이들이 이끄는 중국 공산당이 중국인을 대표한다고 할 수 있을까? 만일 중국인이라는 말을 포괄적으로 사용한다면 앞서 설명했던 것처럼 이들이 화인세계를 모두 대표할 수는 없는 일이다. 그렇다면 중국 인민들을 대표한다고 할 수 있을까? 형식적으로는 당연히 이들 7인이 중국 인민들을 대표한다. 하지만 이들은 중국 인민들에 의해서 선택된 사람들이 아니라 공산당 내의 권력 투쟁을 통해서 가장 높은 권력의 자리에 올라간 사람들이다. 그래서 14억 중국 인민들의 뜻을 대변하는 사람들이라고 할 수 없다.

이런 시각으로 보면 인민의 뜻을 대변하는 인민 대표가 우리의 국회의원에 해당되어 인민의 의사를 대변한다고 할 수 있다. 그러나 인민 대표의 선발이 공산당에 의해 결정되고 군과 공안의 간부들이 당연직으로 대거 참여하기 때문에 이 역시 인민의 뜻을 받든다고 하기 어렵다. 그러므로 이들 7인의 뜻을 전체 중국 공산당의 뜻으로 또는 전체 중국 인민들의 뜻으로 또는 전체 중국인들의 뜻으로 확대 해석해서는 안 된다.

호감이 반감으로 변한 이유

한중 수교 시점을 돌이켜 보면 그전부터 우리가 중국에 대해 이미 상당한 호감을 가지고 있었던 것으로 기억한다. 중국인에 대해서 호감을 갖는 분위기가 형성된 것은 당연히 중국이란 나라가 생긴 후의 일일 것이다. 그리고 중국이라고 하면 중화민국이거나 중국인민공화국일 테고 그 이전에는 청나라였을 것이다.

청나라 말기의 역사는 그야말로 조선과 평행 우주 격이라고 해도 될 정도로 비슷하다. 청나라가 아편 전쟁에서 영국에게 패한 후 난징 조약을 맺고 5개 항구를 개항했을 때 조선은 일본에 패한 후 강화도 조약을 맺고 부산, 원산, 인천 등을 개항하였다. 청나라에서 태평천국의 난이 일어났다면 조선에서는 동학농민운동이 일어났다. 그리고 청에서는 쯩궈판曾国藩, 리홍장李鸿章 등에 의해 서양을 배우려는 양무 운동과 캉요우웨이康有为의 유신 변법이 일어났고 조선에서는 갑신정변이 일어났다. 이러한 혁신 운동으로 인해 군주제가 없어지고 공화제가 도입될까 두려웠던 청의 서태후와 조선의 명성황후가 이를 탄압한 것도 똑같다.

두 나라의 차이는 국가의 마지막이다. 청나라에서는 쑨원孙文 선생이 이끄는 혁명 세력에 의해 공화제를 실행하고 중화민국을 여는 데 성공했지만 조선은 일본의 식민지가 되었다. 그 후 일본이 중국을 침략하면서 중화민국은 안으로는 국공 내전, 밖으로는 항일 투쟁을 하게 되었다. 이 시기 조선의 독립투사들은 중국에 임시정부를 수립하고 항일 투쟁을 하였다.

사실 한국인과 중국인 사이에 깊은 연대감이 형성된 것은 이 항일 투쟁 시기일 것이다. 청나라에 대한 반감이 있던 사람도 중화민국에는 반감을 가질 이유가 없었고, 공화제에 대한 반감을 가진 조선 사람에게도 더 이상 지켜야 할 조선이 없어졌으니 남은 것은 항일을 매개로 한 공감대였을 것이다.

그러나 6·25전쟁을 겪으면서 중국에 대한 우리의 감정은 둘로 나뉜다. 반공을 국시로 하는 시절에는 중화민국을 자유 중국이라고 부르며 혈맹이라 칭하고, 중화인민공화국은 중공이라고 부르며 적대시했었다. 그런데 노태우 대통령이 북방 정책을 전개하면서 이러한 여론은 하루아침에 사라졌다. 어느 날 문제가 생긴 중국의 여객기가 한국에 비상 착륙을 하자 한국 정부는 극진한 성의를 보였고 미디어와 여론도 중국인들에 대한 호기심과 호감으로 지면을 도배하였다. 어떻게 이런 일이 가능한 것일까? 중공에 대한 반감은 어느 날 갑자기 소멸해 버린 것일까?

사실 여기에도 한국인의 우리와 너희를 나누는 문화가 작용했다고 본다. 우리에게 가장 강력한 너희라는 존재는 바로 북한이다. 당시 남북한은 국제 무대에서 서로 경쟁하는 상태였다. 경제 발전에 있어 북한과 뚜렷한 차이가 나고 자신감이 생기자 당시 노태우 대통령은 북방 정책을 펼쳤다. 간단히 말해 너희 북한의 친구들을 우리 한국의 친구로 데려오는 정책을 시행한 것이다. 당시 박철언이 이 정책을 추진하면서 동구권의 여러 사회주의 국가들과 외교 관계를 맺는 데 성공한다. 이것은 우리 한국인들에게는 너희 북한의 세력을 우리 남한의 세력으로 바꾸거나 최소한 중립으로 만든다는 의미가 있었다.

그러다 보니 남북한에 가장 큰 영향을 줄 중국과 우리나라가 외교 관계를 수립한다는 것은 중국에 대한 반감의 크기보다도 북한의 맹방을 우리 쪽으로 끌어온다는 의미가 훨씬 컸다. 실제로도 이 과정에 대한 선즈화沈志華 교수의 발언 내용을 보면 북한과 중국 간의 관계는 한중 수교로 인해 사실상 한 시대를 정리했다는 것을 알 수 있다.

당시 중국은 개혁 개방에 나선 지 얼마 안 되어 세계 각국의 기술과 투자를 끌어오기 위해 노력 중이었고 한국의 접근과 구애는 결코 나쁘지 않은 것이었다. 그렇게 두 나라는 서로의 욕구와 필요에 의해서 수교를 하게 되었고 두 나라의 국민은 서로에 대한 호감을 갖게 되었다. 그 과정에서 우리가 중화민국을 어떤 식으로 저버렸는지에 대해서는 이미 대부분의 한국인들이 잊어버렸지만 말이다.

한중 두 나라의 밀월 관계는 계속되었다. 한국은 중국에서 엄청난 무역 수지 흑자를 올렸고, 중국은 한국으로부터 열정적인 투자와 기술 및 경험을 전수받았다. 그러면서 두 나라 사람들의 상호 교류는 폭발적으로 증가했다.

하지만 어느 순간부터 중국에 대한 한국인들의 시각이 부정적으로 변하기 시작했다. 중국인에 대한 한국인의 호감은 언제 반감으로 바뀐 것일까? 마찬가지로 한국인에 대한 중국 인민들의 호감도 어느 순간부터 바뀐 것 같다. 언제부턴가 한국인에 대한 중국 인민들의 비호감 표현이 늘고 있으니 말이다. 그리고 수년 전의 사드 사태를 계기로 소위 한한령(중국 내 한류 금지령)이 내려지면서 양국 국민의 상대에 대한 감정은 악화일로를 걷고 있다.

필자의 생각이긴 하지만 한국인이 우리와 상대방으로 나누어 보는 방식을 수치로 표현한다면 60 대 40 정도로 볼 수 있다. 물론 사람과 조직에 따라 차이가 있을 것이다. 그런데 중국인이 우리와 남으로 나누어 보는 방식을 수치로 표현한다면 조금 과장을 보태서 99 대 1 정도일 것이다. 남에 대해서는 거의 신경을 쓰지 않는 것이다. 그러니 미세 먼지가 한국으로 넘어가는 일에 중국 인민들이 신경을 쓸 리 없다. 사실 자기 집의 미세 먼지가 옆집으로 넘어간다 하더라도 신경 쓰지 않을 것이다. 그 반대도 마찬가지다.

이러한 시각과 비중의 차이는 중국을 비중 있게 여기는 한국인과 한국을 남으로 여기는 중국인 사이의 기대 격차를 크게 만든다. 또한 이에 따른 양국 국민들의 실망감의 격차를 더욱 크게 만든다. 한중 양국 국민들의 감정은 이렇게 상대 국가에 대한 이해 부족에서 기인한 바가 크다. 중국인들은 한국 정부의 행동을 감정을 가진 한 인격체처럼 이해한다. 한국인들은 중국 공산당 지도부의 정책을 모든 중국인의 합치된 의견인 양 받아들인다.

모두 어딘가에서 어긋나고 있는 것이다.

필자는 본서에서 중국의 향후 동향에 대한 예측과 함께 중국 내부의 메커니즘을 소개함으로써 중국에 대한 이해를 돕고자 한다. 한중 양국이 서로 싫어하는 부분이 있다면 정확하게 대상을 특정하여 미워하는 범위를 줄이고 우호의 범위는 넓히고 싶은 바람이다.

2장

강림, 중국몽

한국 사람과 중국 인민이 서로 강렬하게 상반되는 감정을 느끼는 단어는 아마도 '중국몽'일 것이다. 이 단어는 중국 인민에게는 중화 민족의 위대한 미래를 의미할 것이고, 한국 사람들에게는 매우 패권적이고 위협적으로 느껴질 것이다.

중국 인민들도 주변 국가 사람들이 중국몽이라는 단어에서 느끼는 위협감을 이해할까? 아니면 중국의 위대한 비전에 다른 나라 사람들이 질투하고 시샘하는 것으로 생각할까? 역으로 우리는 왜 중국몽이라는 말에 거부감을 느끼는 것일까? 중국이 싫어서? 사촌이 땅을 사면 배가 아파서? 아니면 중국몽이라는 단어에서 중국의 패권주의가 느껴져서? 그러면 우리가 한반도 통일을 국가의 미션 혹은 비전으로 내세울 때 중국 인민들은 거부감이 없을까? 중국을 여행하는 한국 사람마다 만주는 우리 땅이라고 할 때 중국 인민들은 위협감을 느끼지 않을까? 결국 중국과 한국은 서로 부딪쳐야 하는 운명인 것일까? 한중일 삼국은 이렇게 서로 으르렁거리며 살아야 하는 것일까? 중국이 싫은 것이 공산주의 국가이며 패권 국가여서라면 우리는 왜 일본에 중국 못지않은 거부감을 느끼는 것일까?

미워할 때 미워하더라도 중국이 왜 지금 중국몽을 이야기하는지, 여기에 중국 인민들이 왜 열광하는지를 이해할 필요가 있다. 필자는 중국이 중국몽을 이야기하는 것은 중국 내부 문제를 해결하기 위해서라고 생각한다. 단순히 자국이 강대해지고 잘살게 되는 것이 좋기 때문만은 아니다.

토지 개혁에서 또다시 토지 개혁까지

중국은 마오쩌둥을 중심으로 한 공산당 세력이 국공 내전에서 장제스蔣介石의 국민당 정부를 타이완으로 몰아냄으로써 성립하였다. 이 국공 내전에서 물자와 무기가 풍부했던 장제스 군부의 부패와, 혁명 정신으로 뭉친 공산당 군대의 물자가 부족했다는 이야기 등은 잘 알려져 있다. 이는 어딘지 모르게 베트남의 적화 통일 이야기와 유사하다. 외국의 원조를 받는 부패한 정권과 혁명의 열기로 가득 찬 젊은이들의 혁명과 희생이라는 대립 구도 말이다. 에드거 스노Edgar Snow의 책 《중국의 붉은 별》에 묘사된 중국 공산당의 '연안 장정'은 숭고하기까지 한 중국 공산당의 전설이 되어 전해진다. 지금도 중국 시골에 가면 연안 장정에 참여했다는 노인이 알아듣기 힘든 목소리로 당시의 활약상을 신이 나서 동네 아이들에게 침을 튀기며 들려주곤 한다.

그런데 이 연안 장정은 어딘가 이상하다. 연안 장정은 중국 공산당이 국민당에게 쫓기고 쫓겨서 연안이라는 산시성 북쪽의 한 도시로 도망하는 이야기이다. 출발할 때는 수만 명이었던 공산당이 연안에 도착했을 때는 7천 명 정도만 남아 있었다고 하니 꽤나 처절한 과정이 아닐 수 없다. 그래서 이 연안 장정 이야기는 지금도 중국에서 자주 영화의 모티브가 되기도 하고, 한니발이 알프스를 넘어 로마로 진군하는 이야기와 비교되기도 한다. 그런데 9,600킬로미터나 도망간 군대에게 어째서 대장정이라는 말을 붙이는 것일까? 예전에 필자의 한 국민당 친구가 툴툴거리며 필자에게 패배해서 도망가는 군대에게 장정이라니 말도 안 된다고 말한 적이 있다. 사실 생각해 보면 매우 맞는 말이다. 연안 대장정이 아니라 '연안 대도망'이라고 해야 맞는 표현일지도 모르겠다. 이렇게 거의 쪽박을 차다시피 한 공산당 부대가 연안에 도착했을 때 이 지역 일대를 공산당의 소비에트로 만들어 놓고 마오쩌둥을 기다리고 있던 20대의 젊은이가 시진핑 주석의 아버지인 시중쉰习仲勋이라는 것은 이제는 매우 유명한 이야기다. 시중쉰 덕분에 공산당은 간신히 몸을 의탁할 근거지를 얻었다고 할 수 있다.

이렇게 도망만 가던 군대가 어떻게 중국을 차지할 수 있었을까? 그것은 무력이나 자금력이 아니었다. 마오쩌둥의 단 한마디였다.

"지주의 땅을 빼앗아 농노들에게 나누어야 한다!"

무기도 돈도 필요 없었다. 자신들이 경작하던 땅을 지주에게서 빼앗아 나눠 준다는 말에 당시 중국 전역의 농민들이 모두 공산당을 따랐다. 실제로도 국민당 군대와 싸운 것은 대부분 지역에서 국지적으로 조직된 자발적인 공산당이었고, 연안의 마오쩌둥은 후선에서 전략과 방침을 내리는 역할을 했다. 진정한 전투, 실제 피를 흘리는 싸움은 대부분 전국의 농민들이 한 것이었다. 마오쩌둥의 토지 개혁 정책은 당시로서는 큰 사건이었다.

초기 중국 공산당은 프랑스에 유학 간 중국 학생들이 마르크스-레닌 사상을 접하면서 시작되었다. 중국 내에서 간접적으로만 공산당 사상을 접할 수밖에 없었던 사람들에 비해 이들 유학생 그룹은 자연히 더 권위를 가졌다. 따라서 초기 중국 공산당은 프랑스 유학파가 이끌었다. 하지만 이후에 중국 공산당을 장악한 마오쩌둥은 베이징 대학 도서관에서 사서로 일하며 나름대로 소양을 닦은 덕분에 사상을 깊이 이해하고 있었고, 현실 세계에 비추어 소화하는 능력도 뛰어났다. 필자의 주변에 중국의 매스미디어를 연구하던 사람이 있었는데 그는 항상 다음과 같이 말하며 탄복하곤 했다.

"마오쩌둥은 어떻게 그런 어려운 사상을 완전히 소화하는 것은 물론, 이를 밭 갈던 농민들도 알아들을 수 있도록 어찌 이렇게 쉽게 표현할 수 있었을까?"

마오쩌둥은 혁명 초기 중국에서 공산당 사상이 잘 호응을 받지 못하는 이유가 기존의 마르크스-레닌주의가 서구식 자본가와 노동자의 모순을 이야기하고 있기 때문이라고 생각했다. 당시 중국에 무슨 산업이라고 할 만한 것이 별로 없었으니 공산당 이론은 민중들에게 그야말로 남의 동네 이야기로 들린 것이다. 그래서 그는 지주를 자본가에, 농노를 노동자에 대입하였다. 그러자 생산 수단을 공유한다는 서구식의 공산주의는 자연스럽게 농사지을 토지를 공산화하여 농노들에게 분배해야 한다는 중국식 정책으로 탄생하게 되었다. 공산화라는 말 자체가 사유 재산을 공유 재산화한다는 의미이니 중국 실정에는 매우 부합하는 셈이다. 어떻게 보면 마오쩌둥은 '토지 공산화', 이 단 하나의 정책으로 중국을 손에 넣었다고 해도 과언이 아니다. 토지 개혁 정책은 '중국 특색 사회주의'라는 말로 중국 공산당 사상 내에서 부동의 지위를 얻게 된다.

이제 중국 정부가 언론 보도를 할 때마다 항상 이야기하는 '중국 특색 사회주의'라는 말의 의미를 이해할 수 있을 것이다. 중국 특색 사회주의 다음으로 자주 출현하는 상용구는 바로 '개혁 개방'이다. 개혁 개방은 덩샤오핑이 1978년 3중전회에서 제안한 것으로 시장 경제를 도입하고 문호를 열어 외국과 협력한다는 내용이다. 하지만 중국 공산당에서 개혁을 하려면 내부 토론과 논쟁을 거쳐야 하고 여기에서 승리해야 한다. 당시 중국 공산당은 마오쩌둥이 주장하는 원론에 가까운 마르크스-레닌주의적 사고가 기본 방침이었기에 덩샤오핑이 주장하는 시장 경제는 자본주의자들의 사고방식이라는 공격을 받았다.

이 사상 논쟁에서 덩샤오핑이 주장한 것이 '사회주의 발전 단계론'이다. 서구는 봉건제도에서 산업 혁명을 거쳐 자본주의로 이전하고 발전하면서 시장 경제가 고도로 발전한 상태였기 때문에 공산화가 되면 기존의 시장 메커니즘의 기초 위에 계획경제를 운영하는 것이 가능했지만 산업화 자체가 이루어지지 않은 중국은 당시 수준에서 계획경제를 운영하는 것은 적합하지 않다는 논지였다. 그래서 마르크스-레닌주의 및 중국 특색 사회주의를 실행함에 있어 경험하지 못했기에 미성숙한 시장 경제 단계를 도입하여 성숙시키고, 그다음에 계획경제를 도입하면 된다고 한 것이다.

이렇게 시장 경제를 도입하는 것이 '개혁'이다. 그리고 '개방'은 개혁을 통해 만들어진 중국의 시장을 미끼로 외국의 자본과 기술을 들여와 산업과 경제의 발전을 도모한다는 것이다. 개혁 개방 정책은 지금까지 훌륭하게 그 힘을 발휘했고 중국 공산당의 발표 때마다 재확인되고 있다. 필자 개인적으로는 덩샤오핑의 통찰이 얼마나 놀랍도록 훌륭한지 감탄하는 바이다.

개혁 개방 이후 중국 공산당은 눈부신 경제 발전을 이루었고 그 과정에서 홍콩과 마카오를 반환받는다. 중국 공산당의 자신감은 날로 커져만 갔고 중국의 경제 성장률은 세계를 놀라게 하였다. 그러자 중국 지도부는 공산주의 국가 건설이 이제는 완전히 정착 단계에 온 것으로 여기게 되었는데, 이를 사상으로 선언한 것이 장쩌민江澤民의 '삼개대표三个代表 이론'이다. 장쩌민은 삼개 대표 이론에서 더 이상 중국 공산당은 노동자와 농민들, 즉 프롤레타리아만을 대표하지 않는다고 하였다. 자본가와 지식인 등 중국 사회의 모든 계급을 대표한다고 한 것이다. 사실 맞는 말이다. 공산화가 이미 완성된 국가이고 노동자와 농민들이 사회의 주인인데 무슨 계급이 있고 계급 간 갈등이 있겠는가? 하지만 개혁 개방은 돈을 가져왔고 돈이 대량으로 만들어지고 유통되는 사회는 역시 자본가, 기업인, 지식인들을 생산하게 된다. 중국 공산당은 사상과 이념 측면에서 이런 현상의 모순을 해결해야 했던 것이다. 필자가 듣기에 삼개대표 이론이 발표되던 당시 공산당 내부에서는 격렬한 사상 논쟁이 있었다고 한다. 무산 계급을 대변하지 않는 공산당을 공산당이라고 할 수 있느냐는 보수파의 공격이 있었고, 공산당이 절대 권력을 모두 가지고 있는 사회 구조에서 특정 계급만을 대표한다는 것은 자기모순이라는 방어가 있었다고 한다.

언제나 승리하는 것은 권력을 가진 쪽이다. 삼개대표 이론을 내놓은 장쩌민 전 주석은 천안문 사태로 임시 주석을 맡은 기간 3년, 정식 국가 주석 10년, 후진타오 주석 시기 10년 동안에도 후선에서 실질적 권력을 행사하여 합계 23년간 중국의 최고 권력자로 군림했다. 장쩌민이 삼개대표 이론을 원했으니 이 이론이 정식으로 중국 공산당 사상으로 성립될 수밖에 없었다. 중국 여행을 갈 경우 자주 이용하게 되는 고속철의 옆을 보면 화계호 和階号라고 쓰여 있는 것을 발견할 수 있다. '화계'는 계급 간에 갈등이 없이 화목하다는 뜻으로 바로 장쩌민의 삼개대표 이론을 계승한 말이다.

이제 중국은 계급 갈등이 소멸하고 행복한 나라가 되었다. 그런데 모든 이들이 평등하게 잘살고 있지 못하다. 경제적인 발전을 거듭하고 있는데 부는 일부 그룹에게만 집중되고 있다. 무언가 이상하지 않은가? 어쩐지 과거 군주제에서 황제의 자리를 공산당이라는 집단으로 바꾸어 놓은 것과 비슷한 양상이 되어 가는 모양새다. 중국 역사 5천 년 동안 해결을 못 했다는 관료주의의 병폐도 날로 심해져만 가는 것 같다. 이렇게 중국의 모순은 경제의 발전이라는 빛의 한쪽에 어둠을 키워 나가고 있었다.

이 시기에 등장한 것이 시진핑 주석이다. 그리고 그가 들고 온 것이 신시대 중국 특색 사회주의다. 중국 특색 사회주의 앞에 '신시대'라는 말이 붙었다. 하지만 잡다하게 거론한 것은 많은데 핵심을 찾아보기 힘들다. 이유는 간단하다. 신시대 중국 특색 사회주의의 요점을 이해하기 어려운 것은 그 안에 시진핑 주석이 내놓은 새로운 사상이나 이념이 사실은 없기 때문이다. 이 상황은 충분히 이해할 수 있는 일이다. 왜냐하면 지금까지 중국의 권력자는 권력을 승계하면서 앞선 권력자들의 사상과 이념도 함께 승계해 왔기 때문이다. 그래서 중국 공산당의 최고 권력자의 공식 발언에는 항상 마르크스-레닌주의부터 시작하여 마오쩌둥 사상, 덩샤오핑 이론, 삼개대표 등 앞선 권력자들의 사상을 이어받는다는 말이 나온 후 본론이 나온다. 그러니 시진핑 주석으로서는 자신의 사상 또는 이념을 제시하지 않을 수 없지만, 앞의 여러 지도자들의 의견을 부정할 수도 없는 것이다. 시 주석에게 기존의 낡은 재료는 마음에 들지 않아 사용할 수 없고, 새로운 재료는 낡은 재료 때문에 사용할 수 없는 상황이다. 예컨대 삼개대표 이론을 받아들이면서 계급 투쟁을 이야기할 수는 없다. 시장 경제를 받아들이면서 경제 시스템의 모순도 거론하기 어렵다.

그리고 공산주의에는 근본적인 구조적 문제가 하나 있다. 필자의 생각에 공산주의는 현실에 대한 반발로 만들어졌으며 그 현실에 자본주의라는 말을 붙인 것 같다. 자본주의는 이념이 아니라 현실 상황을 묘사하는 단어라는 해석이다. 그러니 자본주의를 경제 논리로 도입하는 나라는 있어도 국가 이념으로 삼는 나라는 이제까지 나타나지 않는 것이 아니겠는가? 많은 나라가 자본주의의 문제를 많든 적든 인지하고 있고 그 개선을 위해 노력해 왔을 것이다. 공산주의만이 자본주의를 부정하는 것은 아니다. 대한민국의 정부 중에 자본주의 국가임을 천명한 정부는 없었다. 반면 우리나라 자본주의의 모순을 해결하겠다는 정부나 정당은 언제나 존재했다.

공산주의는 기본적으로 투쟁과 혁명의 이념이다. 하지만 혁명을 이루고 나면 통치의 이념이 필요하다. 공산주의의 통치 이념은 빈약하기 짝이 없다. 많은 국가에서 공산주의가 발생하는 것은 현실의 모순이 너무나 크기 때문이지만 정작 공산화된 이후 대부분의 국가 체제가 온전하게 발전하지 못하는 것은 공산주의 혁명 이후에 대한 이념이 너무 부실하기 때문일 것이다. 어쩌면 공산주의를 설파했던 마르크스나 레닌도 자신들이 주장하는 공산주의가 이렇게 전 세계에 영향을 주고 또 혁명에 성공할 것이라고는 생각하지 않았을지도 모른다. 만일 혁명의 성공을 믿었다면 혁명 이후에 대하여 당연히 길을 밝혀 놓아야 하지 않겠는가?

계속 페달을 밟아야 넘어지지 않는 자전거처럼, 공산주의는 혁명을 지속해야 체제가 무너지지 않는다. 그래서 내부의 혁명을 완료하면 외부의 혁명을 고려하게 되는 것이다. 게다가 시진핑 주석은 원래 후계자도 아니었다. 앞서 이야기한 것처럼 덩샤오핑은 일인 독재의 피해를 막기 위해 집단 체제를 도입한 것 외에 격대隔代 지정 방식을 실시했다. 즉 덩샤오핑 다음 지도자로 장쩌민을 내세우면서 장쩌민 다음 주석을 후진타오胡錦涛로 미리 지정한 것이다. 그리고 장쩌민이 퇴임할 때는 후진타오 다음 주석을 미리 지정하였다. 이는 국가 주석이 자신의 정책과 이념 그리고 파벌을 옹호할 후계자를 선정하는 방식이 계속됨으로써 사실상 일인 독재와 유사한 결과를 초래할 가능성을 막기 위해서였다. 일종의 평화로운 정권 교체 메커니즘을 만들어 놓은 것이다.

후진타오는 국가 주석이었지만 실권은 장쩌민이 뒤에서 휘두른 것이 너무나 분했던 것으로 알려져 있다. 그리고 장쩌민이 후진타오 후계자로 보시라이薄熙来를 지정하자 크게 반발했다고 한다. 보시라이는 훤칠한 키의 미남이며 혁명 원로인 보이보薄一波의 아들이다. 다롄大連시 서기를 지내며 많은 실적을 올렸고 대중적인 인기도 높았다. 하지만 주위의 동료에게는 오만한 태도와 독선적인 일 처리로 불만을 많이 샀던 모양이다. 후진타오는 보시라이를 받아들이지 않았고 장쩌민과 후진타오 두 사람은 평행선을 그리며 싸웠다. 결국 양쪽 파벌이 모두 받아들일 수 있는 무난한 인물을 선택하기로 하였는데 장쩌민이 인물을 추천하고 후진타오가 특별한 결격 사유가 없으면 받아들이는 방식이었다. 그 결과 선정된 인물이 양쪽 파벌 모두 자기들과 가깝다고 여기고 상대방에게 거부되지 않으리라 생각한 시진핑이었다.

차기 주석이 시진핑으로 결정될 때 필자는 상하이방의 인물과 저녁을 같이 하고 있었는데 그가 상당한 세도를 부리던 사람이었기에 다음과 같이 물어보았다.

"동형, 동형은 상하이방 사람인데 이제 시진핑 주석이 취임하면 지금처럼 힘을 쓰기는 어려워지는 것 아니오?"
"이 박사, 시진핑은 우리와 아주 관계가 좋아. 마침 시진핑 주석의 누나와 다음 주에 상하이에서 식사를 함께 하기로 했는데 이 박사가 원한다면 같이 가서 식사합시다."

그러면서 그는 시진핑 주석보다도 실제 실무를 챙길 리커창 총리와 친해지는 것이 좋을 것이라고 조언을 해 주었다. 필자야 중국의 주석이나 총리와 가까워질 만한 자격도 없고 이들처럼 돈과 권력이 있는 사람도 아니었기에 사양하였다. 하지만 그때 필자는 상하이방 사람들은 시진핑 주석을 자기 사람으로 여긴다는 인상을 받았다.

전해 듣기로는 시진핑 주석은 주석에 취임할 때까지 공산당 내의 어떤 사람들에게도 척을 지지 않았다고 한다. 아무리 꽌시 경영에 힘을 쓰는 중국 권부의 세계라지만 그 많은 사람들 중 누구에게도 척을 지지 않았다는 것은 보통 일이 아니다. 이것은 시진핑이 얼마나 인내심이 강하며 의지가 강한 인물인지를 시사한다. 하지만 동시에 주석 취임 당시 시진핑 주석의 권력 기반이 후진타오 주석 이상으로 취약했다는 것을 짐작할 수 있다.

시진핑 주석은 취임 이후 한동안 공식 석상에 모습을 드러내지 않았는데 중국 내에서는 장쩌민이 실권을 주지 않은 데 반발하여 시진핑 주석이 출근을 거부하고 있다는 소문이 파다했다. 진실 여부를 떠나 이러한 소문이 돌 정도로 당시 시진핑 주석의 권력 기반이 부실했다는 의미로 해석할 수 있다. 시진핑 주석은 취임 이후 강력하게 자신의 권력 기반을 다지지 않으면 안 되는 상황이었고, 23년에 걸쳐 장쩌민이 심어 놓은 사람들은 물론 10년 동안 장쩌민에게 대항하여 후진타오 그룹이 심어 놓은 사람들에게도 대항해야 했다. 그는 자기 사람들을 심어 나가야 할 입장이었지만, 상대의 지지로 주석이 된 만큼 상대를 공격하기는 어려운 처지에 놓였던 것이다.

그래서 시작된 것이 시진핑 주석의 반부패 운동이다. 반부패라면 명분상 장쩌민 사람들이나 후진타오 사람들이 저항할 수 없다. 그리고 반부패 혐의로 낙마한 사람들의 자리에는 자기 사람들 위주로 심어 나가는 것이다. 2020년 말까지 시진핑 그룹이 추진한 반부패 운동으로 조사받은 관원들의 수는 약 200만 명에 달한다. 그중 35만 명 정도가 시진핑 주석의 원래 정년 임기가 끝나는 2020년 하반기에 조사가 이루어졌다. 이에 대한 정치적 의미를 독자분들도 충분히 짐작할 수 있을 것이다. 반부패 운동은 중국 인민들의 절대적인 지지와 인기를 시진핑 주석에게 가져다주었다. 적지 않은 중국 인민들은 급격하게 늘어나는 부가 일부 권력에게 집중되어 가는 것을 받아들일 수 없었고, 삼개대표 이론의 내용도 공산주의를 포기하는 것이라고 생각했다. 당시 중국의 지방 도시에 출장을 가서 택시를 타면 기사들이 마오쩌둥의 초상을 걸어 놓고 있는 것을 심심찮게 발견할 수 있었다. 그리고 택시 기사가 떠드는 마오쩌둥 주석의 위대함에 대한 장광설을 들으며 출장길을 다녀야 했다. 사실 이런 일들은 불공정하게 기울어져 가는 부의 양극화와 권력의 부패에 대한 서민들의 불만의 표시였던 것이다.

이러한 민심은 시진핑 주석에 의해 '불망초심不忘初心'이라는 형태로 나타났다. 불망초심은 문자 그대로 초심을 잊지 말자는 것이다. 그러면 초심이란 무엇인가? 처음에 공산당이 만들어졌을 때, 처음 공산당이 혁명을 시작했을 때의 마음을 말한다. 구체적으로는 시진핑 주석이 19대에서 들고나온 캐치프레이즈로서 그는 다음과 같이 말했다.

"中国共产党人的初心和使命, 就是为中国人民谋幸福, 为中华民族谋复兴(중국 공산당원의 초심과 사명은 중국 인민의 행복을 도모하고 중화 민족의 부흥을 도모하는 것이다)."

이 말의 핵심인 초심은 바로 마오쩌둥 당시의 공산주의 혁명을 가리킨다. 즉 시진핑 주석은 장쩌민 일파의 권력 장악, 금력 장악을 간접적으로 비난하고 삼개대표 이론에 대한 반감을 우회적으로 표현한 것이다. 시진핑 주석으로서는 가장 강력한 반대 파벌인 장쩌민 주석 그룹을 어떻게든 평정해야 했으며 사상적으로도 공격해야만 했다. 그러려면 장쩌민 권력 그룹에 대한 중국 인민들의 반감과 힘에 의지해야 했다. 그렇지만 삼개대표 이론을 인정해야 하는 조건에서 가장 대척점에 있는 마오쩌둥 사상으로 개혁개방을 거슬러 되돌아가자고 할 수는 없었기에 불망초심이라는 단어가 나오게 된 것이다.

이후 시진핑 주석의 여러 정책은 모두 마오쩌둥 시절로 회귀하는 듯한 것이 많아서 중국 전문가들은 시진핑 주석 그룹을 좌경 사회주의라고 부르기 시작했다. 그리고 장쩌민 그룹과 시진핑 그룹의 이러한 대치는 마치 중국 내에 우파와 좌파가 마주하고 있는 듯한 인상을 국내외에 주기 시작하였다. 시진핑 그룹이 좌파 성향이라는 여론은 2019년과 2020년에 걸쳐 미중 갈등이 심화되면서 점점 커져 갔다. 시진핑 그룹이 미국의 경제 분리 정책, 기술 제재 정책 등에 대응해서 내놓은 자력갱생이나 내순환 경제 같은 정책들은 그야말로 과거 개혁 개방 이전의 마오쩌둥 시절을 연상하게 만들었기 때문이다.

그리고 시진핑 주석이 이끌어낸 제14차 5개년 계획과 2035년 중기 비전의 발표에서 필자는 중국 사회 전반을 흔들지도 모를 하나의 단어를 발견하였다. 그것은 바로 '신농촌' 정책이다. 농촌 경제는 향후 중국 정책의 핵심 축이다. 그리고 이를 위해 최근 준비되고 시행되는 중국 공산당의 여러 정책은 한 가지 방향을 가리키고 있다. 두 번째 토지 개혁이라고도 할 수 있는 새로운 농촌 정책, 즉 농촌의 집체 소유* 토지를 활용하는 정책이다.

토지 개혁은 당초 중화인민공화국을 성립하게 만든 원동력일 만큼 폭발적인 에너지를 가진 이슈다. 이 정책은 결과에 따라서는 중화인민공화국을 곤경으로 몰아넣을 수도 있고, 중진국 함정을 벗어나 도약하게 할 수도 있다. 그래서 토지 개혁으로 시작한 중국이 새로운 토지 개혁을 도모하는 지금, 그 결과는 극단적일 수도 있다. 중국을 한 단계 도약하게 만들지, 아니면 대약진 운동이나 문화 대혁명처럼 다시 한번 중국을 고난의 구덩이에 빠지게 할지 중국 공산당은 갈림길에 서 있다.

---

* 집체 소유는 특정 개인이나 조직이 아니라 농민과 같은 어떤 특정 커뮤니티의 소유를 말한다. 중국 농촌의 토지는 농민 개인의 것이 아니고 마을 사람 전부의 것이며 국가의 소유가 아니다.

내부의 투쟁에서 외부와의 투쟁으로

중국의 내부 권력 투쟁을 이야기하면서 빼놓을 수 없는 것이 공산당 내부의 각 파벌이다. 중국에 어느 정도 관심을 갖고 있다면 여러 미디어를 통하여 '상하이방'이나 '공청단파'라는 파벌의 이름을 들어 보았을 것이다. 이러한 중국의 파벌과 권력 그룹에 대한 개략적인 이해를 먼저 하면 이 책을 읽는 데 도움이 될 것이다.

중국의 파벌 중 가장 먼저 이름이 나온 것은 '태자당'이다. 태자당이라는 말은 원래 초기 공산당 혁명 원로들의 자녀 중 일부 몇 사람, 그야말로 손가락으로 꼽을 수 있을 만한 소수의 사람들을 뜻하는 말이었다. 개혁 개방 초기에 외국의 투자가 일부 대형 국유 기업에 집중되었고 이 기업들이 급속히 성장하면서 사업의 가장 관건이 된 것이 각종 인가였다. 하루가 다르게 규제가 변화했고 규제를 하나 풀면 대규모의 이권을 장악할 수 있는 시기였다. 그러다 보니 규제 당국에 큰 영향력을 행사할 수 있는 권력자들의 가족이 일종의 로비스트로서 활동을 많이 했다. 그중에서도 권력의 핵심에 있던 가족들은 아예 자신들이 기업을 만들어 사업을 시작하였다. 바오리保利 그룹이 그 전형이다. 이렇게 활동하던 소수의 권력층 자제들을 태자당이라고 불렀다. 리펑李鵬 전 총리의 자녀들, 장쩌민 전 주석의 아들, 주룽지朱鎔基 전 총리의 아들 등이 여기에 속한다.

시간이 지나면서 태자당은 점점 더 많은 사람들을 지칭하는 말로 확대되다가 어느 순간부터는 홍얼다이红二代라는 말로 대치되기 시작하였다. 태자당이라고 불리는 사람들의 범위를 자꾸 확대하다 보니 어떻게 해도 태자라고는 부를 수 없는 사람들도 포함되기 시작하였기 때문이다. 다른 이름이 필요했던 것이다. 홍얼다이의 '홍'은 붉다는 의미로 공산당을 의미하며 '얼다이'는 문자 그대로 2대를 의미한다. 이렇게 태자당으로부터 외연이 확대되면서 생성된 홍얼다이는 부모 세대가 혁명에 참여한 공산당원들로서 꼭 높은 관직이나 권력을 장악하지는 않았더라도 중간 계층 이상의 직위를 가지고 나름의 영역에서 세도를 부리는 공산당원들의 자녀들을 가리키는 말이 되었다. 그리고 지금은 2대가 아닌 3대가 사회 주역이 되고 있기 때문에 '홍싼다이红三代'라는 말을 쓰기도 한다.

기본적으로 태자당이나 홍얼다이는 사상적 경향이나 생활 방식이 유사하다. 이들은 대체로 새로운 중국의 성립 과정에서 혁명에 참여한 일을 영광으로 생각하며, 자신들은 혁명 2세로서 국가에 기여하고 있고 이에 상응하는 대우를 받아야 한다고 생각한다. 그래서 시진핑 주석이 취임하였을 때 가장 지지를 보냈던 것은 이들 홍얼다이였다. 왜냐하면 누구보다도 국가로부터 대우를 받아야 할 자신들이 부의 축적 과정에서 상당 부분 제외되었다고 생각하는 사람들이 많았기 때문이다. 이들의 눈에 시진핑 주석은 다름 아닌 자기들과 같은 홍얼다이인 것이다. 그래서 태자당이나 홍얼다이는 기본적으로 시진핑 주석의 지지 기반으로 분류되고 있다.

반면 태자당과 홍얼다이를 불만 속에 몰아넣은 존재는 대체로 상하이방이라는 것이 정설이다. 상하이방은 주로 장쩌민 집권 시절, 상하이 출신이었던 장쩌민의 인맥으로 인하여 상하이 지역 출신 사람들이 많이 발탁된 데에서 기인한 이름이다. 장쩌민 주석이 임기 동안 주로 노력한 것이 국정 운영이 아니라 자기 사람 심기였다고 하는 사람도 있는데 이를 확인할 방법은 없지만 필자가 경험한 이야기가 하나 있기는 하다.

앞서 이야기한 상하이방 인사에 의하면 본인이 어느 지방에 가서 그 지역 유지들과 식사를 막 시작했을 때 장쩌민 주석으로부터 연락이 왔다고 한다. 개인 비행기를 보냈으니 빨리 상하이로 돌아와서 저녁 모임에 참석하라고 말이다. 필자로서는 전혀 상상이 되지 않는 믿기 어려운 이야기였다.

"동형, 장쩌민 주석이 동형을 직접 부를 정도로 사이가 가까운 거요?"
"그렇지 않아. 장쩌민 주석이 양아들이라고 부르는 사람들이 백 명 있거든. 그래서 1년에 한 번 저녁을 같이하는 거야. 일종의 인맥 관리인 셈이지. 한 번쯤 빠져도 될 것이라고 생각했는데 오라고 비행기까지 보내니 안 갈 수 없었지. 거스를 수는 없지 않나."

바로 이렇게 장쩌민 주석을 중심으로 뭉쳐 있는 상하이방 사람들은 대개 모두 자신만만하고 중국을 내 세상처럼 여기는 사람들이 많다.
상하이방은 세력이나 규모 모두 크다 보니 다시 여러 갈래로 나누어 부르기도 한다. 장쩌민 주석의 직계에 해당된다고 하여 구별하는 경우에는 장파이江派(장쩌민 파벌)라고 부른다. 장쩌민 계보의 2인자인 쩡칭훙曾庆宏은 장시江西성 출신이기 때문에 쩡칭훙 쪽에 가까운 사람들은 쩡파이曾派(쩡칭훙 파벌) 또는 장시방이라고 부르고 후에 석유 이권을 장악했기 때문에 석유방이라고 부르기도 한다. 그리고 하부 계보로서 동북 지역의 지린방吉林帮 같이 지역명으로 부르는 경우도 있다.
상하이방의 세도는 그야말로 나는 새도 떨어뜨릴 정도였다. 중국을 여행하게 되면 종종 항공기가 갑자기 공항 사정이나 공군의 연습으로 이륙을 못 하고 대기한다는 말을 듣는 경우가 있을 것이다. 대외적으로는 공군의 연습이라고 하지만 실상 대부분의 경우 높은 사람이 자신의 비행기로 어딘가로 떠나거나 돌아오는 경우가 많다. 국가 지도부 인사가 베이징에서 비행기를 타거나 내릴 경우 베이징은 물론 근방 200킬로미터 이내에 모든 항공기가 뜰 수 없다. 이렇게 비행기도 멈출 수 있는 사람들의 대부분이 상하이방 사람들이라는 소문이다. 그러니 문자 그대로 나는 새도 떨어뜨리는 것이 아니겠는가? 중국은 자신들이 건국한 것이라고 생각하는 태자당이나 홍얼다이들 입장에서 이런 상하이방의 발호는 밉상이 아닐 수 없다. 자신들의 부모가 목숨을 바치고 피를 흘려 가며 나라를 일구었더니 어디서 듣도 보지도 못한 것들이 나타나서 온갖 이권을 챙기고 있는 꼴인 것이다.

상하이방의 경쟁자는 또 있었다. 바로 후진타오로 대표되는 전문 관료 집단이다. 이들은 후진타오 주석 그룹 사람들이 대체로 공청단이라고 하는 청년 공산당 조직에서 유대감을 가지게 된 사람들이라고 해서 공청단파 또는 줄여서 단파라고 부른다. 이들은 덩샤오핑에 의해서 후진타오가 후계자로 지정된 후 오랜 기간 인내하며 때를 기다려 왔었다. 그런데 정작 후진타오가 주석이 되었을 때 장쩌민은 후진타오에게 무력을 내주지 않았다고 한다. 사실상 국가 권력의 기본이라고 할 수 있는 인민해방군, 무장 경찰, 국가안전부, 공안 등은 모두 장파이의 인물들이었고, 후진타오 주석은 이들의 인사권을 손에 넣지 못했다. 그래서 이들은 후진타오를 형식상 국가 주석으로 대하고 장쩌민 주석에게 계속 충성했다. 그 단적인 예가 쓰촨四川성 대지진이다.

2008년에 쓰촨성 원촨汶川에서 대지진이 발생하였을 때 가장 먼저 원자바오溫家宝 총리가 현지에 도착하였다. 공항 활주로가 지진으로 손상되어 가까스로 착륙할 수 있었다고 하니 원자바오 총리로서는 상당한 위험을 무릅쓴 것이다. 그리고 현지의 상황을 파악한 후 군대를 동원하려고 했지만 인민해방군에게 거부를 당한다. 소문으로는 당시 원자바오 총리가 화가 나서 휴대폰을 내동댕이쳤다고 한다. 그런데 다음 날 군대가 나타난 것이 아닌가. 원자바오 총리가 반갑게 환영하자 당시 군대 지휘관은 "나는 옛 영도*의 말씀을 받잡고 왔을 뿐이오."라고 하더라는 것이다. 원자바오의 요청을 받은 후 군은 장쩌민에게 보고를 했고 장쩌민이 "가서 도와드려라"라고 했다고 한다. 후진타오 주석이 집권한 10년 동안 중국에 큰 문제를 일으키지 않고 잘 관리했던 공청단파는 상하이방에게 굴욕을 당했었고 이를 극복하지 못했다. 관료 체계의 특징일지도 모르겠다. 사실 필자는 이렇게 공청단파라고 이름 붙이는 것이 합당한 일인지 의문이 든다. 관료 집단이라는 조직은 자신들의 이익을 위해 똘똘 뭉치기보다는 시류의 흐름에 따라 권력에 저항하지 않고 순응하려는 경향이 더 크기 때문이다. 후진타오 파벌의 경우도 장쩌민 파벌과 척을 지지 않았고, 새로 등장한 시진핑 파벌과도 척을 지지 않았다.

시진핑 주석은 주석직에 오를 때 완벽히 준비되어 있지 않은 상태였다. 그래서 당시 기용된 인물들이야말로 시진핑 주석의 가장 진정한 측근이라고 할 수 있다. 대표적인 인물이 현재 전인대 주석을 맡고 있는 리잔수다. 그는 시진핑 주석 집권 초기에 주석 판공실 주임을 맡아 사실상 대부분의 실무를 처리했고 꽤나 능수능란한 수완을 보였다. 이렇게 리잔수와 같이 시진핑 주석의 주변 인물들을 중심으로 구성된 그룹을 시쟈쥔习家军이라고 부른다. 시 주석의 군대라는 의미이다. 시쟈쥔은 태자당이나 홍얼다이가 아닌 사람도 상당수라는 점에서 이들과 구별된다.

시진핑 주석이 기용해야 하는 사람들이 늘어나면서 점차 과거에 부하로

---

* 영두자의 준말로 지도자라는 뜻이다.

데리고 있던 사람들을 선발하기 시작하는데 그중 가장 먼저 대상이 된 것이 저장성 시절의 부하들이었다. 저장성은 중국 내에서 상대적으로 경제가 발전하였고 대외 문물이 풍성하며 나름 수준이 높은 곳이었기 때문에 현지 관료들의 실무 능력이 우수했던 것이 선발의 주 이유였다. 이들은 저장성을 상징하는 즈장之江의 이름을 따서 즈장신쥔之江新军이라고 부른다. 저장성 출신 새로운 군대라는 의미이다. 대표적인 인물로 저장에서 시진핑 주석을 대신해서 여러 사상을 펼치는 글을 써 주었던 현 충칭重庆 서기 천민얼陈敏儿을 들 수 있다.

시진핑 주석이 집권하면서 실행한 대대적인 반부패 운동은 한편으로 인민들의 마음을 얻고 지지를 확보하기도 했지만 자파의 인물들을 요직에 심는 데 큰 역할을 했다. 타이완 대학 명예교수인 밍쥐정明居正 교수가 그간 사법 처리된 관료 중 상위 1만 명의 파벌을 분류한 결과 70%가 장쩌민 파벌 핵심 인사, 15%가 장쩌민 파벌 인사, 15%가 후진타오 파벌 또는 시진핑 파벌이었다고 한다. 결국 시 주석 그룹은 반부패를 명분으로 장쩌민 일파를 공격한 것이다.

지금이야 시진핑 주석의 권력이 막강해 보이지만 시진핑 주석과 그룹 입장에서는 집권 초기의 권력 기반이 너무나 취약했고 반부패 척결이라는 것도 그 기간과 효과를 짐작할 수 없었다. 그래서 시진핑 그룹은 시국을 주도할 수 있고 광범위한 지지를 얻을 수 있는 명분이 필요했다. 그리고 내부의 모순을 해결할 방법이 마땅하지 않을 때 빈번하게 활용되는 명분을 시진핑 그룹도 사용하였다. 바로 중국 내부가 아닌 중국 외부를 선택한 것이다.

시진핑 주석은 앞서의 불망초심에서 보듯이 중화민족의 위대한 부흥과 그 유명한 '중국몽'을 이야기하였다. 급속한 경제 발전과 부의 축적, 이에 따른 국위의 변화를 느끼고 있던 중국 인민들 그리고 내부의 갈등이 가져올 위험에 촉각을 세우고 있던 대다수 관료들은 시진핑 정권이 '중국몽'을 내세울 때 환호했다. 중국몽은 다가오는 내부 권력 투쟁의 위험과 불공정한 세상에 대한 불만을 잠재우면서 외부에 중국의 세력을 떨치는 방식으로 내부의 모순을 해결하고, 그 과정에서 시진핑 주석 그룹의 권력을 강화하는 매력적인 선택이었던 것이다.

중국 공산당 지도부의 진정한 목적, 통일 중국

그런데 중국몽이 과연 시진핑 주석의 전매특허일까? 중국의 지도부는 과거 덩샤오핑의 유훈인 도광양회韜光養晦(자신을 드러내지 않고 때를 기다리며 실력을 기른다)를 견지해 왔는데 시진핑에 이르러 이를 어기고 함부로 중국몽을 들먹거린 것인가? 한국 내 많은 언론이 100년간 미국에 도전하지 말라 했던 덩샤오핑의 유훈을 시진핑이 무시하고 너무 빨리 도광양회를 풀었다고 이야기하고 있다. 그러나 이러한 비판은 시진핑 주석에게 공정한 것이 아니다. 왜냐하면 그간 중국 지도부가 도광양회를 위하여 외부로 영향력을 행사할 생각을 전혀 하지 않은 것이 아니라 도광양회의 전제하에 중국몽을 펼치기 위한 준비를 꾸준히 진행해 왔었기 때문이다. 그리고 중국몽을 펼치는 일정표를 정한 것은 장쩌민 시절의 일이다. 그러니 지금 시진핑 주석의 입에서 중국몽이 나왔다 할지라도 이를 모두 시진핑 주석의 독단으로 볼 수는 없는 것이다.

필자가 이렇게 판단하는 근거는 1999년 말 당시 중국 고위 관료들에게

들은 말 때문이다. 1999년은 소위 Y2K(밀레니엄 버그) 문제라고 하여 새 천년이 시작되는 2000년 1월 1일 0시에 전 세계의 컴퓨터와 마이크로프로세서들이 문제를 일으킬 수 있다는 위험이 대두된 시기였다.

당시 중국은 Y2K에 대하여 매우 중국적인 해법을 제시했는데, 그것은 2000년에 뜨는 첫 번째 비행기에는 교통부 장관과 해당 항공회사의 경영진이, 첫 번째 열차에는 철도부 장관과 경영진이, 원자력 발전소에는 에너지부 장관과 전력 회사 경영진이 탑승 또는 현장에서 운영을 참관하도록 한 것이다. 한마디로 중국 지도부의 목숨이 달렸으니 알아서 해결하라는 의미다. 필자는 개인적으로 이런 중국식 정책이 무척 마음에 든다(이번 코로나 사태에서도 시노팜이 코로나19 백신을 개발했을 때 회사의 고위층 180명에게 먼저 백신을 맞게 하였다. 군 의료 중추에서 코로나 백신을 담당하고 있는 주역 중의 한 사람인 천웨이陳微 장군도 먼저 나서서 백신을 맞는 모범을 보였다).

Y2K가 한창이던 시기, 중국 공산당은 내부 회의를 통해 새 천 년을 맞이하여 중국 공산당의 장기 비전과 향후 백 년의 목표를 세우고 실행 전략을 수립하였다고 한다. 여기서 가장 중요한 실질적 목표로 선정된 것이 타이완을 수복하여 통일 중국을 완성하는 것이었는데, 그 목표 시간은 중국 공산당 창당 100주년이 되는 2021년이고, 여의치 않을 경우 중국 건국 100주년이 되는 2049년이 되었다고 한다. 최근 일부 중화권 전문가들이 중국의 타이완 공격 시기가 2048년에서 2049년이 될 것이라고 추정하는 근거도 여기에서 비롯되었을 것이다.

통일 전략으로는 일차적으로 평화 통일을 도모하여 타이완과 자유 무역 체제를 구축해 점진적으로 타이완이 중국에 경제적으로 종속되도록 하는 것이다. 중국으로부터 경제적 이익을 얻게 되면 타이완 국민들은 점차 마음을 열 것이고 결국 평화 통일을 이루게 된다는 내용이다. 실제로도 중국과 타이완은 ECFA(경제협력기본협정)를 맺었고 타이완의 제품은 현재 무관세로 중국에 수입되고 있다. 중국 정부가 돈을 들여 많은 관광객들을 타이완에 보낸 것도 이 때문이다. 하지만 만일 타이완과의 평화 통일이 어렵다고 판단되면 중국 공산당은 무력 통일을 도모할 것이며, 이 경우의 시나리오를 다음과 같이 상정했다고 한다.

시나리오 1. 미국이 중국의 타이완 합병을 묵인하는 경우
시나리오 2. 미국이 중국의 타이완 합병을 반대하여 경제 제재를 하는 경우
시나리오 3. 미국이 중국의 타이완 합병을 반대하여 무력 제재를 하는 경우
시나리오 4. 미국이 타이완과 연합하여 중국을 공격하는 경우

여기서 시나리오 4의 가능성은 거의 없고 시나리오 1의 경우 가능성이 없지 않으나 상황에 따라 다를 것으로 판단하였다고 한다. 그리고 시나리오 2를 거쳐서 시나리오 3으로 이행할 가능성이 가장 높다고 판단하였다고 한다. 실제 오늘날 진행되고 있는 상황을 보면 이들의 판단이 정확했다는 것을 알 수 있다. 시나리오 2가 진행될 경우 중국은 미국이 다음과 같이 단계적인 조치를 취할 것으로 예상했다고 한다.

1 단계: 하이테크 제품과 전략 물자에 대한 제재
2 단계: 전반적인 무역 제재
3 단계: 금융을 포함한 전면적인 경제 봉쇄
4 단계: 중국에 대한 전면적인 물자 통행 봉쇄

트럼프 행정부가 중국에 취한 일련의 제재 조치들은 1단계에서 2단계에 이르는 것이었음을 알 수 있고 이 또한 중국 공산당의 예상에서 크게 벗어나지 않았음을 알 수 있다. 1999년 말 당시 중국 공산당은 부처별로 이러한 시나리오하에서 임무를 부과했는데 4단계의 미국의 제재가 있더라도 견딜수 있는 체제를 구축하는 것이 목적이었다. 이를 위해 과학기술부는 다음과 같이 중국 내의 기술을 분류하였다고 한다.

A급: 중국이 자체적으로 충분히 조달할 수 있는 기술
B급: 중국과 협력이 가능한 국가가 조달할 수 있는 기술
C급: 미국이나 미국 우방의 복수 기업만이 조달할 수 있는 기술
D급: 미국 기업만이 공급할 수 있는 기술

이러한 장기 목표하에서 중국 정부는 일차적으로 D급 기술 리스트의 아이템을 중국 내에서 모두 없애고 C급까지 정리되면 기본적인 목적은 달성한다고 보았다. 한국은 당시 B급에 해당되는 국가로 평가되었다고 한다. 중국이 애를 먹고 있는 반도체의 경우 주로 한국 기업이 제조 및 생산을 하니 B급으로 판정했을 것이다. 당시 필자가 일하고 있던 IT 업종에는 D급 기술 2가지가 제시되었는데 그것은 펜티엄 칩과 윈도95였다. 사실 중국 정부는 그 후 지속적으로 이러한 리스트를 관리해 온 것으로 필자는 추정한다. 그리고 시진핑 주석이 중국몽을 이야기할 당시에는 상당한 수준으로 미국 종속 기술에서 독립한 것으로 판단했을 것이다.

이러한 일련의 과정이 사실인지 백 퍼센트 확신할 수는 없지만, 당시 필자가 이런 정보를 접했던 것은 사실이며, 이후 중국 정부의 정책을 살펴볼

때 큰 맥락은 유지되고 있는 것으로 판단하고 있다. 따라서 중국몽은 시진핑 주석이 어느 날 갑자기 부르짖은 것이 아니다. 중국 공산당이 20년이 넘는 기간 동안 준비한 일이며 시간표상으로도 현시점에서 공포하는 것이 옳다. 필자의 판단이 옳다면 시진핑 주석이 덩샤오핑의 유훈인 도광양회를 버리고 너무 일찍 까부는 바람에 미국에 혼나고 있다는 일부의 인식은 정확하지 않은 것이다. 일부 전문가들이 이러한 인식에 기반해서 시진핑 주석이 중국몽으로 인해 내부로부터 공격을 받고 있다고 추측하는 것도 정확하지 못한 추정일 가능성이 높다.

하늘을 가리고 바다를 건너는 일대일로

시진핑 주석의 또 하나의 작품인 일대일로를 살펴보자. 많은 사람들이 일대일로를 중국이 추진하는 야심 찬 글로벌 경제 프로젝트로 이해하고 있는 것 같다. 그러나 필자의 관점은 많이 다르다. 일대일로가 거쳐 가는 국가들은 모두 경제적으로 발전 수준이 낮고 소득도 낮으며 이렇다 할 자원도 없는 국가들이다. 그런데 중국이 이들을 엮어서 무슨 대단한 이익을 본단 말인가? 처음부터 발상의 시작점을 오해하고 있는 것이다.

중국 정부의 공식 사이트인 '중국 일대일로 망中国一带一路网'에서 2019년 9월에 공포한 정보를 보면* 136개국, 30개 국제 조직, 195개 협의체에서 프로젝트에 참여했다. 국가별 사업을 살펴보면 카자흐스탄의 광명지로 사업, 인도네시아의 글로벌 해양 지점, 몽고의 발전지로, 필리핀의 대건축물 계획, 헝가리의 향동개방, 러시아의 유라시아 경제연맹 등이 있다. 주요 프로젝트로는 철도, 항구, 항공, 에너지의 네 분야로 나누어 추진 중이다. 일대일로 프로젝트는 2020년 6월 기준 1,675개의 단위 프로젝트로 나뉜다. 그리고 이들은 기본적으로 모두 중국의 국유 기업들이 수주하여 진행하고 있다. 지금까지 정확한 규모는 알려지지 않았으나 적게는 약 9,500억 달러에서 크게는 6조 달러 정도로 알려져 있다. 이렇게 타국 기업에 발주하는 일 없이 대부분 중국 기업만으로 진행되는 사업 방식으로 인하여 일대일로의 모든 과실을 중국이 도로 가져간다는 인식이 널리 퍼져 있다. 그러나 실제로 일대일로 프로젝트에 참여한 대부분의 국유 기업들은 대규모의 적자를 보고 있다.

필자가 만난 중국 최대의 건설 회사인 중국건축그룹中国建筑集团의 임원들은 이런 국가 프로젝트의 절대 부분이 손실이 나는 프로젝트라고 입을 모아 말한다. 국가의 체면이 걸린 프로젝트라는 명분 때문에 수주를 거절할 수도 없고 원가 이하의 수주를 하는 경우가 대부분이라는 것이다. 그리고 실제 상당수의 프로젝트는 수주 기업과의 사전 상의나 수익성 분석 없이 정부에 의해 미리 결정되어 일방적으로 통보를 받는 경우가 많았다. 일대일로에서 중국 기업들이 적자를 보고 있다는 것은 중국 정부의 2019년도 양회 보고에서도 그 실마리를 찾아볼 수 있다. 일대일로 프로젝트들은 모

---

* 2019년부터는 일대일로에 대한 중국 정부의 정보 제공도 급속히 감소하여 사실상 일대일로의 현황을 정확하게 파악하는 것이 어려워졌다. 실질적인 데이터를 포함하는 가장 최근의 발표 내용이 2019년도 9월까지의 협력 상황인데 중국 정부는 2019년도 1월부터 9월까지의 일대일로 투자액수는 100억 4천만 달러로서 2018년도 대비 6.9% 감소하였다고 하였다. 완료된 프로젝트의 계약 규모는 558억 9천만 달러로 동기 대비 4.4% 감소하였다. 일대일로와 관련된 부정적인 소식은 중국 정부가 일절 전하지 않고 있어서 2019년도에 들어서면서부터 정확한 전체 현황을 파악하기가 어려워졌다. 중국 전문 컨설팅회사 가베칼 드래고노믹스가 발표한 보고서에 따르면 2019년 중국의 일대일로 사업 규모는 1,260억 달러로 전년 대비 13% 축소됐다. 2020년 8월까지 사업 규모와 계약 건수가 전년 대비 각각 6.7%, 4.2% 감소했다.

두 수년이 소요되는 장기 프로젝트이므로 건설 중인 자산들은 해당 기업의 자산으로 처리한다. 그리고 일대일로의 참여 기업들은 국영 기업들이기 때문에 이러한 자산을 하나하나 구분한 명세는 알 수 없으나 양회에서의 정부 보고 중 대략적인 이해를 가능하게 하는 내용이 있었다.

중국 정부는 2017년도부터 국영 기업들의 자산 현황을 양회에서 보고하기 시작했다. 2017년도 중국 국유 기업의 해외 자산 총계는 약 16조 7천억 위안이라고 보고되었는데 2019년도에 와서 리커창 총리가 전인대에서 정부 업무 보고를 한 내용에서는 해외 자산 규모가 사라졌다. 당시 보고 내용을 보면 다음 표와 같다.

중국 정부의 자산 현황

	2017년 말(조 위안)	2016년 말(조 위안)
총 자산	210.4	183.5
총 부채	135.0	118.5
순 자산	58.7	50.3
해외 자산	N.A.	16.7

출처: 리커창 총리의 양회 보고(2019년)

도표 〈중국 정부의 자산 현황〉만 보고 단순 계산을 하면 왜곡된 결과를 얻을 수 있다. 영상은 해외 자산 규모와 관련해 분석한 것이다.

2017년 말 해외 자산을 이 표에 따라 역산해 보면 16조 7천억(총자산 - 총부채 - 순자산) 위안이다. 2016년도 말의 해외 자산과 같은 규모다. 우연의 일치일 수 있으나 그 가능성은 적다. 왜냐하면 적어도 한 해 동안 모든 국유 기업에서 투입되었던 자산의 규모가 있을 것이고 일대일로 외에 이 정도로 영향을 줄 수 있을 만한 규모의 해외 자산 매각이나 인수는 없기 때문이다. 따라서 이 데이터의 신뢰성에 문제가 있다고 볼 수밖에 없다. 중국 정부가 이렇게 정보를 공개하지 않은 이유가 바로 국유 기업의 해외 자산 대부분이 일대일로 프로젝트 참여로 인한 자산이며 대규모 손실을 보고 있기 때문이라는 것이 필자의 의견이다. 만일 일대일로 프로젝트가 중국 기업들에 수익을 주지 못한다면 중국은 왜 일대일로 프로젝트를 추진하였을까? 그것은 바로 중국 지도부의 목적이 일대일로의 수익성보다는 국가 안보를 위한 전략적 목적이 더 우선이기 때문이다.

일대일로 프로젝트의 네 분야인 철도, 항구, 항공, 에너지에 이어서 통일 중국이라는 국가 전략 목표를 생각해 보면 일대일로의 진정한 목적은 자명하다. 미국의 경제 제재나 해상 봉쇄와 같은 상황을 상정해 보라. 원유나 철광석 같은 전략 자원을 중국은 어떻게 대륙까지 운반할 수 있겠는가? 필자는 일대일로 정책이 발표되던 당시 모 고위직을 찾아가서 일대일로의 의미를 물은 적이 있다. 필자의 머리로는 도대체 일대일로가 경제성이 보이지 않으니 설명해 줄 수 있느냐고 묻자 그는 필자의 짐작을 확인해 주었다. 일대일로는 그 자체로 경제성을 가질 수 있다면 가장 이상적이지만 실패한다고 하더라도 국가 전략 측면에서 중국으로의 전략 자원 보급선을 확보할 수 있다는 큰 의미를 가진다는 것이다. 특히 유럽으로 연결되는 철도는 경우에 따라 유럽의 전략 자원을 안전하게 중국까지 운반할 수 있는 유력한

중국의 일대일로

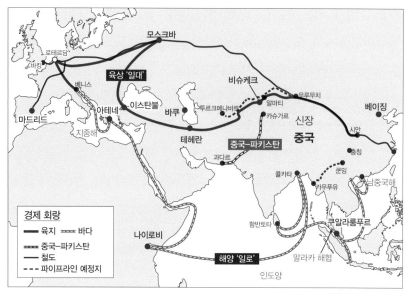

출처: Economist.com

수단이라고 했다. 철도나 열차는 중국 소유가 아닌 여러 나라의 소유가 될 것이기 때문에 미국이 임의로 공격하여 파괴하기 어렵다는 것이다. 일대일로 중 '일대'의 의미가 해석되는 순간이었다.

'일대'가 전략적으로 중요해지면서 중국에게 눈엣가시 같은 존재가 되는 것이 아프가니스탄의 미군이다. 중국은 아프가니스탄 전쟁이 이미 끝났기 때문에 미군이 주둔할 이유가 없다고 본다. 그럼에도 불구하고 아프가니스탄에 미군이 주둔하는 것은 여차하면 중국을 내륙에서부터 공격하기 위한 것이라고 생각한다. 그래서 중국은 아프가니스탄과 지속적인 협상을 하여 드디어 아프가니스탄에서 중국으로 이어지는 황량한 협곡에 중국 인민해방군 기지를 세우는 데 성공하였다. 불과 중대 규모의 작은 병력이지만 이

기지는 여차할 경우 미군이 아프가니스탄을 통하여 중국의 신장 위구르 지역으로 침투한다면 가장 일선에서 이를 정찰하는 역할을 맡게 된다.

일대일로의 사업 추진은 인도와 같은 주변 국가와의 갈등을 고조시켰다. 최근 발생한 인도와 중국 간 무력 충돌 사태의 원인과 경과 그리고 사태가 잠잠해진 이유 등을 설명한다.

육로 외에 일대일로의 바닷길을 보면 가장 중요한 거점이 두 곳 있다. 바로 중국이 최초의 해외 군사 기지를 건설한 지부티다. 지부티는 중동 지역에서 중국까지 석유를 보내는 주요 보급선을 보호할 현지 군사 기지라는 전략적 의미를 가진다. 물론 중국을 가상 적국으로 간주하는 국가들은 거꾸로 중동으로부터의 석유 보급선을 위협하는 주요 잠재 위협이 될 것이다.

중국은 중동의 이란, 이라크와 사우디아라비아에서 원유를 수입한다. 그 바닷길은 페르시아만을 빠져나와 파키스탄 앞바다를 지나 인도양을 항행하고 말라카 해협을 통과하여 남중국해를 거쳐 중국에 도착하는 노선이다. 이 노선에서 위협이 되는 요인이 인도다. 2020년 인도와의 분쟁이 재발하면서 분명해졌지만 인도와 중국은 오랜 기간 군사적 긴장을 유지하고 있었다. 지금이야 인도가 갑자기 중국의 유조선을 공격하거나 억제할 가능성은 없겠지만 미국이 적극적인 봉쇄에 나서면 상황은 달라질 수도 있다. 중국과 적대적이 된 인도가 미국의 중국 봉쇄에 협력하고 나선다면 인도양 구

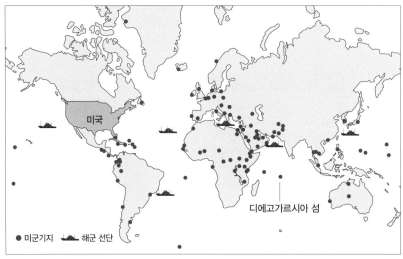

디에고가르시아 섬

● 미군기지   🚢 해군 선단

출처: 미국 국방부

간은 완전히 봉쇄될 것이다.

이럴 경우 중국이 가질 수 있는 옵션이 파키스탄이다. 파키스탄은 인도와 적대적 관계에 있기 때문에 인도에 협력할 가능성이 매우 적다. 그래서 중국은 일대일로 프로젝트에서 파키스탄에 공을 들이고 있다. 만일 인도양이 봉쇄된다면 중동에서 출발한 화물들을 파키스탄을 통해서 중국으로 들여오려고 하는 것이다. 이를 위해서 파키스탄 회랑에 도로를 건설하고 서남부에 과다르 항구를 건설하였다. 과다르 항구는 현재 파키스탄에게는 짐이 되고 있다지만 중국 입장에서는 비상용 보급선을 확보한 셈이다.

파키스탄의 과다르 항구에 도착한 중국의 전략 물자들은 파키스탄 회랑을 거쳐 카슈미르 고원, 라다크, 악사이친 지역을 통해 중국으로 들어가게 된다. 이 악사이친 지역이 바로 중국과 인도의 국경 분쟁 지역이다. 악사이친을 잃으면 인도는 파키스탄과의 분쟁 지역으로 가는 통로를 잃게 된다. 중국 입장에서도 파키스탄과 중국의 통로가 되는 이 지역을 잃는 것은 자국의 일대일로에 돌이킬 수 없는 손해를 입는 동시에 불안정한 신장 위구르에서 티베트에 이르는 군사 수송선이 끊어질 수 있다. 따라서 양국 모두 양보가 불가능하다.

실제로 중국, 이란, 파키스탄은 아예 이란에서부터 파키스탄을 거쳐 중국 내륙까지 파이프라인을 건설하여 육로를 통해 원유를 가져오려는 프로젝트를 계획하기도 하였다. 이란의 에너지를 수입하는 파키스탄까지 송유관을 건설하여 원유를 끌어오고, 이를 다시 중국의 서남부까지 끌어온다는 내용이다. 여기에 터키까지 끼어들어서 이란에서 자국 영내까지 파이프라인을 끌어와 이란의 가스를 이용하려 했다. 자국이 필요한 에너지를 이란

이란-파키스탄-중국 파이프라인 프로젝트

지도 출처: 구글

에서 공급받고 더 나아가 이란의 석유를 유럽에 판매하겠다는 계획이 있었기 때문이다. 지금 터키가 아제르바이잔-아르메니아 분쟁에서 아제르바이잔을 적극 지원하는 것도 아제르바이잔이 터키의 최대 천연가스 공급 국가이기 때문이다. 파키스탄이 중국의 일대일로 프로젝트에서 중요한 위치를 차지하는 것도 이와 마찬가지다. 동시에 파키스탄과 중국의 접경 지역인 카슈미르의 악사이친 지역이 왜 전략적으로 중국에게 중요한지도 알 수 있다. 이란-중국 파이프라인 프로젝트는 미국과 러시아의 반발로 이루어지지 못했다. 중국과 이란이 에너지를 거래하는 것뿐만 아니라 터키가 유럽에 에너지를 판매하는 것은 러시아의 이익을 침해하는 것이기도 했기 때문에 러시아도 압력을 행사한 것으로 보인다.

정리하면 중국의 일대일로는 경제 사업이라는 껍질을 씌운 국가 안보 프로젝트라고 할 수 있다. 중국의 사자성어 중 만천과해瞞天过海라는 말이 있다. 하늘을 가리고 바다를 건넌다는 뜻이다. 즉 다른 사람들의 눈을 속여 자신이 원하는 것을 이룰 때 사용하는 말이다. 필자의 눈에는 중국의 일대일로야말로 만천과해로 보인다.

돌을 던져 길을 묻는 남중국해 점령

일대일로의 유럽 고속철도나 파키스탄 회랑은 모두 육로를 이용해야 하기 때문에 해운에 비하여 비용도 높고 운송의 효율도 매우 낮다. 원유를 예로 들면 유조선 한 척이 오면 될 것을 수도 없이 트럭이나 철도로 나누어서 보내야 한다면 그 비용과 시간은 해운과 비교가 안 된다. 설령 유럽과 서아시아를 거쳐 신장 위구르에 도착하거나 파키스탄을 거쳐 티베트 서남단에 도착한다 해도 황량한 무인 지대가 펼쳐져 있을 뿐이다.

이 지역부터 충칭이나 시안西安 같은 내륙의 큰 도시까지 가려면 다시 멀고 먼 거리를 운반해야 한다. 유럽이나 중동의 화물이 철도를 통해 서아시아를 거쳐 실크로드의 중심이던 신장 위구르 지역의 카슈가르에 도착했다고 가정하자. 카슈가르에서 시안까지는 자동차 도로다. 바다로 운반하여 파키스탄 쪽으로 넘어올 경우 중국과 파키스탄의 접경인 판공초 호수에서 충칭까지는 자동차로 4,964.6킬로미터이다. 한마디로 경제성은 없다고 보아야 한다.

따라서 서아시아를 통한 루트나 파키스탄을 통한 루트는 모두 비상시 또는 전시에 사용하고 소량의 전략 물자를 운송하는 루트일 뿐 일상적인 경제 활동에서 사용할 수 있는 대규모 수송 루트가 못 된다. 만약 미국의 제재와 봉쇄가 지속되는 상황이 발생할 경우 중국은 기존의 해운 항로를 이용할 수 없을 것이고 물자가 부족한 상황을 견딜 수 있어야 한다. 사실 중국은 이 때문에 국가 식량 및 물자 비축국을 신설하고 물자 비축을 본격화하고 있다.

그러나 기존의 해운 항로를 중국이 지레 겁먹고 포기할 필요는 없다. 미국과 일본의 반응을 확인할 필요가 있는 것이다. 만일 이 두 나라가 말로만 으르렁거릴 뿐 실제로 무력으로 개입할 생각이 없다면 중국은 타이완 침공을 행동으로 옮길 수 있다. 그러나 두 나라가 개입하는 것이 확실하다면 이들이 어느 정도 선에서 어떤 방법으로 대응할지 예상할 필요가 있다. 그래서 중국은 기존의 해운 항로를 보호하겠다는 제스처를 미국 및 주변국에 시위하는 중이다.

설령 이런 시위가 최악의 경우 무력 충돌을 불러일으키더라도 중국이나 미국 모두 핵 보유국이며 UN 안전보장이사국인 만큼 두 나라가 전면전을 벌일 가능성은 없다고 보는 것이다. 중국 입장에서는 미국이 경제 제재를 하더라도 동맹 국가에게 전략 자원을 공급받을 수 있으면 견딜 수 있다. 예를 들면 이란으로부터의 석유 수입이다. 이란은 이미 수십 년간 미국의 경제 제재를 받고 있다. 미국이 추가적인 제재를 하고 싶어도 할 만한 것이 없는 상황이다. 그러니 미국이 중국에 대한 제재를 떠들어 대도 이란이 중국에 석유를 수출하지 않을 이유가 없다. 그저 중국이 이란으로부터 안전하게 석유를 운반해 갈 수만 있으면 된다.

중국이 남중국해의 여러 산호초와 섬을 점령하고 인공 섬을 설치하는것도 굳건한 군사 기지를 건설하기 위해서라기보다는 미국의 대응을 살펴보기 위한 행동일 가능성이 높다. 방어가 어려운 소규모의 시설들은 미국이 마음만 먹는다면 몇 시간의 공격으로 무력화될 것이기 때문이다. 적어도 미국에 대항해서 실질적인 군사적 효용은 별로 없다. 그렇지만 중국으로서는 타이완을 공격하기 전 타이완 외부로부터의 공격에 대한 대응을 준비할 필요가 있다.

미국과 일본의 군사적 반응을 시험하기 좋은 곳이 타이완 주변에 두 군데 있다. 하나는 타이완 북부의 센카쿠 열도(중국명 댜오위다오)다. 일본의 군사적 반응을 시험하고 일본 자위대의 대응 태세, 임전 태세를 살펴볼 수 있는 지점이다. 다른 하나는 타이완 남부의 태평도太平島*를 포함한 바시 해협이다. 태평도는 아마 독자분들에게 매우 생소한 이름일 것이다. 위치는 타이

---

* 이투아바 섬. 중국이 점유한 남사군도 중 한 섬으로 현재는 타이완이 영유하고 있으며 필리핀과 베트남도 영유권을 주장하고 있다.

완에서 수천 킬로미터 떨어져 있으며 필리핀과 베트남 사이의 남사군도상에 있다. 남사군도의 태평도가 공격을 받는다 해도 타이완의 방어 능력은 이곳까지 미치지 못한다. 중국이 남사군도를 비롯한 남중국해의 여러 섬과 산호초들에 야금야금 군사 시설을 세우는 것은 미국의 반응을 보기 위해서다. 미국의 반응이 없으면 한 걸음 더 나아가는, 이른바 득촌진척得寸进尺* 의 수법을 사용하면서 미국의 레드 라인을 확인하고자 하는 것이다.

만일 미일이 중국의 진출을 묵인한다고 판단되면 중국으로서는 이를 청신호로 받아들여 즉각 타이완 공격에 들어갈 것이다. 그러나 미일이 거부 반응을 보인다면 그 정도와 방법을 보고 중국은 대응 전략을 수정할 것이다. 즉 지금 중국은 남중국해의 섬과 산호초라는 돌을 던져 돌이 떨어지는 소리를 들으며 갈 길을 정하고 있는 것이다. 그런데 타이완을 둘러싼 군사적 분규가 아니라 무역 문제, 경제 문제로 트럼프 행정부에서 호된 반응이 갑자기 터져 나오니 중국은 예기치 못한 상황에 깜짝 놀랐다. 결국 미국과 맞서게 된 원인은 다르지만 어찌 되었건 중국은 준비해 오던 상황에 마주친 것이 아니겠는가.

말라카 해협의 선택

중국 입장에서는 미국의 반응에 따라 유사시 주요 보급 라인을 말라카 해협의 서쪽으로 할 것인지 동쪽으로 할 것인지의 문제가 매우 중요한 전략

---

* 1인치를 양보하면 1피트를 더 주장한다는 중국 속담이다.

적 이슈다. 게다가 미국은 싱가포르와 협력하여 괌과 싱가포르의 항구를 두 나라의 군대가 상호 이용하는 조약을 체결하였다. 싱가포르가 괌에 가서 군사 행동할 일이 무엇이 있겠는가? 이는 오로지 미국이 싱가포르항을 군사적으로 이용할 수 있게 한 것에 불과하다. 미국은 타이완과 일본을 위시하여 호주, 베트남, 필리핀, 싱가포르를 맹방으로 끌어들이며 중국의 제1, 제2, 제3도련선을 사실상 무력화하였다. 싱가포르항을 유사시 군사적으로 이용한다는 것은 필요할 경우 말라카 해협을 차단하겠다는 말이나 마찬가지다.

중국은 말라카 해협을 확보하기 위해 미국과 전쟁을 하거나 말라카 해협을 피해 서쪽에서 육로를 이용해야 한다. 현재 상태에서 중국의 인민해방군이 말라카 해협을 확보하겠다고 미국에게 도전하는 것은 그야말로 자살 행위이다. 그러니 중국은 유사시 말라카 해협의 서쪽에 보급선을 마련해야 한다.

그래서 파키스탄 외에 또 하나의 국경 분쟁이 발생하는데 바로 부탄과의 분쟁이다. 중국이 부탄을 국가로 인정하지 않고 국경을 자꾸 건드리는 것은 인도의 동북쪽을 통하여 미얀마로 진출하기 위해서다. 인도의 동북쪽에 있는 방글라데시로 교두보를 확보하게 될 경우 중동으로부터의 해운이 미얀마의 항구를 통하여 티베트 자치구의 도시 르카처日喀则로 통할 수 있게 된다. 르카처에서 충칭까지는 1,710킬로미터로 파키스탄 노선에 비해 2천 킬로미터 이상 거리를 줄일 수 있다. 그리고 같은 이유로 인도는 부탄을 보호하고 있다. 만일 중국이 부탄을 공격하면 인도는 자국이 침략을 받은 것으로 간주하겠다고 했다. 인도로서는 부탄이 침략당하고 중국이 방글라데시나 미얀마를 통하여 물자를 조달하게 되면 인도 접경에 중국의 군사력이 집중되고 동시에 인도양에 중국 해군이 진출하게 된다. 인도의 입장에서는 그런 상황을 좌시할 수가 없는 것이다.

그래서 중국은 일대일로 프로젝트를 통해 인도차이나 반도에 길을 내려 한다. 윈난云南성으로부터 베트남을 거쳐 싱가포르까지 이르는 길을 내려고 한 이유가 바로 여기에 있다. 만일 인도차이나 반도에서 중국의 남방에 이르는 보급선이 만들어지면 비록 육상 운수라는 제약이 있지만 티베트 지역이나 신장 위구르 자치구를 통해 수천 킬로미터를 운반하는 것과는 비교할 수 없을 정도로 거리가 줄어든다. 미얀마의 수도 네피도부터 중국 윈난성의 성도 쿤밍昆明까지는 880.4킬로미터에 불과하다. 중동으로부터의 물자는 이곳 미얀마를 통해 말라카 해협을 거치지 않고 중국 남부로 보급될 수 있다. 이것이 중국에 미얀마에 공을 들이고 있는 이유다.

우리나라는 미국의 보호 속에 오랜 기간 살아왔다. 중동에서 원유를 실어 오면서 유조선이 중간에 인도나 중국에게 항해를 위협받는 일은 생각조차 해 본 적이 없을 것이다. 하지만 이 평화로운 해상 운송은 미국이 제공해 왔고 지금도 제공하고 있는 것이 틀림없는 사실이다.

반면 미국을 적으로 상대해야 하는 중국이나 북한 같은 나라에게 미국은 감당하기 어려운 지긋지긋한 원수임이 틀림없다. 그들에게 미국의 공격 가능성이라는 것은 끔찍한 악몽이다. 중국, 이란, 북한 등이 갖는 미국에 대한 공포심을 대부분의 한국인들은 전혀 이해하지 못한다. 입장을 바꾸어 미국이나 일본이 우리나라를 지원해 주지 않는 상황에서 중국이 전 무력을 동원해 북한과 함께 우리나라를 침공한다고 생각해 보라. 미국을 상대하는 나라들이 감내해야 하는 상황은 중국과 북한이 대한민국을 공격하는 위협의 열 배, 스무 배의 압력을 받는 상황인 셈이다.

미국이 말라카 해협을 통제할 경우 중국은 말라카 해협의 서쪽에 3가지 대안이 있다. 서아시아 철도를 이용한 신장 위구르 보급선, 파키스탄 회랑을 이용한 티베트 보급선, 미얀마를 지나는 윈난 보급선이다. 그러나 이들 모두 불안정하고 대량의 자원을 운반하기에는 취약하다. 그렇기 때문에 중국은 말라카 해협이 막힐 경우 또 하나의 대안으로 말라카 동쪽을 선택할 준비를 하고 있다.

중국이 북극권 국가라는 이유

중국은 북극권 국가일까? 갑자기 웬 아닌 밤중에 홍두깨 같은 소리를 하느냐고 생각할 것이다. 그런데 실제로 중국은 자국이 북극권 국가라고 주장하고 있다. 중국이 북극권 국가라면 남북한과 일본도 당연히 북극권 국가일 것이다. 중국보다는 훨씬 북극에 가까우니 말이다. 물론 바다로 항행할 때의 이야기이다. 만일 바다가 아니라 육지를 기준으로 중국이 북극권 국가라면 러시아는 그냥 북극일 터이다. 중국이 이런 말도 안 되는 주장을 하는 이유는 무엇일까?

이 역시 중국의 전략 자원 보급과 관계가 있다. 중국의 주요 에너지 공급원은 중동이고 또 하나가 러시아다. 중국은 러시아의 야말Yamal 프로젝트에 상당한 투자를 하고 있다. 전략적으로 에너지를 확보하기 위해서다. 야말 프로젝트는 러시아의 북극해에서 대규모의 천연가스를 채굴하는 사업으로 중국도 적극적으로 참여하고 있다. 한국 돈으로 약 30조 원이 투자되었다고 하는데 중국의 석유천연가스공사CNPC가 20%, 중국 실크로드 펀드의 합작법인 JSC Yamal LNG가 9.9%의 지분으로 참여하고 있다. 채굴 위치는 북위 71도로 1년에 7, 8월을 제외하곤 눈과 얼음으로 뒤덮인 툰드라 지대인 시베리아 야말-네네츠 자치구에 있는 야말반도다. 기온이 영하 60도까지 내려가고 한여름에도 영하 20도를 오르내리는 극한 지대다. 야말 천연가스는 기온이 낮으면 오히려 가스의 보관이나 생산 효율성에 도움이 된다고 한다. 하지만 운반이 문제다. 북극해의 해운 항로는 날씨, 특히 기온에 따라서 결정되는데 북극해가 열리는 여름철에는 쇄빙선을 앞세우거나 쇄빙 LNG 운반선 등을 이용하여 야말반도에서 베링 해협을 통과해 블라디보스토크까지 운반할 수 있다. 이 구간은 온전히 러시아의 구간이므로 중국의 입장에서는 안전하다고 할 수 있다. 아무리 미국이라도 중국으로 가는 러시아의 천연가스 운송선을 제지하거나 공격하면 당연히 러시아와 중국이 미국을 상대로 동맹을 맺고 저항할 것이기 때문이다.

반면 겨울이 되면 베링 해협을 지나는 항로를 이용할 수가 없어 노르웨이 쪽을 지나 유럽, 지중해, 페르시아만을 지나 역시 말라카 해협을 통과하는, 지구를 거의 한 바퀴 도는 노선을 이용해야 한다. 이 경로는 중국으로서는 전략적 의미를 상실하는 노선이다. 아무튼 만일의 경우를 대비하여 중국은 러시아와 야말 가스 같은 에너지 협력을 추진하고 있고 육로로 파이프라인을 건설하는 프로젝트도 계획하고 있다. 이 모두 국가 에너지 안보를 위해서 일관되게 추진되는 일이다.

그렇다 하더라도 중국은 만일에 대비할 필요가 있다. 그러기 위해서는 남중국해 외에도 동북 태평양 지역에서 작전을 해야 할 수도 있다. 물론 기본적으로는 러시아가 담당할 몫이지만 말이다. 현재의 해군력으로는 중국이 동태평양 지역에 진출할 여력이 없다. 그렇다고 아주 방치할 수도 없는 노룻이어서 중국은 비밀리에 자국의 잠수함을 태평양 동쪽까지 진출시키려는 시도를 지속적으로 하고 있다. 한번은 미국의 캘리포니아 연안까지 진출하는 데 성공하기도 하였다. 이 사건은 미국이 중국의 잠수함 전력을 재평가하는 계기가 되었다. 이 사건 이전까지는 중국의 핵 잠수함이 기지를 떠나면 무조건 미군에게 탐지가 되었다고 한다. 하지만 중국의 잠수함 성능과 정숙성이 개선되면서 미군의 탐지를 피해 캘리포니아 연안까지 항행하는 사태가 일어난 것이다. 미국으로서는 당연히 경악할 일이었다.

이런 배경에서 중국은 자국이 북극권 국가라고 주장하기 시작한 것이다. 자신들이 북극권 국가이기 때문에 북극해를 항행하고 중국과 북극해 사이의 항로를 이용할 권리가 있다는 것이다. 이제 왜 중국이 뜬금없이 북극권 국가라고 주장하는지 이해할 수 있을 것이다. 남중국해에 인공 섬을 만들고 자국 영해라고 주장하는 것과 일맥상통하는 행위이다.

 인도는 중국이 자국을 위협하는 것도 싫지만 그렇다고 미국을 대신해서 중국과 싸울 의사도 없다. 하지만 과거에 중국에게 빼앗긴 영토는 회복하고 싶은 것이다.

3장

어제의 친구가 오늘의 적,
미국과 중국

우리가 당면한 미중 관계는 이제 한순간, 한 사건이 아니라 세계 역사의 구조적 변화가 일어나고 있는 것으로 받아들여야 하는 사건이 되었다. 다음 미국 대통령이 누구냐에 따라 돌발적인 사건의 범위는 커지거나 작아질 수 있고, 그 사건이 더 중요한 사건의 도화선이 될 수도 있다.

　과거 닉슨 대통령 시절, 헨리 키신저 국무장관이 비밀리에 중국과 교섭하여 수교를 한 사건은 당시 전 세계를 깜짝 놀라게 했다. 그 후 양국은 급속도로 가까워졌고 중국은 개혁 개방을 통해 눈부신 경제 발전을 이룩하였다. 미국이 중국의 WTO 가입을 동의했을 때, 천신만고 끝에 WTO에 가입했던 우리나라는 어째서 중국은 저렇게 쉽게, 또 많은 양해를 얻어가며 WTO에 가입할 수 있을까 억울해하기도 했다.

　그러나 오늘날 미국과 중국은 천하에 둘도 없는 원수가 되어 가고 있다.

미중은 과연 전쟁으로 치닫는 것일까? 이제 다시는 친구가 될 수 없는 것일까? 그들이 싸우면 대한민국은 어떻게 되는 것일까? 결론부터 말하자면 미중 무역 전쟁은 문제를 노출시켰을 뿐이다. 중국이 타이완 통합 계획을 포기하지 않는 한 미국과 중국의 충돌은 피할 수 없다.

이길 수 없는 전쟁, 미중 무력 전쟁

트럼프 전 대통령이 중국에게 무역 역조를 시정하기 위한 여러 요구를 하면서 시작된 미중 무역 전쟁은 그의 집권 기간 동안 계속 긴장이 고조되면서 이제 전 세계가 미중 패권 전쟁이라고 인식하는 수준에 이르렀다. 중국의 초기 반응은 예상 가능한 수준이었다. 서로 내가 옳으니 네가 옳으니 설전을 벌이다가 어느 정도 국내 정치용 과시 기간이 지나면 적당한 수준에서 중국이 미국의 물건에 대한 대규모의 구매를 약속하면서 가라앉을 것 같았다.

마치 약속 대련을 하듯이 미중은 군사적으로 서로를 도발하기도 했다. 당초 태평양을 항행 중인 미 함대를 바짝 따라와 충돌 위협까지 했던 인민해방군의 목적은 자국의 신형 구축함의 속도가 미군의 구축함보다 빠르다는 것을 과시하려는 것이었을지도 모른다. 그런데 예상치 못하게 미국이 전면적인 남중국해 군사 압박을 시작했다. 미중 무역 협상은 점점 험악해져 갔고 무역전에서 기업 제재로, 기술 제재로, 급기야 금융 제재가 거론되기 시작했다.

그러자 시진핑 주석은 인민해방군에게 절대 미군에게 먼저 발포하면 안 된다고 지시하였다. 인민해방군의 군사 훈련도 내해라고 할 수 있는 자국의 연해에서나 하는 등 자제하는 모습을 보였다. 이전의 약속 대련 모드로 돌아가고자 했는지도 모른다. 그러나 미국의 태도는 이전과는 달랐다. 미국 내 여론도 불타올랐다. 그간 누적되었던 중국에 대한 불만과 비난이 한꺼번에 터져 나오면서 중국은 미국의 주적이 되었다.

중국은 자제하는 모습을 보였다지만 미사일 발사나 신형 무기를 계속 공개하고 항공 모함을 비롯한 전략 무기들을 전력을 다하여 생산하고 있는 중국의 모습은 절대 군사 행동을 포기한 모습이 아니다. 2020년 말에는 남중국해에서 신형 ICBM(대륙간탄도미사일)을 발사하여 언제든 미국을 핵 공격할 수 있음을 시위했고, 이에 미국은 모형 ICBM을 태평양에서 요격하는 시험으로 중국의 위협에 준비되어 있다고 대답했다. 중국은 수시로 군용기를 타이완으로 날리고 있으며 미국도 수시로 정찰기와 군용기들을 중국 영공 근처로 날리고 있다.

세계 각국은 이제 미중의 무력 충돌을 가상이 아닌 언제든지 발생할 수 있는 실제적인 위험으로 받아들이고 있다. 물론 양국이 전면전을 벌일 가능성은 지극히 낮다. 세계의 초강대국인 두 나라는 세계에서 가장 많은 핵폭탄을 보유하고 있는 국가들이기도 하기 때문이다. 두 나라는 자국이 전쟁에 완전히 패배하여도 상대국의 군화가 자국의 영토를 밟는 일은 없을 것이라고 생각한다.

필자가 언젠가 한국의 한 대학에서 중국에 관한 강연을 한 적이 있다. 강연이 끝나고 나서 몇몇 학생들이 질문을 했는데 그중 한 학생이 이렇게 물었다.

"박사님은 미국과 중국이 싸우면 누가 이긴다고 생각하세요?"

필자는 그때 이런 질문을 받으리라고는 생각도 하지 못했다. 왜냐하면 필자의 머릿속에 중국이 미국을 무력으로 이긴다는 것은 상상도 할 수 없는 일이었기 때문이었다. 하지만 곧바로 그 학생의 질문은 진지한 것이었고 실제로 그 자리의 다른 학생들도 같은 의문을 가지고 있다는 것을 알 수 있었다.

미중이 무력 충돌한다면 그것은 전면전이 되기는 어렵다. 제한된 무력 충돌만이 가능할 것이다. 그리고 중국이 이길 가능성은 거의 없다. 하지만 그렇다고 해서 미국이 이긴다고 할 수 있을까? 예를 들어 남중국해에서 미국 해군과 중국 해군이 전투를 벌여 미군이 승리하면 미국이 중국과의 전쟁에서 승리한 것인가? 그렇게 볼 수 없을 것이다. 인민해방군은 피해를 복구하고 다시 군함을 만들 것이고 군인들은 재배치될 것이다.

그렇다고 미국이 중국 본토를 공격할 수도 없는 일이다. 핵전쟁을 유발하는 위험을 무릅쓸 수도 없고 중국과 재래식 전쟁을 벌인다면 몇 해가 아니라 몇 세기가 걸릴 수도 있는 일이기 때문이다. 게다가 역사는 중국이라는 나라를 점령하는 것이 위험한 일이라는 것을 증명하고 있다. 중국을 정복한 국가들은 대개 망하면서 중국에 흡수되어 왔기 때문이다.

오늘날 중국이 무력을 과시하며 주변 국가들을 위협하는 것은 위세를 보이는 효과가 있을지 모르겠으나 중국이 외국을 공격해서 영토를 넓힌 일은 많지 않다. 중국의 영토가 확장되어 온 과정은 오히려 패배를 통해서라고 보는 것이 옳다. 청나라를 보라. 원래 명나라는 청나라와 산해관을 두고 방어하고 있었다. 산해관은 바로 허베이河北성과 랴오닝遼宁성 사이의 관문이다. 즉 당시 청나라의 판도는 산해관의 밖, 현재의 동북 삼성이었던 것이다. 하지만 지금의 동북 삼성은 중화인민공화국의 영토이다. 동북 삼성이 어떻게 중국의 영토가 되었는가? 바로 명나라를 점령했던 청나라가 망해서이다. 나라가 망하면서 원래 자신들의 영토인 만주가 중원과 함께 중화민국의 영토가 되어 버린 것이다. 원나라도 마찬가지이다. 원나라가 망하면서 송나라 때보다도 더 큰 땅이 명나라의 영토가 되어 버렸다.

필자의 타이완 친구는 다음과 같이 말한 적이 있다.

"일본은 운이 좋아. 그저 만주를 비롯한 중국의 일부만 '잠시' 점령하고 있었으니 말이야. 본토를 한 100년 이상 점령하고 있었으면 지금 중국의 영토는 한반도와 일본을 포함하고 있을 텐데 아쉬워."

"무어라? 그게 일본 제국이지 어째서 중국이야?"

"국호는 일본일 수 있지. 지배자가 천황일 수도 있겠지. 그렇지만 일본은 우리 한족의 문화가 지배하고 한족이 주류인 중화 국가로 바뀔 것이거든. 일본의 역사와 문화는 일부 소수 민족의 고유문화 정도로 남을 거야."

이런 생각이 지금도 통하는 것은 아니겠지만 그만큼 중국 본토에 군대를 보내는 것이 얼마나 큰 부담인지를 설명하기엔 충분할 것이다.

그렇다면 중국 인민들은 미국과의 전쟁에 대해서 어떻게 생각하고 있을까? 1999년에 베오그라드(세르비아의 수도) 주재 중국 대사관이 미군에게 폭격을 당한 일이 있었다. 당시 미국은 오폭이라고 밝혔지만 중국은 거세게 반발했다. 중국 내에서는 전국적인 반미 시위가 일어났고 미 대사관 앞에서 거친 항의 시위가 연일 계속되었다. 필자는 당시 베이징에서 생활하고 있었기 때문에 이 사건에 대한 중국 친구들의 반응을 살필 수 있었다. 필자가 놀란 것은 거의 모든 중국 친구들이 만일 미국과 전쟁을 한다면 중국이 승리할 것이라고 확신하고 있는 점이었다.

중국 인민들이 미중 전쟁에서 중국이 승리한다고 생각하는 이유는 무엇일까? 심지어 미국에 유학을 다녀와 미국 사회와 미국의 힘을 직접 체험한 친구들마저 진심으로 중국이 승리한다고 보는 것 같았다. 그러면서 중국 정부가 미국에 대해 우유부단한 태도를 취하고 있다며 못마땅해했다. 그뿐만이 아니다. 필자가 산시성 타이위엔의 한 나이트클럽에 가 보니 수백 명의 손님들이 군복을 입은 가수와 함께 군가와 혁명가를 부르며 미국을 때려잡자고 함성을 지르는 것이 아닌가? 수백 명의 사람들이 업소에서 나누어 준 나무 컵으로 테이블을 두드리며 미국을 쳐부수자고 군가를 소리 높여 부르는 모습은 필자에게는 참으로 낯설고 무서운 장면이었다. 중국의 진정한 모습은 바로 이런 모습이라는 것을 깨달은 순간이기도 했다.

중국 친구들의 말에 따르면 인민해방군은 한 번도 진 적이 없는 무패의 군대다. 마오쩌둥이 미국과 싸울 때도 무기가 좋고 지원이 풍부해서 이긴 것은 아니라는 것이다. 1999년이면 중국에 랴오닝 호 같은 항공 모함도 없고 일본 자위대가 중국 함대를 전멸시키는 데 반나절도 걸리지 않는다고 평가할 때다. 필자가 접촉한 사람들 중 중국이 미국의 군사력을 감당할 수 없다는 현실을 잘 인식하고 있는 사람들은 오히려 고위 공무원들이었다. 하지만 그들의 입에서 미국을 이길 수 없다는 말은 나올 수 없는 노릇이다.

만일 미중 간에 무력 충돌이 일어나면 두 나라 정부 모두 국내 여론의 거센 압력을 받을 것이다. 중국 정부는 전황이 불리해도 섣불리 약한 모습을 보일 수 없는 처지에 빠질 가능성이 높다. 그래서 미국과 중국이 무력 충돌을 벌인다면 다음 3가지 방식을 두고 서로 암묵적인 합의를 이루며 진행될 것으로 보인다.

- 두 나라의 본토에서 멀리 떨어진 태평양 등의 지역에서 충돌
- 남중국해 인공 섬 또는 타이완 해협 등 제한된 지역에서의 국지전
- 인도, 일본, 타이완, 북한 등 제3국에서의 대리전쟁

가장 가능성이 높아 보이는 것은 제3국을 통한 대리전쟁이다. 미중은 동맹을 돕는다는 명분으로 참전할 수 있고 상황이 여의치 않으면 언제든 철수할 수 있다. 인도, 일본, 타이완 등은 미국이 중국을 자극하기 위하여 지원하는 형태가 될 것이고 북한, 이란은 중국이 미국을 자극하기 위하여 지원하는 형태가 될 것이다. 그리고 위의 네 나라 중에 전쟁 위험도가 가장 높은 곳은 다름 아닌 한반도일 것이다.

한반도가 아니라 다른 나라에서 대리전쟁이 일어난다면 어디일까? 만일 타이완이 된다면 중국 입장에서는 국지전이 아니라 총력전, 속도전의 대상이 될 것이다. 원래의 전략 목표이니 말이다. 이것저것 양보할 필요가 없다. 어쩌면 미국과의 전면전도 불사할 것이다. 전쟁터가 인도가 된다면 핵보유국 간의 전쟁이다. 그래서 중국도 인도도 그런 위험은 감수하지 않을 것이다.

그러면 남은 것은 일본이다. 일본은 전쟁을 할 수 있는 국가가 되고 싶어하기도 하고 실제로 센카쿠 열도를 둘러싼 중국과의 영토 분쟁이 있다. 그렇기에 한국이 성공적으로 한반도 대리전쟁을 피한다면 일본 쪽에서 중일 간의 무력 분쟁이 센카쿠 열도를 둘러싸고 국지적으로 발생할 가능성이 있

다. 물론 일본도 이런 상황을 잘 인식하고 있을 것이다. 그래서 일본은 한국이 보다 강경한 대중 태도를 취하기를 원하는 것으로 보인다. 자국에서 전쟁이 일어나지 않도록 하기 위해서는 한반도에서 군사 충돌이 일어나는 것이 가장 이상적이기 때문이다. 말하자면 외나무다리 위에서 미중이 서로 상대를 비키라고 밀고 있는데 미중 사이에 한일이 끼어 있는 형세인 셈이다. 일본으로서는 중국과 한국 사이에서 무력 분쟁이 터지는 것을 원할 것이고, 우리 입장에서는 당연히 한반도에서 무력 충돌이 발생해서는 안 된다.

중국이나 러시아의 입장에서 볼 때 미국의 동맹 세력 중 균열점이 일본과 한국 사이다. 2019년에 중국과 러시아가 동서에서 한국방공식별구역KADIZ을 침입한 것은 우연이 아닐 것이다. 일본과 한국의 영토 분쟁 구역을 자극하면 어떤 결과가 나오는지 시험해 보았을 가능성이 높다. 이때 한일의 대응은 완전히 달랐다. 우리 군은 기민하고 강경하게 대응했고 일본은 엉거주춤했다. 중국이나 러시아의 입장에서 제3국 무력 충돌 지역이 한국이 아니기를 바랄 뿐이다.

미중 경제 전쟁은 두 나라에 무엇을 가져왔나?

미중 무력 전쟁이 누구도 이길 수 없는 전쟁이라면 미중 무역 전쟁, 경제 전쟁은 승패가 틀림없이 갈릴 전쟁이다. 한쪽이 패배하든 둘 다 패배하든 그 결과는 분명히 나올 것이다. 두 나라는 무력 충돌의 가능성을 앞에 놓고 경제 전쟁을 벌이고 있는 국면인데 마치 권총을 앞에 높고 포커를 하는 서부의 무법자들이 연상되는 장면이다.

무역 전쟁에 대한 미중 두 나라의 시각은 매우 상반된다. 중국 국가통계국 국장이었던 리더쉐이李德水는 그의 책《중국 특색 사회주의 마크로 통제체계의 구축 및 개선建设和完善中国特色社会主义宏观调控体系》에서 미국은 중국과 단순한 무역전을 하고 있는 것이 아니라 중국을 삼키려 하고 있다고 했다. 미국이 중국에게 첨단 기술과 국유 기업을 제한하도록 요구하고 금융에 대해서는 무조건 개방할 것을 요구했다는 것이다. 그는 이러한 미국의 태도는 중국의 경제 주권을 침범하는 행위인 동시에 중국을 미국의 경제 식민지로 만들려는 의도라고 맹비난하였다. 또 세계의 초강대국인 두 나라가 전쟁을 할 가능성은 없으나 미국은 이념이라는 수단을 통해서 중국을 침략하려 한다고 경계했다. 그의 이러한 견해는 중국 내 좌파들이 미국과의 미중 무역 협상을 어떤 눈으로 바라보고 있는지 잘 보여준다.

반면 미국 허드슨 연구소의 중국 전략가 마이클 필스버리Michael Pillsbury는 미중 간의 무역 협상이 잘 진행되고 있다고 했다. 그러던 중 2019년 4월에 중국 내 강경파가 모종의 수단으로 협상 초안의 내용을 입수하게 된 것이 문제가 되었다는 것이다. 강경파가 이 내용에 반발하여 시진핑 주석 및 협상 팀에게 적극적으로 반대 의견을 밀어붙였다고 했다.

사실 트럼프 전 대통령이 중국에 대해 무역 압박을 하리라는 것은 누구나 알 수 있었던 일이다. 이미 2011년에 다음과 같은 글을 트위터에 올린 적이 있기 때문이다.

"중국은 미국의 동맹도 아니고 친구도 아니다. 그들은 우리를 때려눕히려 한다."

그런가 하면 2016년 공화당 대통령 후보 지명 연설에서는 "중국이 우리 미국을 계속 강간하도록 내버려 둘 수 없다"라고 말하기도 했다.

미중 무역 전쟁은 2018년 1월 22에 트럼프 전 대통령이 중국산 태양광 패널과 세탁기에 관세를 부과한 것이 시작일 것이다. 하지만 이렇게 커다란 미중 패권 전쟁으로 확산될 것을 예상했던 사람은 당시에는 아무도 없었다. 미국과 개발도상국가 간의 무역 역조와 미국의 시정 요구는 개발도상국가들이 모두 거쳐 가야 하는 통과 의례처럼 여겨졌었기 때문이다. 이어서 트럼프 전 대통령이 2018년 3월, 모든 국가로부터 수입 강철과 알루미늄에 대한 관세를 발표하자 세계는 미국이 특별히 중국을 목표로 하기보다는 미국의 무역 수지 적자를 개선하고자 하는 트럼프 전 대통령의 과격한 조치로 여겼다.

하지만 곧바로 트럼프 전 대통령이 미국무역대표부USTR로 하여금 중국에 대하여 500~600억 달러 상당의 중국산 수입품에 관세를 부과하고 중국이 미국의 지적재산권을 훔치고 있다고 비난하자 문제는 심각해지기 시작했다. 중국산 제품에 대한 징벌적 관세의 부가는 단순히 중국의 문제만이 아니라 중국에서 공장을 만들어 수출을 하고 있는 전 세계 국가들의 문제였기 때문이다. 실제로 가장 먼저 타격을 입은 곳은 중국에 공장을 두고 있거나 중국의 제조 기업과 협력하는 미국 회사들이었다.

중국 상무부는 미국의 조치에 대응하여 역시 미국의 128개 제품군에 보복 관세를 부과하였는데 이는 미국으로서는 가려운 정도의 보복이었다고 할 수 있다. 미국은 곧바로 중국의 통신 기업 ZTE를 제재했고 5월부터 양국은 협상에 들어갔다.

협상 과정에서 미국은 지속적으로 관세를 올리고 대상 상품의 범위를 확대하는 등 줄곧 압박을 높이는 정책을 지속했다. 누가 보기에도 이 싸움은 중국이 양보를 하는 것으로 끝날 수밖에 없는 일로 보였고, 단지 어느 정도의 양보를 할 것인지를 두고 서로 밀고 당기는 과정이었다. 그 과정에서 중국이 WTO에 미국을 제소하여 승리하기도 했지만 트럼프 행정부는 눈 하나 꿈쩍하지 않았다.

그러던 중 화웨이의 멍완저우孟晚舟 CFO가 캐나다의 공항에서 체포되는 일이 발생했다. 혐의 내용은 화웨이가 미국의 이란 제재를 어기고 이란에 첨단 기술 제품들을 제공하였으며 그 일에 멍완저우가 참여했다는 것이었다. 사실 이 사건은 미중 무역 전쟁이 미중 패권 전쟁으로 확산되는 발단을 보여준 것이기도 하였는데 당시에는 눈치챈 사람이 거의 없었다. 멍완저우 사건에서 미국의 목표는 중국보다는 이란으로 보였기 때문이다(미국의 이란 제재는 오랜 기간 지속되다가 오바마 정부 때 해지되었지만 트럼프 행정부 때 다시 원상 복귀되었다).

이제는 사람들의 눈에 이란과 중국의 비중이 바뀌었다. 트럼프 행정부의 이란 제재는 과거에는 이란이 목적이었을지 몰라도 이제는 중국과의 연대를 타깃으로 하고 있다고 보는 사람들이 늘어나고 있다. 이란 제재를 어긴 금융 기관 중의 하나가 HSBC였다. 형식적으로는 영국 은행이지만 실질적 사업 기반은 홍콩인 HSBC는 미국 사법부가 이란 제재 위반 혐의를 조여오자 자신들의 일체 범죄를 인정하고 미국에 협조하는 조건으로 선처를 받기로 했다고 한다. 미국 수사 기관에서는 HSBC에 상주하며 금융 거래를 모니터링할 사람을 파견했는데, 그 사람이 화웨이와 이란 간의 거래를 발견한 것이다. 멍완저우 사건은 현재 진행형이지만 당시엔 온갖 음모론이 난무하였다. 그러나 대국적인 시각으로 본다면 멍완저우 사건은 이란과 중국을 연결하는 근거로 사용된 것이고 이는 미국이 중국을 군사적으로 공격할 수 있는 잠재적 가능성을 의미한다고 할 수 있다.

미국과 중국의 경제 전쟁을 지켜보던 타이완의 이코노미스트 우쟈룽吳嘉隆은 중국의 저의를 의심했다. 당시 미국의 요구에 대하여 중국에게는 처음부터 쉽고 간단한 해결책이 있었다는 것이 우쟈룽의 견해이다. 중국이 이란으로부터의 에너지 수입을 미국으로 전환하면 된다는 것이다. 그랬다면 미국이 요구하는 규모 수준의 수입이 가능하여 미중 무역 마찰이 일어나지도 않았을 것이고 미국이 중국을 위협 요인으로 생각하지도 않았을 것이라고 했다. 그는 셰일 가스 및 셰일 석유의 개발로 에너지 수입국에서 수출국으로 바뀐 미국에게 중동은 더 이상 미국의 국가 이익에서 중요하지 않다고 보았다. 중국이 미국의 에너지를 수입한다면 그 규모가 미중 무역 수지 적자의 대부분을 메꿀 수 있고, 에너지를 미국에 의존하면서 미국에게 적대적인 군사 행동을 할 수는 없기 때문이라고 보았다.

하지만 필자가 보기에는 같은 이유로 중국은 절대 미국의 에너지에 의존할 수 없다. 이 사실은 미중 양국의 경제 전쟁이 결코 단순한 경제 전쟁일 수 없는 이유를 설명해 준다. 중국의 주요 에너지 수입원은 크게 사우디아라비아, 이라크, 이란 그리고 러시아로 정리할 수 있다. 만일 미중 간의 군사 충돌이 일어난다면 사우디아라비아나 이라크는 대중 제재에 참여하여 원유 공급을 중단하거나 줄일 가능성이 높다. 러시아는 중국을 지원하겠지만 러시아의 원유만으로 중국의 수요를 충족할 수는 없다. 그래서 중국이 가장 확보해야 하는 에너지 공급원이 바로 이란이다. 게다가 이란은 수십 년간 미국의 제재를 받고 있어 중국이 제시한, 석유 지불 화폐를 위안화로 한다는 데까지 동의한 국가이니 중국에게는 매우 귀중한 동맹이 아닐 수 없다.

이런 구조하에서 바이든 행정부가 근본적인 변화를 가져올 수 있을까? 타이완이 중국의 손에 들어가면 괌의 기지나 진주만의 기지가 무방비로 중국의 무력 앞에 놓이게 된다. 바이든 행정부의 중국에 대한 입장이 무엇이든지 근본적으로 중국의 타이완 통합을 좌시할 미국 대통령은 없다. 마찬가지로 지난 수십 년 동안 중국 공산당이 계획하고 추진해 온 타이완 통합을 포기할 수 있는 중국의 최고 지도자도 없다. 트럼프 행정부 시절에는 트럼프라는 강력한 인물에 가려져 오히려 미중 갈등의 본질이 잘 드러나지 않는 측면이 있었다. 트럼프처럼 분명하고 화끈한 스타일이 아니라는 평을 받고 있는 바이든 행정부의 경우 미중 갈등의 본질적 요소가 더욱 표면 위로 떠오를 가능성이 높다. 미국의 외교는 민주당과 공화당이 합의하여 정책을 결정하므로 새로운 대통령이 누가 되든 기본 기조를 바꾸기는 어렵다.

미중 경제 전쟁은 중국에는 타이완 통합을 위해서 미국과 맞서지 않으면 안 된다는 인식을, 미국에는 중국의 본질과 약점을 미국 및 전 세계에 보여주는 역할을 했다. 더 이상 사람들은 미중이 싸우면 누가 이길까 같은 질문을 하지 않게 되었다. 누구의 눈에도 주먹질을 하는 것은 미국이었고 막느라 급급한 것이 중국이었기 때문이다. 두 나라의 군사력 차이도 이제 명백하게 드러나 모두가 알게 되었다. 가장 중요한 것은 미중 경제 전쟁의 과정에서 홍콩의 일국양제나 타이완 문제, 신장 위구르 문제 같은 해묵은 이슈들이 모두 수면 위로 올라왔고 사람들은 포장되지 않은 중국의 민낯을 직시하게 되었다.

2019년 3월, 미 상무부는 2018년 대중 무역 적자가 6,210억 달러로 2008년 이후 최대라고 발표하였고 양국의 긴장은 최고조에 이르렀다. 이어서 4월 라이트하이저 무역대표부 대표와 므누신 재무장관이 베이징을 방문하여 10차 미중 무역 협상을 진행하였다. 사실상 양국은 이 10차 협상에서 대부분의 의제에 대해 합의를 이루었다. 미중 양측 모두가 협상에 진척이 있었다고 인정했으며 일대일로 고봉회에 참석한 시진핑 주석이 미국의 요구를 대부분 수용하는 내용을 발표하였다. 이때의 합의 내용은 다음과 같다.

- 상당 규모의 미국 에너지와 농산품 등 구매
- 위안화의 절하 통제
- 지적재산권의 보호 및 강화
- 강제적 기술 이전 및 기술 탈취, 영업 비밀 탈취 행위 금지
- 국유 기업 보조금 제한
- 외국 기업에 대한 자국 기업 동등 대우
- 교육, 금융업 등 시장 개방 확대

그리고 미국 기업에 대해서 중국 기업과의 파트너십 없이 단독으로 중국 내에 기업을 설립할 수 있도록 하는 내용도 검토된 것으로 알려졌다. 나중에 알려진 것이지만 이렇게 미중 간의 길고 긴 담판과 협상이 합의안이라는 형태로 정리되었을 때 트럼프 전 대통령은 상당히 흡족해한 모양이다. 아름다운 합의라고 했으니 말이다. 반면 중국의 관료들은 격분했다고 한다. 청나라 말기의 불공정 조약과 다를 바 없다는 말이 협상 팀 내의 젊은 관료들에게서 울분과 함께 터져 나왔었다고 한다. 한편 이 협상을 지켜보는 다른 국가들은 중국에게 엄격했다. 미국이 합의안에서 요구한 내용들은 대부분 중국이 당초 WTO에 가입할 때 약속했던 것들이며 중국이 이런저런 이유를 대며 약속 이행을 회피한 것들을 시정하는 수준이라는 것이었다.

기나긴 미중 협상은 10차 합의를 끝으로 종료되는 것처럼 보였다. 그러나 중국이 돌연 합의를 거부하며 미중 무역 협상은 파국을 맞았다. 중국의 태도 변화를 전해 들은 라이트하이저 대표는 트럼프 전 대통령에게 즉시 보고했고, 트럼프는 곧바로 고관세 방침을 트위터에 예고했다. 미국의 신속한 강경 대응에 놀란 중국 정부는 11차 협상단 방미 방침과 류허 부총리의 하루 늦은 미국 일정을 발표한다. 그리고 류허 부총리에게 주어진 시진핑 주석 특사 자격이 취소되었음을 알린다. 이때 중국 측의 누가 왜 합의안을 거부했는지에 대한 의문이 전 세계적으로 있었다. 그러나 중국은 침묵으로 일관했다. 게다가 류허 부총리가 단독으로 10차 합의안에 동의한 것이 아니라 지속적으로 시진핑 주석에게 보고했던 것으로 알려지면서 의문은 더 커졌다. 시진핑 주석이 실질적으로 주도한 협상이 뒤집어진 것이라면 시진핑 주석의 권력에 문제가 생긴 것이 아닌가 하는 의문이 제기되기도 하였다. 그래서 당시 많은 전문가들은 시진핑 그룹이 시진핑 주석의 권력에 도전하는 세력을 꺾지 못한 것으로 판단했다.

　중화권의 소문에 따르면 7인 정치국 상무위원회에 미국과 조율된 무역 합의안을 올려놓고 시진핑 주석이 최종 의견을 물었다고 한다. 이때 가장 먼저 반대 의견을 표한 사람이 리잔수라는 것이다. 7인 상무위원 중 6명은 3 대 3으로 찬성과 반대가 갈렸고 마지막에 시진핑 주석 본인이 모든 결과를 책임지겠다며 반대 의견을 나타냈다고 한다. 이 내용은 판단을 달리하는 서로 다른 전문가들이 공통적으로 하는 말이기 때문에 사실일 가능성이 높다. 그리고 현재 시점에서 돌아보면 비교적 명백한데 처음부터 시진핑 주석 그룹에서는 이 합의안에 동의할 생각이 없었다는 것이 사실인 것으로 보인다. 기존에 알려진 조건 외에도 미국이 요구한 몇 가지 사항들 중 합의

안 이행을 보장하는 법률 제정이 있어야 한다는 점, 합의안이 이행되지 않는다고 미국 기업이 신고를 하면 미국이 중국에 설립하는 기관에서 지방 정부를 조사할 수 있게 해야 한다는 점 등에 대해 시진핑 주석 그룹은 절대 수용할 수 없었다는 것이다. 근본적으로 사회주의 체제를 무너뜨리는 조건으로 생각했던 것 같다. 반면 상하이방 금융 관료인 황치판黃奇帆은 미국의 요구를 들어주어야 한다는 견해를 표명하기도 하였다. 따라서 중국 권력 내부에서 이 합의안에 대하여 상하이방은 찬성, 시진핑 그룹 및 태자당은 반대였다고 추정할 수 있다.

당시 미중 무역 합의안은 만일 통과된다면 중국에 법치와 공정 시장 시스템이 정착될 수 있을지 모른다는 기대를 불러일으킬 만했다. 하지만 미국식 시스템은 수시로 전달되는 공산당의 정책과 담당 관원들의 폭넓은 재량에 의해 크게 좌우되는 공산당 일당 전제 정치의 존립 기반을 무너뜨릴 수도 있었다. 이러한 이유로 시진핑 그룹은 공산당 체제를 위험에 빠뜨릴 수 있는 조건이라고 판단한 것으로 보인다.

미국에서 열린 11차 협상은 성과 없이 90분 만에 종료되었다. 유일한 합의 결과는 협상이 파국이 아니라는 것뿐이었다. 결과가 나오자 중국의 〈환구시보〉는 "중국은 선을 정했으며 이 선으로부터 더 이상 양보하지 않을 것"이라는 사설을 실었다. 여기서 말하는 선은 미중 간의 합의가 이루어진 시점에서 미국이 고관세를 철회해야 한다는 것이었다. 타이완에서 활동하는 작가이자 국제 금융 전문가인 왕하오汪浩는 중국이 이러한 반응을 보인 것은 미국의 압박이 중국에 진출한 외국 기업이나 수출 중심의 민영 기업에는 큰 문제이겠지만 시진핑 주석 지지 그룹들은 대부분 내수 및 국유 기업 활동을 하므로 체제 유지에 결코 불리하지 않기 때문이라는 분석을 하기도 했다.

당연히 트럼프 전 대통령은 이 상황에 격노했고 화웨이에 대한 제재 수준을 높임과 동시에 중국에 관세를 더 부과하는 조치를 취했다. 그는 끊임없이 새로운 제재를 호주머니에서 꺼내어 선보였다. 끊임없는 평행선을 달리던 두 나라는 결국 6월에 열린 G20 오사카 정상 회담에서 휴전에 합의했다. 이때 트럼프 전 대통령은 중국이 엄청난 양의 미국 농산물을 구매할 것이라고 했는데 중국은 이에 즉각적인 반응을 내놓지 않았다.

1년이 넘어가는 기간 동안 지속된 미국의 압박은 효과를 나타냈다. 하이테크 분야부터 외국 기업이 철수하기 시작한 것이다. 퀄컴이 45%, 구이저우贵州성 정부가 55%를 투자하여 설립한 5G 반도체 회사인 화심통华芯通은 제대로 생산도 해 보지 못하고 문을 닫았다. 볼보 자동차도 철수하였고, 삼성의 천진 공장도 폐쇄하였다. 중국의 수출에 크게 기여하고 있던 대만 업체들도 미국의 보복 관세 이후에는 버틸 수가 없어 상당수가 중국을 떠났다. 일본의 경우는 더욱 명백하다. 엡손 등 제조 공장은 가장 먼저 동남아로 이전하기 시작했다. 그리고 누구보다도 대규모로 중국을 빠져나가고 있는 것이 미국 기업들이다. 이들은 주로 동남아시아와 인도로 이전했다. 이미 200여 개의 미국 기업이 중국에서 인도로 이전했다고 한다. 해즈브로, 브룩스, 레녹스 등의 기업들이 대부분 베트남을 행선지로 정하는 바람에 베트남은 건국 이래 최대의 기회를 맞이했다.

하지만 엄밀히 말하면 이렇게 중국을 떠난 기업의 수는 생각보다 많지 않다. 대부분의 외국 기업들은 관망 자세를 취했다. 예를 들어 삼성의 경우 중국의 박해로 중국 시장에서 전면 철수하는 것처럼 보도되었지만 실상은 삼성이 중국 사회의 분위기를 일찌감치 감지하고 주력 사업을 세트 사업에서 부품 사업으로 전환한 것이다. 2020년 삼성의 중국 사업은 오히려 투자가 증가하였으며 매출과 이익 또한 최고점을 찍었다. 다른 나라의 기업들도 마찬가지다. 자사의 중국 공장이 단순히 미국에 수출을 하기 위한 제조 기지라면 해외로 이전하겠지만 중국의 내수 시장을 함께 겨냥하고 있다면 쉽게 퇴출을 결정할 수는 없는 노릇이다.

2020년 7월, 미국의 압박하에 중국은 2사분기 GDP 성장률이 27년 만에 가장 낮은 수준이라고 발표했다. 8월에는 트럼프 전 대통령이 다시 기세를 높여 중국의 3천억 달러 상당의 상품에 징벌적 관세를 부과하겠다고 발표하였다. 이 시기 중국은 무역 수지 방어를 위하여 위안화를 점진적으로 절하하고 있었는데 이에 대해 미국은 중국을 환율 조작국으로 선포했다. 이는 무역 전쟁이 자칫 금융으로까지 확대될 수 있다는 것을 의미했다. 미국 재무부의 므누신 장관은 중국의 협상단을 불러 외환에 대한 요구를 했고 중국은 받아들였다. 금융이 영향을 받으면 중국도 월 스트리트도 곤란했던 것이다.

당하고만 있을 수 없었던 중국은 미국 농산물 구매를 중지하는 대응 조치를 했으나 산업 생산량이 17년 만에 최저치로 떨어지는 상황에 직면해야 했다. 결국 2020년 9월 중국은 일부 미국 제품에 대한 관세 면제를 발표하고 트럼프 전 대통령은 관세 인상을 연기한다는 발표를 한다. 양국이 성의를 보이며 협상 재개를 위한 명분을 쌓은 것이다. 이어지는 협상 후 2020년 1월 양국은 마침내 1단계 합의에 서명하였다.

1단계 합의는 양국의 상호 합의보다는 임시 휴전을 의미하는 것처럼 보였다. 그간 합의의 중요 문제였던 중국 체제의 구조적 변경은 일절 없었고 모든 내용은 중국이 미국 상품을 사 주는 것이었다. 미국이 중국으로부터 엄청난 양의 구매를 약속받았지만 합의와 동시에 과연 중국이 이를 지킬 것인지에 대한 의문이 쏟아져 나왔다. 미국으로서는 최종적으로 원하는 것을 얻지 못했기에 잠시 트럼프 전 대통령의 체면치레를 위한 조치를 한 것에 불과했다고 할 수 있다. 중국의 입장에서는 엄청난 규모의 돈으로 미국의 상품을 사 주는 것으로 자신들의 레드 라인을 지켜냈다고 할 수 있다.

합의 과정 동안 두 나라의 국민들은 줄곧 피해를 입고 있었다. 대두의 경우 수출 길이 막힌 미국의 농민들이 일차 피해자이다. 그러나 대두를 수입하던 중국 기업들도 피해가 막심했다. 관세는 그들이 내는 것이니 말이다. 이미 대두를 수입하던 중국의 대형 농산물 회사 네 곳이 도산하거나 도산 위험에 직면했다. 산동창화山东昌华, 산동천이山东晨曦, 중성량요우中盛粮油, 산동산웨이요우즈山东三维油脂 등이다. 산동 최고 재벌이었던 산동천이가 가장 먼저 파산했고 산동창화가 뒤를 이었다. 산동산웨이요우즈도 파산하였고, 국유 지분이 많은 중성량요우도 파산 위기에 처해 있다.

중국이 무역 전쟁 동안 대두 수입선을 브라질로 전환하면서 중국에 수출하느라 자국 소비 물량이 부족해진 브라질 기업들이 역으로 미국의 대두를 수입하는 진풍경이 벌어졌다. 자국산은 중국으로 모두 수출하고 정작 브라질 시장에서 필요로 하는 대두는 자국산보다 저렴한 미국산을 수입해서 파는 것이다. 미국의 농민들로서는 그나마 다행스러운 일이었다. 다만 미국과 브라질은 서로 북반구와 남반구에 위치해서 수확 시기가 달라 미국 농민들의 손해가 커졌다고 한다. 또 브라질에서 대두를 수입하던 러시아가 브라질 대두 수출량이 줄어들자 미국산 대두를 수입하기도 하였다. 이렇게 미중 무역 전쟁은 제3국에까지 영향을 미치고 있다.

이 과정에서 중국은 매우 중요한 것을 잃었다. 미중 무역 전쟁이 있기 전까지 중국은 때로는 지나친 언행, 때로는 과격한 주장 그리고 남중국해의 군사 기지 건설과 같은 공격적 행동을 하였지만 세계의 여론은 그저 투덜대는 정도의 반응을 보일 뿐이었다. 그것은 어느 정도 패권 국가들의 지나친 행위에 익숙해져 있는 원인도 있을 것이고, 중국의 국력이 성장하는 과정에서 겪어야 하는 성장통일 수도 있다는 인식도 있었을 것이다.

그러나 미중 무역 전쟁과 이에 대한 중국의 대응을 보면서 세계는 점점 중국의 민낯을 보게 되었다. 많은 이들이 중국을 자본주의 국가들과 동일시했으나 중국의 체제는 전혀 그렇지 않다는 것을 깨닫게 된 것이다. 민간 기업으로 생각했던 많은 중국 기업들이 정부의 명령으로 움직이는 국유 기업 또는 국유 기업이 통제하는 기업이라는 것도 알게 되었다. 그리고 세계 각국은 미국의 주장 하나하나가 자국의 이해관계와 동일하다는 것을 발견하면서 그동안 중국에게 얼마나 불공정한 대우를 받고 있었는지도 새삼 깨닫게 되었다.

중국의 힘이 그동안 많은 국가가 생각한 것처럼 위력적이지 않다는 것을 알게 된 여러 나라에서는 억눌러 왔던 중국에 대한 반감이 솟구쳤다. 특히 타이완, 홍콩 등 중화권에서는 그간 세계의 공조를 얻지 못했던 반중 정서를 드높이면서 새로운 정치 기류를 형성하였다. 타이완에서는 오랜 정치적 낭인 생활 후에, 국민당이 한 번도 선거에 승리해 보지 못한 가오슝高雄 시장에 당선된 한궈위韩国瑜라는 인물이 상징적이다. 그는 가오슝에서 외롭게 혼자 선거 운동을 하면서 기득권이 돌보지 않는 취약 계층을 돌아보고 다녔다. 질 것이 틀림없는 선거전이라 아무도 지원을 해주지 않아 하루 도시락값으로 우리 돈 2천 원을 당에 신청하기도 했다. 타이완 민중은 식상했던 기존 정치인 대신 당 안팎에서 홀대받던 그에게 공감했다. 그는 예상을 뒤

엎고 가오슝 시장에 당선되며 일약 정치 스타가 되었다. 그 열풍을 몰아 타이완 총통 선거에 출마했지만 지지도가 20%에도 못 미쳤던 차이잉원蔡英文현 총통에게 패배했다. 그의 가오슝 시장 당선도 놀라운 일이었지만 차이잉원의 당선은 더 놀라운 일이었다. 불과 몇 달 사이에 보여준 타이완 민중의 정서, 특히 젊은이들의 정서는 중국에 대한 극도의 혐오였다. 차이잉원 정부의 운영은 실망스러웠지만 그녀가 내건 반중 구호가 타이완 사람들의 공감을 얻었던 것이다.

이렇게 중국은 미국을 대신할 차세대 세계의 리더 자리에서 일순간에 미끄러져 내려와 전 세계의 공동의 적이 되었다. 중국은 이러한 상황을 전혀 예상하지 못했다. 중국이 아닌 타국이 중국을 어떤 눈으로 바라보는지, 우리와 남으로 상황을 구분하는 중국은 전혀 이해하지 못했던 것이다. 중국 국방대학 전략연구소 다이쉬戴旭 교수가 지난 2020년 7월 강연에서 토로했다는 다음 4가지는 이런 중국의 모습을 잘 보여준다.

- 미국의 원한이 이렇게 클 줄 몰랐다.
- 미국의 수법이 이토록 악랄할 줄 몰랐다.
- 중국이 미국에게 당할 때 편들어 주는 나라가 하나도 없다.
- 중국을 공격하는 데 (미국에는) 공화당, 민주당이 따로 없다.

필자가 보기에 중국은 지금도 왜 이런 결과가 나왔는지 모른다. 우리는 중요하고 남은 고려하지 않는 중국의 관계 문화가 가져온 구조적인 문제일 수도 있다. 하지만 세계 각국의 시각을 이해하고 자신의 정책에 대한 양해를 강요가 아닌 이해를 통해 구하는 것이 강국으로서의 기본 자세이다. 그런 면에서 중국은 너무나 부족했다.

미중 1단계 합의는 양국의 갈등을 해결하는 방법이 아니라는 것이 너무나도 확실했고, 중국이 약속한 미국 상품의 규모도 지나치게 커서 현실성이 없다는 의견도 많았다. 그리고 2019년 말 중국 후베이성의 우한에서 코로나19가 발생하고 2020년에는 팬데믹으로 확대되면서 중국에 대한 전 세계의 반감은 극에 달했다. 세계의 주목을 받았던 1단계 합의는 코로나19를 이유로 중국이 약속 이행을 미루고 미 대선까지 겹치면서 이제는 사람들의 관심 속에서 사라지고 있다. 미국 피터슨 국제경제연구소는 중국의 1단계 합의를 지속적으로 모니터링하고 있는데 2020년 9월까지의 결과를 오른쪽 그래프로 표현했다. 중국의 실제 구매량이 1차 합의의 거의 절반 수준에 불과한 것을 한눈에 알 수 있다. 미국은 크게 실망했고 이제 미중 관계가 단기간 내에 다시 정상 궤도로 돌아오기엔 너무 어려워졌다.

코로나19의 발병에 대한 중국 안과 밖의 시각은 완전히 다르다. 중국은 매년 수십 종의 괴질, 즉 무슨 병인지 알 수도 없는 질병들이 발생한다. 특히 남방의 광둥广东, 푸젠福建, 광시广西, 윈난 등에서는 매년 발생하는 괴질로 수백 명에서 수천 명이 사망한다. 2002년 말, 사스가 발병했을 당시 홍콩에서 십수 명이 사망했을 때 광둥성의 위생국장이 별일 아니라는 식의 안일한 태도를 보인 것도 그러한 이유에서다. 하지만 과거에는 중국 인민들의 상호 접촉이 제한적이었기 때문에 이런 괴질이 발병하더라도 자연적으로 차단이 되었지만 지금은 즉시 대륙 전체로 확산된다.

과거 중국의 지역 폐쇄성에 관한 몇 가지 일화가 있다. 1994년에 필자가 베이징의 어느 장소에서 사람을 기다리고 있는데 탁자 위에 놓인 신문에 마을을 하나 발견했다는 기사가 있었다. 무슨 이야기인지 그 기사를 읽어

미중 1단계 합의 이행 확인 그래프

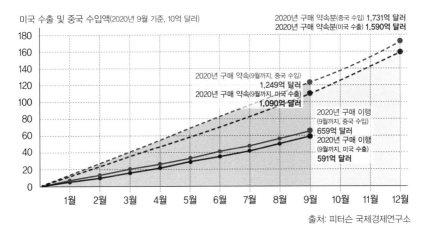

미국 수출 및 중국 수입액(2020년 9월 기준, 10억 달러)

2020년 구매 약속분(중국 수입) **1,731억 달러**
2020년 구매 약속분(미국 수출) **1,590억 달러**

2020년 구매 약속(9월까지, 중국 수입)
1,249억 달러
2020년 구매 약속(9월까지, 미국 수출)
1,090억 달러

2020년 구매 이행
(9월까지, 중국 수입)
659억 달러
2020년 구매 이행
(9월까지, 미국 수출)
591억 달러

출처: 피터슨 국제경제연구소

미중의 1단계 합의가 지켜질 가능성은 거의 없지만
2년간의 약속이기 때문에 2021년 말까지의 실적을 확인해야 한다.
중국에게 과연 합의 이행의 여력이 있는지 분석하였다.

보니 다른 곳과는 단절되어 생활해 오고 있는 마을을 하나 발견했다는 내
용이었다. 어느 방송국에서 촬영을 위해 산시성 오지의 깊은 숲에 들어섰
는데 이리저리 가다 보니 한 마을이 나타났다고 한다. 알고 보니 그 마을은
당나라 건국 당시 이세민 휘하의 한 장수가 적군을 따라 진격했다가 그곳
에서 사망하였고 그의 남은 부하들이 현지에 남아 거주하기 시작한 것이라
고 한다. 마을 사람들은 지금까지도 당나라 옷과 습관을 유지하며 당나라

시절의 말을 하고 있었다는 것이다. 그야말로 믿기 어려운 이야기이다. 하지만 곤란한 처지에 빠지거나 죄를 짓고 깊은 산에 숨어 살던 사람들이 가끔 불쑥 나타나 "지금의 황제는 누구냐?"라고 묻는 사건이 베이징 근처에서도 가끔 일어난 것이 사실이다. 그만큼 중국의 오지는 다른 사람들과의 접촉이 적었다. 하지만 이제는 개발에 개발을 거듭하는 중국의 경제 발전으로 깊은 산속 골짜기에 사는 박쥐, 천산갑, 밍크, 벌레, 기타 여러 사람과 병원균이나 바이러스를 공유하는 생물들과 사람 간의 접촉이 빈번해졌다. 이제는 괴질이 발병하면 즉시 전국으로 그리고 세계로 확산되는 상황이다.

중국이 당초 우한에서 코로나19의 발병을 숨겼거나 지체했는지 의혹이 많지만 확실한 증거는 아직까지 나오지 않았다. 만일 중국이 발병을 숨기거나 WHO에 정보 전달을 지연했다면 인류에게는 큰 범죄에 해당되는 일이다. 하지만 아마도 중국 인민들에게 그것은 남의 사정일 것이다. 설령 실제로 그런 일이 있었다고 해도 중국 인민들, 즉 '우리' 눈에 비추어 볼 때에는 충분히 이해가 되는 상황인 것이다. 그리고 외부의 눈, 남의 눈과는 달리 중국 인민의 눈으로는 중국 정부가 현재 처한 상황에서 최선의 노력을 다하여 코로나19를 막은 것이다. 그래서 중국 내에서는 중국 정부의 코로나19의 대처에 대하여 불평하는 사람은 있어도 비난하는 사람은 적다.

이러한 중국의 태도는 세계 각국의 눈에는 전혀 이해가 되지 않는 행위이다. 더구나 수많은 사람들에게 전염을 시키고도 사과 한마디 없고 오히려 자국의 백신을 세계의 공공재로써 개발도상국가부터 합리적인 가격으로 공급하겠다며 구원자인 양 발표하는 중국 정부의 모습에 많은 국가들이 진저리를 쳤다. 하지만 중국 인민의 눈에는 매우 합당한 모습이다. 왜 '남'들이 자신들을 도우려는 중국을 비난하는지 '우리' 중국 인민들은 잘 이해하지 못한다. 누군가 말한 것처럼 중국 인민들에게 세상은 '우리 중국'과 '우리가 아닌 모든 이'의 두 개로 나뉘어 있는지도 모른다.

원래 1단계 합의를 중국이 최선을 다해 지켜 가는지 달성 여부를 지켜보면 될 것 같았던 미중 무역 전쟁은 코로나19 사태를 맞이하여 새로운 국면으로 진입했다. 유감스럽게도 트럼프 전 대통령은 코로나19를 경시했다. 이로 인하여 미국은 대규모의 전염이 발생하였고 그와 동시에 미국 내에서는 여러 갈등 상황을 촉발하였다. 이러한 모습은 과연 미국이 자유 진영의 지도자 국가인지 의문이 들게 만들었고, 중국 공산당에게 큰 힘을 실어주었다. 코로나19로 인한 국가 권력의 강력한 통제에 불만이 쌓여 가던 중국 인민들은 미국의 코로나19 확산 사태를 보며 가슴을 쓸었다. 그들의 눈에는 대단히 다행스럽게도 중국 특색 사회주의가 다소의 문제는 있지만 미국과 같은 자본주의 국가의 모순에 비추어 볼 때 훨씬 우월한 사회 체제임을 확인할 수 있었던 것이다.

트럼프 전 대통령의 예측 불가능한 중국 압박은 중국 내 권력 파벌들이 상당한 수준으로 단결하게 되는 결과를 초래하였다. 이들의 국내외 자산은 엄청난 규모이다. 미국이 이들에게 해외 자산을 동결하겠다고 위협한 것은 이들에게 공동의 적을 인식하게 하여 단합하게 만들었다. 아무리 서로 간의 이견이 심하다고 해도 중국 공산당이라는 떡은 그 누구도 포기할 수 없는 매우 큰 이권이었던 것이다.

지금까지 진행되어 온 미중 경제 전쟁을 통찰해 본다면 근본적으로 미국과 중국의 이해 충돌은 피할 수 없는 일로 보인다. 하지만 아이러니하게도 중국이 벌어들이는 부의 근원은 미국이다. 중국은 세계 각국과 무역을 하고 있지만 중국의 무역 흑자의 절대 비중은 미국이 차지하고 있다. 미국과

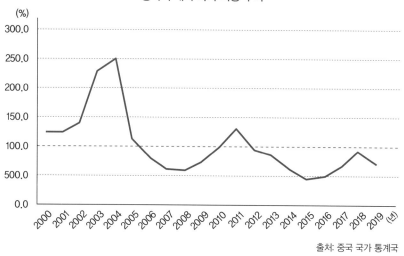

중국의 대미 흑자 비중 추이

출처: 중국 국가 통계국

의 교역 없이는 중국 경제의 성장도 없다. 그렇기에 트럼프 행정부가 중국을 미국의 경제권으로부터 분리하겠다는 위협은 강력했던 것이다.

중국으로서는 최악의 경우 미국의 경제권 그리고 달러 경제권으로부터 퇴출되는 상황을 생각하지 않을 수 없다. 미국으로부터의 무역 수지 흑자가 없어지면 국제 무역 수지 흑자 전체가 심각한 수준으로 줄어들게 된다. 그리고 그것은 내순환 경제 정책으로 이어진다. 외부와의 무역을 통한 경제 발전이 여의치 않을 경우 내수 중심으로 경제 개발을 한다는 것으로, 미국이 제재하는 각종 전략 물자와 기술을 자력으로 극복하겠다는 의지이기도 하다. 물론 중국에게 외부와의 협력을 단절하려는 의사는 없다. 소위 외순환 경제도 지속한다. 다만 언제 외순환의 고리가 끊길지 알 수 없기에 전적으로 의존할 수 없을 뿐이다.

그런 면에서 미중의 갈등이 고조된 시기인 2020년 11월 발효된 역내포괄적경제동반자협정RCEP은 미국이나 유럽과 같은 서방 국가의 협력 없이도 중국이 영위할 수 있는 대규모 시장을 얻은 것처럼 보인다. RCEP 국가 간 무역은 전 세계 무역량의 30%를 차지하며 전 세계 인구의 3분의 1이 속해 있다. 당연히 중국의 미디어는 RCEP가 다변주의와 자유 무역 거래의 승리라며 찬양하고 있다. 이 말은 중국이 미국과의 경제 전쟁 기간 내내 미국을 단변주의(일방주의)이며 자유 무역 거래 질서를 파괴하고 있다고 비난한 내용에 다름 아니다. 아세안 10개국과 한중일 그리고 오세아니아 두 국가 등 15개 국가로 구성된 RCEP는 중국에게는 서방 경제와 분리된다고 하더라도 협력할 수 있는 경제체다.

그러나 과연 그럴까? RCEP는 2012년부터 논의가 시작되었지만 중국은 주도적인 입장이 아니었다. 주도적인 입장을 취했던 것은 아세안 각국이었다. 그 이유는 크게 2가지로 볼 수 있다. 하나는 중국 입장에서는 일대일의 쌍무적 협력 논의에서 자국의 협상력을 높일 수 있다는 것이고, 다른 하나는 아세안과의 협력이 진행된다면 중국은 혜택을 제공하는 입장에 서게 되며 이익을 얻게 되는 입장이 아니라는 것이다.

반면 아세안 국가들은 당초 중국과 인도라는 두 거대 시장에 접근할 수 있게 되며 한중일로부터 상대적으로 가격 경쟁력이 있는 기술 제품을 들여올 수 있게 되어 가공 무역의 기초 위에 시장이 대폭 확대되고 외국 기업의 투자를 기대할 수 있게 된다. 특히 그중에서도 싱가포르, 베트남, 말레이시아, 브루나이 4개국은 RCEP와 함께 일본이 주도하는 포괄적·점진적 환태평양경제동반자협정CPTPP에도 가입되어 있어 두 진영을 연결하는 고리 역할을 기대할 수 있다. 더구나 베트남은 미중 경제 전쟁의 최대 수혜국으로 RCEP의 서명식을 베트남이 주도한 것은 매우 상징적인 일이다.

이러한 과정을 볼 때 RCEP의 타결이 미국이 서방과의 경제 분리를 무기로 중국을 압박하는 현재 상황에서는 중국의 전략적 승리처럼 보이지만 사실은 그렇지 않다는 것을 알 수 있다. 오히려 중국의 국가 전략 때문에 아세안을 끌어들일 필요가 있었고 그렇기 때문에 자국에 어느 정도의 불이익이 온다 하더라도 아세안 국가들의 경제 협력 요청에 응한 것으로 보아야 할 것이다.

우리나라의 경우 대외경제정책연구원에서 아래 표와 같은 RCEP 경제 효과를 내놓고 있다. 우리나라에게도 상당한 이익이 된다는 계산인데 이것을 믿어도 되는 것일까?

RCEP가 한국 경제 성장에 끼칠 영향

양허 시나리오	발효 후 5년		발효 후 10년	
	실질 GDP(%)	후생(억 달러)	실질 GDP(%)	후생(억 달러)
낮은 수준	0.32	71.98	1.17	116.11
중간 수준	0.37	82.79	1.31	137.53
높은 수준	0.44	96.25	1.45	163.47

출처: 대외경제정책연구원

RCEP가 중국 경제에 기여하는 것은 GDP 기준으로 0.1% 정도의 미미한 수준에 그칠 것이라고 한다. 반면 한국과 일본에는 상당한 기여가 있을 것으로 기대된다.

앞서 중국의 1단계 합의 이행을 모니터링하던 피터슨 연구소는 RCEP에 대해서도 관망치를 내놓았는데 피터 페트리Peter Petri와 마이클 플러머Michael Plummer의 보고에 의하면 일본이 주도하는 CPTPP의 경우 2030년까지 세계 국민 소득이 1,470억 달러, RCEP의 경우 1,860억 달러로 각각 성장할 것으로 내다보았다. 그리고 가장 큰 수혜자를 중국, 일본 그리고 한국으로 보았다. 반면 미중 경제 전쟁은 세계 국민 소득을 3,010억 달러 감소시킬 것으로 전망했다. 간단히 말해 미국이 큰 손해를 보게 된다는 의미이다. 참고로 RCEP는 시장 민주화, 노동권, 환경 표준, 지재권 등에 대한 요구 사항이 없기 때문에 개발도상국가들은 참여가 쉽고 선진국은 참여가 어려운 구조이다.

하지만 피터슨 연구소가 전망한 중국에의 GDP 성장률 기여는 0.4%, 미중 경제 전쟁으로 인한 성장률 저하는 1.1%였다. 따라서 RCEP가 중국이 현재 처한 경제 문제를 완화해 주는 역할은 할 수 있어도 해결해 주지는 못한다고 보는 것이다. 퀸즐랜드 대학의 레누카 마하데반Renuka Mahadevan 교수는 2030년까지 중국의 GDP 성장에 RCEP가 기여하는 것은 0.08%, 미중 경제 전쟁 효과는 -0.32%로 더 혹독한 추정을 하고 있다. 〈블룸버그〉의 이코노미스트 유키 마쓰지마Yuki Masujima는 중국의 GDP 성장에 RCEP가 기여하는 것은 0.5%, 한국에 기여하는 것은 1.4%, 일본에 기여하는 것은 1.3%로 추정하고 있다.

피터슨 연구소의 전망은 다소 미국 위주의 시각이다. 미국이 여러 경제 공동체에서 제외되고 중국은 굳건히 새로운 경제 공동체를 만들어 가는 모습이 보기에 편치 않은 것은 아니었을까? 필자는 오히려 가장 큰 수혜자는 역시 아세안 국가이고 그다음으로는 일본이 될 것으로 생각한다. 최근 국제 무대에서 일본의 존재감이 날로 줄어들고 있다. 반면 한국은 전 세계 여러 나라들과 FTA를 맺는 노력을 해 나갔다. 그래서 어떤 이들은 RCEP가 체결되더라도 한국에 주는 이익은 크지 않을 것으로 보기도 한다. 하지만 한국은 주요 시장을 중국으로부터 아세안 국가로 전환하려는 노력을 하고 있으며, 아세안을 제조 기반으로 중국 시장을 공략하는 수단을 마련하려 한다. 결코 손해 보는 장사일리 없다. 그리고 일본은 일거에 중국, 동남아, 한국 권역에 대한 자유 무역 조건을 손에 얻었다.

그래서 상대적으로 가장 수혜를 받지 못한 것이 중국으로 생각되는 것이다. 하지만 서방으로부터의 협력을 어쩌면 상당 기간 얻지 못할 수 있는 중국 입장에서는 아세안 국가들을 외교적 맹방으로 끌어들이지 않을 수 없으며 서방을 대체할 기술 제공 국가로서 한국과 일본을 끌어들이지 않을 수 없다. 특히 일본을 말이다.

결론적으로 현시점에서 미중 무역의 결과를 평가한다면 미국은 자칫 묵과할 수 있는 미래의 위험에 대한 조치를 시작한 것이고 중국은 미국의 위협을 잘 막아냈다고 정리할 수 있다. 그리고 가장 중요한 사실은 미국 사회는 RCEP에 대해서 별 관심이 없다는 것이다. 이것이 어쩌면 가장 중요한 사실을 반영하는 것일 수 있다. 즉 미국이라는 패권 국가와의 협력이 없는 경제 권역은 사상누각沙上樓閣이라는 것 말이다.

쩐의 전쟁과 애국심 없는 용병, 월 스트리트

미중 경제 전쟁은 우리가 잘 아는 《초한지》와 비견할 수 있다. 미국과 중국의 양 진영이 마주 보며 서로 무예가 출중한 장수를 앞세워 충돌하는 전쟁 말이다. 그러나 사실 미중 경제 전쟁은 《초한지》보다는 《삼국지》에 가깝다. 이 전쟁에는 미국과 중국 정부 외에 세 번째 참가자인 월 스트리트로 대변되는 국제 자본이 있기 때문이다.

미 행정부가 중국을 상대로 열심히 압력을 가하고 있을 때에도 월 스트리트의 자본은 어느 쪽이 돈이 되는지를 따지고 있었다. 그들은 결코 중국을 떠나지 않았는데 그것은 중국이라는 환경이 돈을 놀리기 위한 그들의 이상적인 대상이었기 때문이다. 그리고 앞으로도 여간해서는 중국을 떠나지 않을 것이다. 설령 망하는 기업이라 할지라도 돈이 될 수 있기 때문이다.

월 스트리트의 자본이 중국에 들어온 것은 개혁 개방과 거의 때를 같이하지만 당시 중국에서는 월 스트리트의 자본이 제대로 활용될 수 있는 사업 기회를 찾기 어려웠다. 필자가 중국의 지방 정부를 상대로 여러 가지 IT 프로젝트 기회를 찾아다니고 있을 때 월 스트리트의 한 회사와 만난 적이 있었다. 그들은 돈을 굴릴 곳을 찾고 있었고 필자는 돈이 없는 고객을 위하여 프로젝트 파이낸싱*을 해 줄 수 있는 곳을 찾고 있었기 때문에 서로의 협력 가능성을 상호 타진해 보는 자리를 가진 것이다. 그때 상대는 몇 가지 애로 사항을 토로했다. 대부분의 중국 지방 정부의 프로젝트들이 규모가 너무 작아 돈을 투융자 할 타당성이 나오지 않는다는 것이다. 아무리 적어도 100만 달러 이상은 되어야 최소한의 출장비라도 건지는데 이 금액을 넘는 규모의 프로젝트조차 당시의 중국 지방 정부에서는 찾기 어려웠던 것이다. 물론 필자에게는 아주 좋은 파트너였지만 이내 협력을 포기할 수밖에 없었다. 당시 중국의 지방 정부가 외국 자본을 사용하려면 중앙 재정 부

---

* 건설이나 대형 사업과 같은 특정 프로젝트에서, 미래에 발생할 현금 흐름을 담보로 하여 그 프로젝트의 수행 과정에 필요한 자금을 조달하는 금융 기법.

서의 허가를 받아야 했는데 그 절차가 1~2년이 걸렸고, 꼭 허가를 받는다는 보장도 없어 언제까지나 쫓아다닐 수는 없었기 때문이다. 다시 말해 개혁 개방 후 상당 기간 동안에는 월 스트리트의 자본이 중국에 들어왔더라도 제대로 사업을 할 만한 대상이 없었다는 것이다.

필자가 수행했던 연구 보고서* 중 몇 페이지를 인용하여 월 스트리트의 중국 진출 내용을 소개하려 한다. 중국에서 최초로 민영 금융 비즈니스가 성립한 것은 밍텐시明天系, 즉 밍텐明天 그룹이라고 본다. 밍텐 그룹의 창업주인 샤오젠화肖建华는 산동성의 한 중학교 교사의 6남매 중 하나로 태어났다. 어렸을 때부터 아침 5시면 일어나서 공부를 했다고 하며 불과 14세에 베이징 대학 입학시험에 합격한 천재였다. 〈뉴욕타임스〉에 따르면 천안문 사건 당시 불과 17세의 나이로 베이징 대학의 학생 회장이었던 샤오젠화는 학생들이 아닌 정부 당국에 협력하였다고 한다. 그 후 그는 당국의 지원을 받아 베이징 대학 내에서 델, IBM 등의 컴퓨터를 팔았고 이를 통해 종잣돈을 마련한 후 증권 투자 사업에 뛰어들었다. 샤오젠화의 부인은 몽고인으로 알려져 있는데 그녀의 신상에 대해서는 알려진 바가 없다. 단지 몽고 최고위층 권력가의 딸이라는 소문이 있을 뿐이다. 급격히 성장하는 중국 경제 환경에서 그가 운영하는 금융 사업은 시장에서 승승장구했고, 마침내 밍텐 그룹은 계열사 23개, 투자 기업 21개의 금융 회사를 보유한 대기업 집단이 되었다. 은행 17개, 보험 회사 9개, 증권 회사 8개, 신탁 회사 4개, 펀드 회사 3개, 선물 회사 2개 그리고 금융 리스 회사 하나까지 보유 자산 규모는 약 3조 위안, 한화로는 약 500조 원이 넘었다. 한국의 대형 은행보다

---

* 김윤권·탁현우·이국봉·이철·안유화·지규원, 〈중국의 국정운영에 관한 연구: 정부와 기업 관계를 중심으로〉, 대외경제정책연구원, 2020년.

도 열 배 정도 큰 규모였다.

샤오젠화는 쩡칭홍, 주룽지, 류진산刘金山, 시진핑, 원자바오, 자칭린贾庆林 등 권력층과 가깝게 지내며 이들의 권력을 금력으로 바꾸어 주는 역할을 많이 했다고 전해진다. 샤오젠화가 돈을 벌어 주는 역할을 하자 당시 중국의 상무위원회나 정치국 요인들의 상당수가 적극적으로 샤오젠화와 유대를 가졌다. 말하자면 파벌과 관계없이 정경 유착을 한 셈이다.

이렇게 승승장구하던 샤오젠화는 2017년 중국의 권력 투쟁에 휘말려 홍콩으로 도망간다. 홍콩에서 숨어 지내던 그는 여러 명의 경호원을 고용했지만 중국의 특수 요원들에게 납치되어 중국 본토로 압송된다. 그리고 약 3년이라는 시간을 거치며 2020년까지 밍톈 그룹은 완전히 해체되었고 마지막 남은 기업들도 정부에 이관되었다. 밍톈 그룹은 어째서 이러한 몰락을 맞게 된 것일까? 그것은 중국의 권력과 월 스트리트가 베이징 올림픽을 계기로 만나기 시작하면서부터다.

중국의 초기 금융 시장에 진입한 월 스트리트의 골드만 삭스Goldman Sachs에서 일하던 헨리 폴슨Henry Paulson*은 당시 베이징 시장이었던 왕치산王岐山과 인연을 맺게 되었다. 왕치산은 베이징 올림픽을 준비하면서 해외 인사들과 많은 교류를 하는 중이었다. 부실이 많고 재정이 빈약한 중국 국유 기업의 문제들을 해결하기 위해 부심하던 주룽지 총리에게 헨리 폴슨은 왕치산과의 인맥을 활용하여 접근한다. 그리고 차이나텔레콤의 홍콩 상장 건을 수주하는 데 성공한다. 차이나텔레콤을 홍콩에 상장해 보니 중국 지도부가 볼 때 자신의 권력, 영향력, 경영권 등에는 아무런 손상도 없는 가운데 해외

---

* 미국 재무부 74번째 장관을 역임한 미국 은행가. 장관 취임 전 골드만 삭스의 회장 겸 최고 경영자를 역임하였다.

의 막대한 외화를 확보하게 해주는 것이었다. 중국 지도부의 권력과 월 스트리트의 자본이 서로에게 유용함을 증명한 순간이라고 할 수 있다.

이후 골드만 삭스는 원자바오 총리 가족과 연계하여 중국 철도의 50억 달러 채권 발행, 베이징 진위 그룹北京金隅集团의 IPO, 장쉬광张曙光 철도부 부 공정사 가족과 연계한 베이징-상하이 철도의 IPO, 인민은행 출신의 탕 쑹닝唐双宁 가족과 연계한 광다 그룹光大集团의 IPO를 맡는 등 중국 권력층과의 협력을 이어 나갔다. 메릴린치Merrill Lynch가 우방궈吴邦国의 가족과 연계하여 중국공상은행의 IPO 계약을 따내고, 모건 스탠리Morgan Stanley가 왕치산을 통해 주룽지 가족과 중국 국제금융공사의 설립에 협력하는 등 다른 월 스트리트의 금융 회사들도 이 모델에 적극적으로 뛰어들었다.

이러한 밀월 관계는 이들 유력 인사들의 가족이나 자녀들이 아예 외국의 주요 금융 회사에 취업을 하는 형태로 발전해 나갔다. 예를 들어 장쩌민 전 주석의 손자 장즈청张志成은 JP 모건에서, 상무위원 왕양의 딸 왕시샤王溪莎는 홍콩의 도이체방크에서, 인민해방군 원로인 장아이핑張愛萍의 손자이자 왕시샤의 남편인 장신량張辛亮 또한 모건 스탠리, 소로스 펀드 등에서 일했다고 한다. 이렇게 월 스트리트가 관계한 중국 권력층 자제의 수는 약 2백여 명에 이르는 것으로 알려졌다.

하지만 이런 밀월 관계는 시진핑 주석이 취임하고 반부패 척결 운동을 벌이면서 양상이 달라졌다. 시진핑 그룹의 지지 기반은 대체로 이들 월 스트리트와 연을 맺을 기회가 없었다. 게다가 월 스트리트와 연계해서 바라볼 수 있는 대부분의 이권은 이미 장파이나 단파에 의해 대부분 처리된 상태였다. 따라서 반부패 척결은 과거 이들과 월 스트리트와의 관계가 표적이 되기 십상이었다.

지난 10년간 중국의 외환 보유고 추이

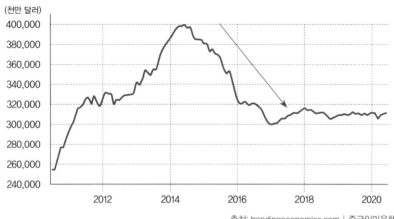

출처: trandingeconomics.com | 중국인민은행

중국의 진정한 외환 보유고는 국가 기밀이다.
만약 진실이 밝혀지면 파멸이 올지도 모른다.

위 그래프는 지난 10년간 중국의 외환 보유고를 보여준다. 2014년을 지나며 최고점을 보인 외환 보유고가 약 2년 동안 내리막길을 걸으며 약 1조 달러가 감소한 것을 알 수 있다. 이 기간 중국의 무역 수지는 줄곧 흑자였고 외국의 투자도 많았는데 어째서 이런 대규모 외화 이탈이 일어난 것일까?

우연의 일치일 수도 있지만 외화 유출이 멈춘 시점은 샤오젠화가 납치된 시기와 비슷하다. 그가 2014년 6월 3일 〈뉴욕타임스〉에 시진핑 주석의 누나 부부에게 뇌물성 기업 인수를 했다는 폭로를 한 것을 보면 이때 샤오젠화가 신상의 위험을 느끼고 경고성 발언을 한 것이라고 해석하면 매우 자연스럽다. 그가 신상의 위협을 느낄 만한 일이 있었을까? 보디가드를 두고 바깥 외출도 하지 않던 그가 결국 괴한들에게 납치된 것을 보면 위협은 분명히 존재했던 것이다. 미국의 반중 학자 청샤오농程曉农은 다음과 같이 추정한다.

"2012년 시진핑 주석이 자리에 오른 후 2014년 반부패 사정을 시작한다. 그러자 다른 파벌들은 위협을 느끼고 각자의 자산을 해외로 이전하기 시작한다. 이 일을 비밀리에 도운 것이 그동안 파벌을 막론하고 '쩐'에 관련된 일을 해온 샤오젠화이다. 하지만 샤오젠화는 시진핑 그룹의 칼날이 '정치인'이 아닌 '장사꾼'인 자신에게까지 다가온다고 느끼자 〈뉴욕타임스〉와의 인터뷰를 한다. 여기서 시 주석 누나 부부에게 자신이 3억 달러를 준 일을 토로하여 간접적으로 시진핑 주석에게 메시지를 전한다. 그러자 시진핑 주석이 불같이 노하여 가족들에게 이권 개입을 중지할 것을 명하고 샤오젠화를 잡아들였다는 것이다."

하지만 문제는 단순한 외화 유출만이 아니었다. 2015년 중국에서는 주식 시장이 대폭락하는 일이 발생했다. 당시 중국의 주가는 상승 곡선을 달리고 있었고 〈인민일보〉는 당시 기록이었던 지수 4,000이 랠리의 시작점이라고 불을 붙였다. 많은 개미들이 주식 시장에 뛰어들었고 급기야 지수는 5,000을 넘었다. 하지만 공교롭게도 시진핑 주석의 생일(6월 12일)에 최고점인 5,361.5를 찍고는 급락한 것이다. 8월에는 5,178이었던 지수가 2,850

이 되며 40% 폭락하였다. 이로 인해 수많은 사람들이 정부를 지탄하기에 이르렀다. 정부의 대변인인 〈인민일보〉가 투자를 부채질해 놓고 이런 결과가 나왔으니 정부가 책임져야 한다는 것이다. 리커창 총리는 이 사태에 대응하기 위해 부단히 노력하여 집에도 못 가고 며칠간 사무실에서 기거할 정도였다고 한다. 그러고는 일련의 부양책을 발표했지만 큰 효과가 없었다. 결국 주요 국가기관들이 모두 나서서 주가 부양에 나선다. 6월 29일 양로 보험이 투입되었고 7월 초 국가 자금이 투입된다. 7월 8일에는 공안이 증권감독위원회에 진주하여 공매도 등을 조사한다. 당국이 이런 식으로 2015년 말까지 매입한 금액은 4조 3천억 위안에 달한다. 그럼에도 불구하고 주가는 좀처럼 오르지 않았다.

2015년 하반기부터 줄줄이 중국 증시를 빠져나와 해외로 반출된 이 자금들은 시진핑 그룹의 사정의 칼날을 피하려는 반대 파벌의 것이었다. 이는 달러 보유고의 저하와 위안화의 절하 상황으로 입증된다. 시진핑 당국은 샤오젠화를 납치하여 데려와 조사를 함으로써 반대 파벌에게 경종을 울렸다. 그리고 자산을 해외 반출한 자들을 색출하기 시작했다. 그러자 해외 자산 매입을 명분으로 국내 자산을 외국으로 대량 반출한 안방 보험도 문제가 되었다. 안방 보험은 덩샤오핑의 손녀사위 우샤오후이吳小暉가 주룽지 전 총리의 아들 주윈라이朱云来와 상하이 자동차를 끌어들여 설립한 회사이다. 덩샤오핑, 주룽지 가문의 사업을 그 누가 건드릴 수 있겠는가 싶었지만 시진핑 당국은 우샤오후이를 베이징의 안방 보험 본사의 꼭대기에 위치한 본인의 회장실에서 연행하여 결국 유죄 판결을 내렸다. 중국 최대의 부동산 개발 회사 중 하나인 완다万达그룹도 당국의 조사를 받은 뒤 적지 않은 손해를 보며 해외 자산을 매각하여 중국 내로 다시 들여왔다. 이러한 일련의 조치는 효과를 발휘하여 중국의 외환 보유고 유출은 중지되고 지금까지 일정 수준을 유지하고 있다.

그러나 월 스트리트는 누구도 처벌받지 않았다. 중국 권력의 내부 투쟁은 밀실 안에서 처리되었고 월 스트리트의 자본은 새로운 권력에게도 필요한 존재였다. 물론 월 스트리트 또한 기존 파트너의 몰락은 크게 중요하지 않았다. 새로운 권력이 그들의 새로운 파트너가 되는 것이 더 중요했다.

미중 패권 전쟁이 진행 중일 때도 월 스트리트는 돈을 버는 데 열중하고 있다. 그들에게 이익 외의 것은 모두 환경 요인일 뿐이다. 미중 경제 전쟁으로 미국의 압박에 의해 중국은 자국의 금융 시장을 그 어느 때보다도 활짝 열었다. 그전에도 이미 유럽 최대의 자산 운용사 프랑스의 아문디Amundi가 미중 무역 전쟁에도 불구하고 중국에 투자한 바 있다. 이제 스위스의 UBS 은행도 미중 패권 전쟁으로 불안감을 느낀 중국 부자들의 자산 관리 수요로 즐거운 비명을 지르고 있다. JP 모건 체이스도 이 기회에 중국 시장에 진입했다. 그리고 미국의 초대형 자산 운용사 블랙록BlackRock과 싱가포르의 국부 펀드 테마섹Temasek, 중국 건설은행이 합자 회사 설립을 발표했다.

2020년 내내 외국인의 직접 투자 데이터를 공개하지 않던 중국 상무부는 2020년 11월에 갑자기 1월에서 10월까지의 데이터를 발표하였다. 2020년 초부터 10월 말까지 중국의 실제 사용 외자는 8,006억 8천만 위안, 1,150억 9천만 달러로 동비 위안화 기준 6.4%, 달러 기준 3.9% 증가하였다. 세계의 공장이라는 중국에 유입되는 해외의 투자는 더 이상 제조업을 향하지 않는다. 10개월간 서비스 산업에 투자된 외자가 78.2%에 달했다. 제조업에 투자된 외자 규모의 네 배에 가깝다. 그것은 제조가 아닌 디지털 경제와 금융에 외자가 투자되고 있다는 것을 의미한다. 싱가포르의 최대 은행 DBS

의 수석 이코노미스트 타이무르 베이그에 따르면 지난 5년간 중국에 대한 미국의 투자는 26% 증가하였다고 한다.

이러한 월 스트리트의 움직임은 중국에 자신감을 주었다. 미국이 아무리 경제를 분리하고 달러 경제권에서 중국을 퇴출하려 해도 월 스트리트는 중국이라는 케이크에 먹을 것이 있는 한 결코 중국을 떠나지 않는다는 것을 중국이 알게 된 것이다. 권력과의 결속을 통하여 이익이 보장되는 중국의 국가 자본주의는 월 스트리트에게 천국이다. 만일 위험이 발생해도 중국 권력과의 협력을 통하여 그들의 손실이 발생하기 전에 조치를 취할 수 있다. 그리고 발생한 손실은 모두 일반 투자자들의 몫으로 돌아갈 것이다. 리먼 사태에서 그랬듯이 말이다.

어떤 의미에서는 이들 월 스트리트야말로 미중 패권 전쟁에 있어 가장 중요한 그리고 꼭 넘지 않으면 안 되는 숨은 장벽일 수 있다. 그들은 눈에 보이지 않는 미중 패권 전쟁의 참여자이며 미중 그 어느 편도 아니다. 이익이 된다면 언제든 중국이나 미국의 의도에 따라 자본을 운용할 것이다. 중국 지도부는 월 스트리트의 움직임을 보고 이제 자신감을 가진다. 세상의 수많은 기업과 자본이 중국에서 돈 벌 기회를 놓치기 싫어하는 이상, 덩샤오핑의 "시장으로 유인해 외국의 기술과 자본을 가져온다"는 전략은 지금도 그리고 이후에도 유효할 것이기 때문이다.

중국의 지구전, 미국이 돌파할 수 있나?

미중 간의 갈등이 격화될 당시 중국 공산당 내부에서는 대책을 두고 격렬한 논의가 있었다고 한다. 중국 공산당의 이러한 논의는 대개 베이다이허北戴河*에서 일어난다. 베이다이허 회의는 처음에는 순수하게 공산당 고위직들이 여름휴가를 겸하며 진행되었지만 점차 정치적 목적으로 이용되었다. 형식적으로는 공산당원들이 각자 피서를 오는 것이지만 실제로는 몇 날 며칠을 머무르며 이익 그룹에 따라 만남과 헤어짐을 거듭하면서 끊임없이 식사와 차를 함께 하며 의견을 교환한다고 한다.

이들은 모두 '우리'이다. 그리고 중국에서 '우리'는 서로 얼굴을 붉히고 싸우지 않는다. 일단 싸우면 일생에 걸쳐 화해를 못 하는 경우가 대부분이다. 그래서 서로 의견이 첨예하게 대립하는 경우 다투기보다는 중간 역할이 나서서 조율을 하는 경우가 많다. 베이다이허에서는 각 파벌들이 모여서 밥을 먹고 차를 마시며 이야기를 하는데 두 파벌 모두와 관계가 나쁘지 않은 인물이 중간에서 양쪽을 왔다 갔다 하며 말을 전하고 중재를 한다. 그렇게해서 서로 어느 정도 의견이 좁혀지면 소위 '공식共识', 견해를 같이 하거나 의견 일치를 보는 것이고, 그렇지 못하더라도 상대의 의중이나 의사를 보다 깊이 알게 된다.

그중에는 원로에게 현재의 정책을 설명하는 설명회도 있으며 파벌 간의 이견 해소의 자리도 있다고 한다. 그런데 시진핑 주석이 권력을 잡은 후 베이다이허 회의에서 숙청을 당하는 인물들이 계속 나왔다. 특히 군부 인사들

---

* 중화인민공화국 허베이성 친황다오시의 해변가에 있는 행정 구역이다.

이 많았는데 2017년 7월 당시 다음 주석 후보로 꼽히던 충칭시 서기 순정차이孫政才가 이 회의에서 숙청되었고 군부의 최고 실력자였던 해방군 상장 장양張阳, 팡펑후이房峰辉 등이 모두 이 베이다이허 회의에서 숙청된 바 있다. 마치 북한에서 김정은에 의해 장성택이 숙청되는 장면을 연상하게 한다.

2020년의 베이다이허 회의에서는 시진핑 주석의 후계자 문제, 미중 이슈에 대한 대책 등이 거론될 것으로 전망되었지만 특별한 결과는 나오지 않았다. 필자는 이를 시진핑 주석의 권력이 강화되었기 때문이라고 생각한다. 강력한 권력자가 나타나면 갈등이나 이견을 조율할 필요가 줄어들거나 없어지는 것이다.

중국 공산당 내부 회의에서 지속적으로 나오는 키워드들이 있는데 그중 대표적인 단어가 '지구전'이다. 핵심은 아주 간단하다. 미국의 정치 체제는 선거에 의해 4년 또는 8년마다 바뀐다. 그리고 미국의 여론도 이에 따라 바뀐다. 그렇지만 공산당 일당 전제 정치의 중국은 꾸준히 일관된 정책을 추진한다. 그러므로 단기적으로 불리한 상황에서는 장기전으로 끌고 가는 것이 최선이라는 전략이다.

그렇기에 미중 무역 협상이 진행되고 있을 때에도 중국 측이 진심으로 협상에 임하기보다는 시간을 끌 공산이 크다는 관측들이 많았다. 그러나 미국의 협상팀은 중국을 잘 아는 전문가들이었다. 피터 나바로, 로버트 라이트하이저 등은 모두 중국과의 경험이 많은 사람들이다. 이들은 북미 무역 협정에서 중국과 자유 무역 협정을 맺을 시에는 미국이 이 협정에서 탈퇴할 수 있다는 조건을 넣었다. 전 세계 국가에게 미국의 정책에 거슬려서 자국만의 이익을 중국과 도모한다면 보복을 받을 수 있음을 보여준 것이다. 그러고는 선제적으로 징벌 관세를 부과하고 중국이 시간을 끌수록, 반발을 할수록 제재 수위를 높이는 방법을 사용했다. 즉 지구전을 구사하면 할수록 중국의 고통이 증가하는 방식을 채택한 것이다. 중국으로서는 숨이 막히는 대응이었다. 시간에 따라 압박이 가중되는 이러한 수법은 트럼프 행정부 각료들의 절묘한 전략이라고 할 수 있다. 거기에 트럼프 전 대통령의 예측 불가능한 전략은 미국이 무력 시위를 하는 수단과 맞물려 중국에 엄청난 압박을 주었다. 그런데 이러한 미국의 압박은 중국에 예기치 못한 반응을 불러일으켰다. 원래 파벌 간 갈등이 심했던 중국의 지도부가 내분을 멈춘 것이다. 심지어 자신들도 이렇게 단결할 줄 몰랐다는 말이 나올 정도이니 트럼프 전 대통령의 압박이 어지간히 부담이 되었던 모양이다.

어느덧 시간은 흘러 트럼프의 임기가 끝나고 미국의 대통령 선거를 거치면서 중국의 지구전은 점점 더 빛을 발했다. 지구전은 앞으로도 계속될 전망이다. 중국은 이미 최악의 상황을 상정하고 준비를 하겠다고 발표한 바 있다. 그리고 앞서 말한 식량 및 물자 비축국을 두어 전시를 대비함과 동시에 내순환 경제 체제로 전환하고 있다. 누가 다음 미국 대통령이 되든 최악의 상황을 가정하고 대비한다는 의미이다. 중국은 자국이 타이완을 포기하지 않는 한 미국과의 충돌을 피할 수 없다는 것을 아는 것이다.

바이든 대통령은 중국과 협력할 것은 협력하고 싸울 것은 싸운다는 입장을 표명한 바 있다. 코로나19로 인한 팬데믹이나 지구 온난화 같은 이슈에서는 협력하고 군사, 인권, 기술 분야에서는 맞서겠다는 것이다. 만일 이것이 바이든 행정부의 정책이라면 중국의 지구전 전략은 성공한 것이라고 볼수 있다. 바이든의 정책이 중국과의 교섭에서 근본적으로 주고받는 형식을 취하고 있기 때문이다. 트럼프의 경우는 중국이 이제까지 미국에서 많이 훔쳐 갔으니 이제는 내놓으라는 것이었다. 미국은 줄 것이 없고 중국이 내놓을 것만 이야기하라는 태도였던 것이다. 이제 만일 미국이 중국과 주거니 받거니 협상을 한다면 중국은 회심의 미소를 지을 것이다. 얼마든지 시간을 끌 수 있기 때문이다.

만일 바이든이 아니라 트럼프가 연임했다면 중국은 낙심했을까? 그렇지도 않을 것이다. 바이든의 경우 중국 공산당의 입장에서는 한 치도 물러날 수 없는 인권 문제나 민주화 같은 이슈를 들이대겠지만 트럼프의 경우 주 관심이 경제 이슈이고 지금까지 중국의 인권 문제를 거론한 적이 없다. 즉 중국 지도부 입장에서는 돈으로 해결할 수 있는 미국 대통령인 셈이다. 물론 원하는 액수가 중국 입장에서는 터무니없이 많아서 문제지만 말이다.

지구전 소문과 함께 일부 중화권 미디어가 전하는 또 다른 이야기에 따르면 베이다이허 회의에서 새로운 대미 전략 '8조'가 만들어졌다고 하는데 그 내용은 다음과 같다.

1. 중국 내 미국 기업, 특히 금융 및 서비스 기업을 전면 정리한다.

2. 핵무장 능력을 크게 발전시켜 미국이 경거망동하지 못하게 한다.

3. 국방 지출을 GDP의 4% 이상으로 증강한다.

4. 가능한 모든 세력을 연합하여 미국에 대항한다.

5. 자력갱생 정신을 고취한다.

6. 쌍순환 경제를 가동하고 유라시아 대륙 및 글로벌 위안화 결제 체계를 수립한다.

7. 미국의 전략적 방해를 돌파하여 타이완을 통일하고 미국의 제1도련, 제2도련을 돌파한다.

8. 전쟁에 대비하여 전 국민의 식량과 에너지를 비축하고 미국의 완전 분리에 대응한다.

이 내용은 1조부터 실제 진행 사실과 다르다. 정리는커녕 중국은 미국의 요구에 따라 금융 시장을 대폭 개방하지 않았는가? 게다가 이 8조는 논리나 감정의 흐름이 지나치게 단순하고 호전적이다. 2조의 핵무장 운운도 마찬가지이다. 지금도 중국은 충분히 핵무장을 하고 있다. 핵탄두나 핵미사일을 더 늘린다고 무슨 전략적 의미가 있겠는가? 미국의 방해를 돌파하여 타이완을 통일하고 제1, 제2도련을 돌파한다고 하였는데 지금 못하는 것을 더 엄중한 제재를 받으면 쉽게 해낼 수 있을까? 그래서 이 8조 대미 정책에 대한 중화권의 평가는 아마 중국 공산당 내 강경파들이 여론의 동향을 살피기 위하여 일부러 노출한 소식일 가능성이 높다는 것이었다. 앞에서 이야기한 지구전은 미중 경제 전쟁 초기부터 지속적으로 거론되는 데 비해 이 8조 이야기는 금방 사라진 것도 그런 평가들을 지지하는 듯했다.

그런데 놀랍게도 이 8조 중 상당수가 현재 시점에서 보면 꽤 의미가 있어 보인다. 물론 1조의 미국 금융 기업 정리는 이루어지지 않았다. 하지만 그것은 월 스트리트의 금융 기업들이 중국 정부의 유인책에 잘 협조했기 때문일 가능성이 높다. 2조의 핵무장도 사실로 보인다. 베이항 대학의 왕샹수이王湘穗 교수에 따르면 미국이 중국을 공격하면 중국이 반격할 수 있는 핵미사일은 하나 정도만 남게 된다는 생각은 난센스이며 최근 중국은 대미 핵전쟁 준비를 완료했다는 것이다. '최근 완료'라는 말은 그동안 중국이 핵무장을 강화했다는 이야기이다. 왕 교수는 그 근거로 중국이 수년 전 5천 킬로미터가 넘는 지하 터널인 지하 장성을 건설해 핵미사일 및 전략 물자의 비축과 이송이 가능하다는 점을 들었다.

사실 필자도 지하 장성 이야기를 몇 번 들은 적이 있다. 심지어 베이징부터 시안까지 지하로 연결되어 있다고 하길래 솔직히 필자는 믿지 않았다.

다만 남수북조南水北調의 대수로가 베이징 외곽에서 지하로 사라지는 이유가 안보 때문이라고 들었을 때 이 지하 장성과 관련이 있겠구나 하고 생각했을 따름이다. 참고로 중국의 지도자들이 거주하는 베이징의 중난하이中南海부터 이 지하 장성까지 터널이 구축되어 있어 비상시에는 지도부 인사 및 가족들이 이 터널을 통해 피신한다고 한다. 3, 4, 5조는 언제나 시행 가능하고 시행했을 수도 있는 개연성 있는 이야기이다. 그리고 6조의 쌍순환 경제는 실현되었고 글로벌 위안화도 추진되고 있다. 8조의 전략 물자 비축도 착착 진행되고 있다.

8조의 사실 여부와는 관계없이 이렇게 지구전으로 끌고 가는 가운데 중국은 착실히 국가 계획을 진행하고 있다. 미국의 압박이 있을 수 있다는 전제하의 경제 정책을 제14차 5개년 계획으로 추진하면서 통일 중국을 위한 진행을 부단히 지속할 것이다. 예를 들어 2020년 11월에 인민해방군은 연합작전강요를 발행했다. 지금까지 육·해·공군으로 나뉘어 있던 조직을 현대전에 맞추어 입체적이고 통합적인 작전이 가능하도록 한 조치이다. 여기서 군은 연합 작전 지휘, 작전 행동, 작전 보장, 국방 동원, 정치 공작 등의 중요 원칙에 대한 요구와 기본 프로세스를 명확히 하였다고 발표했다. 지휘, 행동까지는 쉽게 이해가 되며 그다음에 나오는 '보장'이란 말은 중국 공산당에서는 실행의 마지막 현장에서의 결과까지 확실히 한다는 의미로 쓰여서 명령 통제를 의미한다. 그런데 '국방 동원'은 심상치 않다. 왜냐하면 전쟁 규모가 커진다는 것을 이 '동원'이라는 말이 암시하고 있기 때문이다. 그러면서 군이 내세운 캐치프레이즈는 "어떤 전쟁을 어떻게 싸울 것인가(打什么仗, 怎么打仗)"라는 것이었다. 인민해방군이 이런 강요를 내놓은 것은 군사적인 의미도 있겠지만 필자가 더 주목하는 것은 시점이다. 2021년부터

제14차 5개년 계획이 진행되는데 굳이 근접한 2020년 11월에 연합작전강요를 내놓은 이유는 무엇일까? 그것은 군사 방면의 일정이 경제 및 사회 발전 계획과는 관계없이 신속하게 진행되고 있다는 사실을 시사한다.

경제 분야에서도 미국에 대한 고려가 중국의 각계각층에서 이루어지고 있다. 예를 들어 저장성의 싱크탱크 저상즈쿠浙商智庫의 부원장 궈뎬헝郭占恒에 따르면 이번 5개년 계획 수립의 가장 큰 문제는 불확실성이며, 구체적으로 미중 변수, 트럼프 변수, 국제 규칙 변수 등을 들고 있다. 또한 '역사적으로 대국의 굴기에 따르면'이라고 에두르기는 했지만 "전쟁 가능성이 크고 평화 가능성은 적다"라고 하였다. 미국이라고 적시하지는 않았지만 내용상 미국과의 전쟁 가능성을 고려하여 계획을 수립해야 한다는 점을 주장하고 있다.

이렇게 중국은 거국적으로 미국에 대한 대응과 전쟁 준비를 하고 있다. 그럼 미국의 넥스트 스텝은 무엇이 될 것인가? 타이완의 군사 전문가 치러이亓樂義는 바이든이 중국에 대해 경제, 안보, 외교 등을 나누어 접근할 가능성이 높다고 예상했다. 이는 바이든이 천명한 "협력할 것은 협력하고 싸울 것은 싸운다"와 일맥상통하는 관점이다. 중국의 미중 관계 전문가인 스인훙時殷弘은 바이든 행정부는 트럼프 행정부에 비해 예측 불가능한 면이 없어지겠지만 근본 기조의 변화보다는 전술 정도가 달라질 것으로 보았다. 예를 들어 바이든도 중국에 대해 타이완 카드를 사용하겠지만 트럼프처럼 한꺼번에 대규모 군수 계약을 하기보다는 조금씩 나누어 진행하는 살라미 전술을 시전할 것이라는 생각이다.

바이든이 이렇게 주고받는 딜을 하겠다는 것은 중국에게 충분한 시간을 부여하는 것이다. 그리고 고령의 바이든은 연임을 하기 어렵다. 중국으로서는 바이든 행정부와 이런저런 협상을 하며 4년을 보내는 것이 너무나 쉬운 일이다. 하지만 바이든이 초기에 중국의 전략에 말릴 가능성이 높다는 것은 오히려 바이든 행정부에서 무력 충돌을 할 가능성을 높인다. 역사적으로도 미국의 전쟁은 이념과 도덕을 강조하는 민주당에 의해서 발발한 적이 많았다. 만일 바이든 행정부가 중국과 협상을 한다며 시간을 한참 보내다가 결국 중국이 시간을 끌며 타이완 침공을 위한 준비를 다 하여 침공을 감행할 경우 또는 이런 의도를 늦게서야 바이든 행정부가 알아차렸을 경우 어떻게 되겠는가? 그때는 충분히 무력 충돌이 발생할 수 있다. 필자 한 사람의 견해가 아니다. 100세에 가까운 키신저 전 국무부 장관도 바로 이러한 사태를 걱정하여 미중의 충돌이 제1차 세계대전에 필적하는 재앙을 가져올 것이라고 경고하고 있는 것이다.

중국 최대 민영 그룹 밍톈시는
어떻게 종말을 맞이하게 되었는가?
월 스트리트라는 대체재를 발견한 후
밍톈시는 더 이상 유일한 선택이 아니었다.

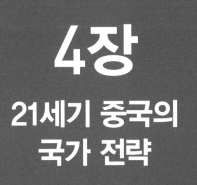

4장

21세기 중국의
국가 전략

신중국 건국 이래 중국은 아마도 지금이 가장 압박을 많이 받는 상태일 것이다. 중국의 다음 스텝이 무엇이 될지 전 세계가 숨죽여 관찰하고 있다. 그런데 중국은 지난 5중전회에서 통상 공개하던 향후 GDP 성장률 목표를 밝히지 않았다. 다만 중국의 연구소나 싱크탱크들의 전망을 보면 5~6% 사이의 다양한 숫자를 내놓고 있음을 알 수 있다. 일부는 체계적인 개혁을 통해 평균 8%에 도달할 수 있다는 다소 엉뚱해 보이는 전망치를 내놓는 기관도 있다. 물론 '체계적인 개혁'이 전제 조건으로 붙고 '잠재 성장률'이라는 것이 함정일 수도 있다. 이들이 이렇게 8%라는 높은 성장 전망을 내놓는 이유는 중국의 경제 성장률이 향후 중장기적으로 너무 낮아서는 안 되며, 장기적으로 약 8%의 연평균 성장률을 유지해야 하기 때문이다. 자연스러운 목표보다는 당위론에 가깝다. 중국 경제의 합리적인 성장 범위는 7.5~8.5%라며 연평균 성장률을 약 8%로 잡지 않으면 안 된다는 주장인 것이다. 이 GDP 성장률 전망치는 시간이 갈수록 낙관적이 되어서 2020년 11월 30일 발표된 중국은행 연구원의 2021년도 경제금융전망보고는 2021년 중국 GDP 성장률을 7.5%로 예측했고, 심지어 〈신화사〉의 12월 9일 자 보도에서는 2021년 중국 GDP가 10%에 달할 것으로 예측하였다.

하지만 경제 수준이 올라갈수록 GDP 성장률이 낮아진다는 것을 받아들여야 한다는 것이 최근 중국의 분위기이다. 5~6%의 성장률에 대해서도 제14차 5개년 계획 기간 동안 경제 성장률은 약 5.5%, 그 후에는 잠재 성장률이 약 5.6%로 떨어지고 그 후 2035년까지는 약 4.7%가 될 것이라는 전망이 유력하다. 심지어 중국 공산당 내부에서는 3%를 실제 구현 가능한 성장률로 예상하고 있다는 소문도 있다.

이렇게 성장률이 낮아지는 구체적인 원인으로는 총인구 증가율이 둔화되고 인구 고령화가 가속화됨에 따라 경제 성장에 대한 노동 기여도가 점차 감소하여 부정적인 기여로 전환되고 있는 점, 개발 수준이 증가함에 따라 저축률이 감소하고 투자 여력이 감소하는 점, 자본 축적 수준이 감소하고 자본 형성이 경제 성장에 미치는 기여가 감소하는 점 등이 있다.

그래서 중국은 기술 혁신에 사활을 걸 것으로 보인다. 선진국과 국제 첨단 기술 간의 격차가 좁혀지고 기술 발전 속도가 둔화되겠지만 기술의 경제 성장에 대한 기여도는 상대적으로 증가할 것으로 예상되기 때문이다. 이에 따라 2035년에는 기술의 경제 성장 기여도가 약 55%로 증가할 것으로 예상하고 있다.

반면 전통적 제조업에 의한 중국의 수출은 글로벌 점유율, 특히 동남아시아 및 기타 국가의 부상으로 어려움이 늘어날 것으로 보인다. 그래서 중국의 수출 성장률은 명목 GDP 성장률보다 약간 낮은 표준이 될 것으로 전망된다. 전반적으로 경제 성장을 뒷받침하는 수요 모멘텀도 약화될 것으로 보고 있다. 그럼 중국은 구체적으로 어떤 대책을 세우고 있을까?

단기 상황을 알려면 장기 정책을 이해해야 한다

뚱딴지같은 소리지만 시진핑 주석은 오늘 중국에서 무슨 일이 일어날지 알고 있을까? 세상의 그 누구도 오늘 중국에서 무슨 일이 일어날지 알 수 없다. 오만 가지 사건과 돌발 상황이 발생하는 중국이라는 나라는 그만큼 예측이 불가능하다.

예전에 한국을 방문하는 중국 인민들이 어딘가 느슨하면서 여유 있어 보이고 침착한 언동을 하는 것을 보며 필자는 이것이 대륙에 사는 사람들의 특징인가 하고 궁금해한 적이 있다. 그런데 필자도 중국에서 한 20년 넘게 살다 보니 그들처럼 변하게 되었다. 여유가 생긴 것이 아니라 잘 놀라지 않는 사람이 된 것이다. 중국에 온 후 워낙 상상도 하지 못했던 일들을 일상다반사로 겪다 보니 어지간한 일에 대해서는 잘 놀라지 않게 되었다.

아무도 오늘 무슨 일이 일어날지 알 수 없는 중국이라지만 5년 후에 중국에 어떤 변화가 있을지는 비교적 예상하기가 수월하다. 아마 한국의 5년 후를 예상하는 것보다는 훨씬 쉬울 것이라고 필자는 자신한다. 지금 우리는 한국의 다음 대통령이 누가 될지도 알 수 없다. 그리고 다음 대통령이 어떤 정책을 펼지도 알 수 없다. 대통령이 추진하려는 정책을 안다 해도 국회에서 제대로 협조할지 알 수 없다. 정책이 국회를 통과하여 집행이 되어도 소기의 성과를 도출할 수 있을지도 알 수 없다.

하지만 중국은 다르다. 중국 공산당이 한다면 하는 것이다. 그리고 백 퍼센트의 확률로 집행될 것이다. 그러니 세상이 중국 공산당의 정책에 어떻게 반응할지 알 수만 있다면 중국이 어떻게 변화할지 매우 쉽게 알 수 있다.

물론 여기에도 함정이 있다. 중국은 법치 국가가 아니다. 그리고 각 부처와 지방 정부의 재량권이 매우 크다. 법을 실시한다 하더라도 지방 정부에 따라 수정을 하기도 하고 실행 시기를 조정하기도 한다. 그리고 가끔 예기치 못한 새로운 정책이 발표되기도 한다. 지구상 최대 규모라는, 앤트 그룹의 IPO가 무산된 것도 누구도 예측할 수 없는 일이었다.

그렇지만 공산당의 행동 방식은 톱-다운이고 계획적으로 이루어지기 때문에 공산당의 계획을 입수하면 대충 게임은 끝난 것이다. 문제는 계획을 입수하기 어렵다는 것이지만 말이다. 그래도 위에 정책이 있으면 아래에는 대책이 있기 마련이다. 공개되는 장기 계획을 잘 이해하고 분석하면 단기 계획의 목적과 상호 연관 관계를 어느 정도 파악할 수 있다. 단기 계획을 이해하면 오늘 뉴스에 발표된 중국의 정책이 어째서 그리고 어떤 배경에서 나왔는지 이해할 수 있다. 그러므로 장기 정책의 이해는 중국의 상황이 내일 또는 다음 주에 어떻게 변할지 알려주는 매우 유용한 정보이다.

먼저 중국 공산당의 장기 목표를 살펴보자. 중국은 2021년에 중국 공산당 창당 백 년을 맞이하는데, 공산당은 이미 2개의 백 년 분투 목표를 세워 놓았다. 어렵지만 백 년 후에는 꼭 달성하자고 초기 공산당 지도부가 세웠던 목표이다. 2개의 백 년 목표는 다음과 같다.

1. 전면적인 샤오캉小康 사회의 건설

2. 부강, 민주, 문명, 화계和諧의 아름다운 사회주의 현대 국가 건설

중국 공산당은 이 2가지 목표를 성취하기 위하여 지난 백 년 동안 노력해 왔다. 첫 번째 목표인 샤오캉 사회의 건설은 '잘 살아 보세'를 구호로 한 우리나라의 새마을 운동과 유사하다. 중국 인민이라면 누구나 어느 정도 이상의 경제적 생활을 누리는 사회를 말한다. 샤오캉 사회 건설이 중국 인민들을 위한 목표라면 두 번째 목표는 국가의 목표이다. 강력한 국력을 가진, 민주적이고 문명 수준이 높으며 계급 간 갈등이 해소된 사회주의를 이념으로 삼는 현대적인 국가를 만든다는 것이다.

2020년 5중전회에서 시진핑 주석과 중국 공산당 지도부는 첫 번째 목표는 '기본적으로'* 달성하였다고 평가하였다. 목표 달성 여부는 어떻게 알 수 있을까? 그것은 중국 공산당이 이미 잘 정의된 세부 기준을 만들어 놓았기 때문에 쉽게 확인할 수 있다. 다음의 표는 중국의 인터넷에서 볼 수 있는 샤오캉 사회의 계량 지표다.

샤오캉 사회의 계량 지표

분야	지표	목표치
경제	1인당 GDP	3천 달러
	비농업 취업률	60%
	엥겔 지수	도시 30% 이하, 농촌 40% 이하
	도·농 주민 소득	도시 1.8만 위안, 농촌 8천 위안

---

* 중국식 화법에서 '기본적으로'라는 표현은 우리 말의 '얼추' 정도에 해당된다. 기본적으로 달성하였다면 100% 달성이라기보다는 대충, 대체로, 상당한 정도로 달성했다는 의미이다.

사회	지니 지수	40% 이하
	사회 기본 보험 보급률	100%
	평균 교육 연수	10년
	출생 시 기대 수명	75세
	문교, 체육, 위생 증가치 비중	국내 총생산 대비 10%
	범죄율	1만 명당 15건 이하
	일평균 소비성 지출 5위안 이하 인구 비중	0%
환경	에너지 이용 효율	석탄 1kg당 20위안
	처리를 거친 물 사용 인구 비중	100%
	환경 오염 종합 지수	지수 미확정
제도	청렴 사회 건설	공직자 1만 명당 검찰 입건 수 10명 이하
	정부 관리 능력	비정상 사망자 비율 5% 이하
기타*	1인당 도시 평균 주거 면적	30㎡
	도시화율	50%
	가정당 컴퓨터 보급률	20%
	인구 1천 명당 의사 수	2.8명
	도시 주민 최저 생활 보장률	95%

　지표에 따르면 소득, 주택, 도로(또는 접근성), 도시화, 교육, 생계 등으로 샤오캉 사회를 정의하고 있는 것을 알 수 있다. 시진핑 주석의 집권 이후 중국몽을 새로운 중국의 비전으로 제시하고 일대일로, 중국 제조 2025, 중국 표준 2035 등의 야심에 찬 프로젝트들을 추진할 때 샤오캉 사회의 건설은 이미 완성된 듯 보였다. 그러나 2020년 양회에서 리커창 총리가 중국 전체 인구 중 6억 명의 한 달 소득이 1천 위안을 맴돈다는 발언을 한 후 코로나19 사태, 빈곤 문제에 사람들의 관심이 쏠리면서 중국이 샤오캉 사회를

---

* 보조적으로 나중에 추가된 것으로 보이는 지표들이다.

완성했다는 말은 하기 어렵게 되었다. 중국 국가통계국 부국장과 전국인민대표회의 재경위원회 부주임을 지낸 허컹賀鏗은 중국 인구의 거의 절반의 월수입이 1천 위안 정도라고 밝혔다. 그는 전면적인 샤오캉 사회의 선언을 연기할 것을 건의했다. 전면적 샤오캉 사회는 중산층이 주체가 되어야 하는데 실제로는 중산층이 아직 형성되지 못했다는 것이다. 중산층은 통계청 기준으로 가구 소득 3만 위안 이상인데 3억 명 정도가 해당되고 나머지 11억 명은 중산층 소득 기준에 미달하는 것으로 나타났다고 한다.

하지만 이런 상황들로 인하여 만일 중국의 백 년 목표를 달성하지 못했다고 인정한다면 당연히 책임 문제가 뒤따르게 된다. 그래서 몇몇 고위직 인물들이 중국은 실질적으로 이미 샤오캉 사회를 이룬 지 오래라는 취지의 발언들을 이미 한 바 있다. 그리고 5중전회에서 공식적으로 샤오캉 사회 건설 목표 달성 여부를 엄밀히 확인하는 과정을 거쳐 2021년 상반기에 선언하겠다고 중국 공산당의 공식 입장을 정한 것이다.

다른 하나의 백 년 목표인 부강, 민주, 문명, 화계의 아름다운 사회주의 현대 국가 건설은 조금 낯설게 들릴 것이다. 이 목표는 샤오캉 사회 건설처럼 중국 지도층이 자주 이야기하지는 않았기 때문이다. 부강, 민주, 문명, 화계 중 현재의 중국 공산당이 거론하지 않는 단어가 '민주'이다. 장쩌민과 후진타오 시대에 공산당 조직 내에서 민주를 시험하는 과정이 있었다. 필자의 기억으로는 2~3개 지방의 작은 촌에서 공산당 간부를 민주적인 직접 선거로 선출하는 시범 사업이었다. 하지만 실험은 더 이상 진행되지 않았고 중국은 지금처럼 형식적인 민주 선거를 통해 사실상 당이 지명하는 사람들을 선출하고 있다(민주의 의미는 뒤에서 다시 설명하겠다).

이야기가 옆으로 샜지만 민주를 제외하면 부강, 문명, 화계 등은 지금까지 중국 공산당이 추진해 오고 있는 개념들이다. 특히 '아름다운'이라는 단어는 일반적으로 국가 목표에 잘 사용되지 않는 말인데 중국 공산당은 이 아름다운 중국美丽中国을 다음의 지표들을 사용하여 정의하고 있다.

- **공기 청정:** 지급地级 이상 도시의 미세먼지PM2.5 농도, 지급 이상 도시의 미세먼지PM10 농도, 지급 이상 도시 대기 품질 우수 일수 비율
- **수질 청결:** 지표수 수질 3급 이상, 지표수 5급 수역 비율, 도시 중앙 집중식 음용수 수원의 수질 기준율
- **토양 안전:** 오염된 경작지의 안전 이용률, 오염된 토지의 안전 이용률, 농업 비닐 회수율, 비료 이용률 및 농약 이용률
- **생태 환경:** 숲 면적 비율, 습지 보호, 토양 및 물 보존 비율, 토지 면적의 자연 보호 토지 면적의 비율, 주요 생물 종 수의 보호 비율
- **주거 환경:** 도시 하수의 중앙 집중식 처리 속도, 도시 생활 폐기물의 무해화 처리 속도, 농촌 생활 하수 처리 및 활용률, 농촌 생활 폐기물의 무해화 처리 속도, 도시공원 녹지 서비스, 농촌 위생 화장실 보급률

중국 공산당은 이렇게 공기 청정, 수질 청결, 토양 안전, 생태 환경, 주거 환경 등 환경 상태가 양호해지는 것을 '아름다운 중국'이라고 정의하고 있다. 중국이 이 목표를 위해 노력한다는 것은 그동안 황사와 공해 그리고 미세 먼지로 고통받던 우리 한국인들에게는 늦었지만 좋은 일이 아닐 수 없다.

이제 우리는 수사적인 의미로만 알았던 중국의 백 년 목표가 이렇게 구체적이고 정량적인 기준을 가지고 있다는 것을 알게 되었다. 이 사실만으로

도 남들보다 훨씬 중국을 이해하게 되었다고 생각해도 좋을 것이다.

중국 공산당은 다시 15년을 노력하여 2035년까지 기본적인 사회주의 현대화를 이룩하고, 2035년부터 다시 15년을 노력하여 2050년에는 '부강', '민주', 화계'의 아름다운 사회주의 현대화 중국을 건설하겠다고 시간표를 조정하였다. 이렇게 되면 사실상 백 년 목표의 달성 시점은 2050년으로 연기되어 향후 30년간 중국의 목표가 되는 셈이다.

중국 고위 공무원은 백화가 아니라 관화, 삼푼 화법을 사용한다

중국 공산당은 이전부터 정보를 통제해 조직의 통제와 관리를 해 왔다. 인터넷 같은 정보 매체가 발달하기 전부터 중국 공산당은 당원들만 볼 수 있는 '참고 소식' 기관지를 별도 발행하여 일반 민중과 당원들 간의 정보 격차를 유지하였다. 이런 기관지는 공산당원들의 정보 차이를 통한 우월적 지위를 유지하고 각지의 당원들이 중앙의 뜻을 잘 알고 이에 부합하게 행동하도록 만드는 데 큰 역할을 하였다. 정보 통제는 형태를 바꾸어 지금까지 계속되고 있는데 이러한 전통하에서 아주 독특한 중국식 커뮤니케이션이 나타나게 된다. 그것은 아는 사람은 알아듣고 모르는 사람은 모르게 메시지를 만들고 전달하는 방식이다. 인터넷 시대에 공개되는 언론 미디어의 내용은 과거처럼 기관지 등을 통한 차별화가 어려워졌다. 기관지를 통해 전달된 내용이 다시 인터넷상에 유출되어 돌아다니는 현상을 막기가 여간 어려운 것이 아니기 때문이다. 그래서 모두에게 동일한 콘텐츠를 발표하지만 중국 특유의 간접적 메시지와 암시에 의한 의사 전달 방식이 발달하게 되었다. 이를 비판적으로 보는 해외 중화권에서는 이를 '삼푼' 화법이라고 비아냥하기도 한다.

중국어는 예부터 많은 방언과 다양한 문자를 사용해 왔는데 이를 하나의 문자 체계로 통일한 사람이 바로 진시황이다. 진시황은 문자를 통일했을 뿐만 아니라 공문을 임의로 해석하는 일이 없도록 자의적 해석을 하는 관원들은 사형에 처했다. 이렇게 해서 확립된 국가 행정 체계는 진을 계승한 한나라에서도 유지되었고 이로 인해서 소위 관화官话 체계가 성립되기에 이른다. 관화는 말 그대로 관리들이 사용하는 말이다. 동일한 조정에서 관리들끼리 서로 말이 다르면 소통이 불가능하기 때문에 인위적으로 표준어를 만든 것이다. 그래서 이 관화는 일반적인 단어가 아니라 공문서용 단어 위주로 만들어졌다고 한다. 예전에 우리나라 관청의 문서를 보면 '일응'과 같이 전혀 알아들을 수 없는 단어들이 사용되곤 했던 것을 필자는 기억한다. 중국에서는 아예 이렇게 관공서용으로 단어들을 만들고 표준 발음도 정해서 사용하도록 했다. 그러므로 과거를 통하여 관리들을 뽑을 때 이 관화도 필수 과목이었다. 관화가 중요했던 이유는 선발한 관리가 토착 세력으로 성장하여 반역을 도모할 가능성을 없애기 위하여 고향과 아주 먼 타향의 임지로 보냈기 때문이다. 임지의 민족, 문화, 언어, 풍습은 새로 부임한 관료의 고향과 달랐고 말도 통하지 않았기 때문에 관화를 배운 아전이 관료와 현지인 사이에서 통역을 했다.

중국이 언문일치 운동을 한 것은 중화민국 초기의 5·4 운동 때로 알려져 있다. 당시 '문자를 쓰는 방식'*이 아닌 사람들의 일상생활 속에서 하는 말

---

* 우리나라에서도 예전에는 문자를 썼다. 필자가 어릴 때 특히 유림(儒林) 사람들이 문자 쓰는 것을 가끔 들을 수 있었는데 예를 들면 "이후불용문자(以後不用文字)하리오"라고 말하는 식이다.

은 백화白话라고 했다. 지방에 따라서 백화는 서로 달랐는데 관화의 발음이 주로 베이징 방언에 가까워서 베이징 백화, 즉 징바이京白를 표준어로 삼게 되었다. 이 표준어를 중화민국에서는 국어 그리고 중화인민공화국에서는 보통화라고 부른다.

실제 생활 속에서 하는 말이란 현지의 생활 습관과 문화 양식을 반영하기 마련이다. 같은 중국어라고 해도 관화에 기반을 둔 북경 말이 가장 알아듣기 어렵다. 단어 뜻을 모르는 것이 아니라 표현 방식이 은근하고 간접적이며 암시법을 주로 사용하기 때문이다. 미국인들처럼 단도직입적으로 말하는 법이 없다.

필자가 한국의 대기업에서 근무할 때 중국인 중소기업 사장을 만나 우리 제품의 협력사가 되어 달라고 설득한 일이 있었다. 우리 제품의 장점과 중국을 위해 마련한 마케팅 전략을 1시간이 넘게 설명을 했는데 그가 조용히 다 듣고 나서 이렇게 말하는 것이었다.

"참 훌륭한 제품이군요. 그런데 중국 시장을 위해 따로 준비한 마케팅 전략은 없는지요?"

한 시간이 넘도록 설명을 했는데 마케팅 전략이 없느냐는 질문에 필자는 필자의 중국어가 너무 형편없어서 그가 못 알아들은 줄 알았다. 그런데 필자의 눈썹이 찌푸려지는 것을 본 중국인 동료가 필자의 옷깃을 당기며 나지막이 귓전에 말했다.

"당신이 설명한 그 마케팅 전략은 중국에서는 먹히지 않을 것이라는 뜻이라오."

　중국인, 특히 북방 사람들은 이렇게 상대가 들으면 기분 상할 수 있는 말을 하지 않는다. 기분 나빠 할 단어도 입 밖에 내지 않는다. 그래서 이렇게 은근하게 돌려서 말하는 것이다. 예를 들어 당신의 회사 제품을 중국 회사 사람들에게 소개한다고 하자. 만일 그 사람들이 제품을 칭찬한다면 프레젠테이션은 대체로 실패한 것이다. 중국인들은 관심이 없으면 상대를 칭찬해서 그냥 돌려보내기 때문이다.

　그러니 중국의 관료들 사이의 언어 습관은 어떨지 상상해 보라. 몇 바퀴를 꼬아서 이야기하기 때문에 요점을 파악하기 정말 어렵다. 게다가 공식 석상에서 공개적인 발언을 한다면 더욱 조심한다. 그래서 중국 공산당이나 정부의 발표 내용은 그대로 읽기만 해서는 소용이 없다. 소위 디코딩, 해독을 해야 하는 것이다.

　여기에는 몇 가지 노하우가 필요하다. 예를 들어 정말 중요한 뉴스 기사는 한 줄인 경우가 많다. 한 줄 기사는 이 기사가 선전용으로 가공될 수 없거나 그럴 시간이 없었다는 뜻이다. 그럼에도 불구하고 기사가 나온다는 것은 그 사실 자체가 중요하기 때문이다.

　"××일 중국 공산당 상무위원회가 열렸으며 시진핑, 리잔수, 왕양, 한정 등이 출석했다."

　예를 들어 위와 같이 한 줄 기사가 났다고 하자. 전후 사정을 모르는 대부분의 대중들에게는 아무런 정보도 주지 않는 기사이다. 하지만 최근 어떤 일로 지도부가 고민 중이었는지 또는 지도부 내에 어떤 이견이 있었는지를 아는 사람들에게는 이런 회의가 열렸다는 사실 자체가 많은 것을 의미한다. 또한 고관들의 동선을 파악하고 있을 정도의 인물이라면 당일 이 네 사람의 상무위원이 베이징에 있었다는 것이므로 그날 있을 예정이었던 다른 장소의 보고나 회의는 열릴 수 없었다는 것을 알게 된다.

여기에 가장 절묘한 삼푼 화법이 시전되면 더욱 기가 막힌 예술이 펼쳐진다. 삼푼 화법이란 말을 확실하게 다 하는 것이 아니라 가장 중요한 부분을 흐리게 말하거나 말을 하지 않는 것이다. 즉 어느 쪽으로도 해석이 될 수 있는 단어와 어법을 구사한다. 그래서 이런 삼푼 화법을 들으면 상황의 전후와 문장의 맥락 그리고 행간의 의미를 이해하는 사람은 무슨 말인지 알 수 있으나 그렇지 못한 사람의 입장에서는 무슨 말인지 전혀 알 수가 없다.

삼푼 화법에 딱 들어맞는 이야기는 아니지만 앞에서 소개한 백 년 목표 중에 '민주'라는 단어를 다시 살펴보자. 원래 공산주의 이론에 의하면 공산혁명을 이룬 후에 프롤레타리아 일당 전제를 하는 것이 기본이다. 그런데 독재를 안 하고 민주를 추구하는 것인가? 타이완 대학의 밍쥐정 명예 교수의 해설은 이렇다.

"원래는 프롤레타리아 독재라는 말을 사용했으나 이 '독재'나 '프롤레타리아'라는 말이 국제 사회에서 거부감을 보이자 '프롤레타리아 독재'라는 말을 '인민 민주'라는 말로 치환했다."

그러니까 '인민 민주'라는 말은 인민이 주인이 되어 정치를 한다는 말이고, '인민'은 모든 사람이기보다는 프롤레타리아를 의미한다. 민주는 그렇기에 인민이 주인인 것이고 인민의 주력은 프롤레타리아이기에 프롤레타리아 독재라는 말과 통한다. 공산 국가인 중국 입장에서 무산 계급을 대표하는 것은 공산당이므로 역시 공산당 일당 전제 정치라는 현 체제를 말하는 것이다. 둘러치나 메어치나 결국은 공산당 일당 전제를 의미한다. 공산당 일당 전제 정치를 표현하는 말이 '인민 민주'라니 놀랍지 않은가? '부강', '민주', 화계'의 아름다운 사회주의 현대화 중국을 건설한다는 말 중에 이해가 잘 안 되던 '민주'는 그 단어의 즉각적인 의미와는 달리 본뜻은 공산당 일당 독재를 의미하는 것임을 알 수 있다.

이제 당신이 지금까지 만난 중국의 공무원들이 한 말들을 다시 한번 돌이켜 생각해 보라. 과연 당신은 그들이 한 말들을 제대로 이해했다고 생각할 수 있겠는가? 그리고 당신에게 통역을 해 준 사람들은 과연 이들의 말을 제대로 이해했을까?

여기에 또 한 가지 큰 요인이 있다. 중국 공산당에는 '기율'이라는 것이 있다. 중국 공산당의 기율은 매우 엄격하고 무섭다. 공산당 내에는 기율위원회가 존재하는데 특히 고급 공무원, 고위직들의 비리를 조사하고 감찰하고 처벌한다. 이 기율위원회를 맡고 있는 것이 정치국 7인 상무위원 중의 한 사람인 자오러지다. 그리고 공산당의 엄중한 기율 중 하나가 대외비 사항을 누설하지 않는 것이다. 당내의 정보를 누설하는 자는 일률로 당직 박탈이다. 당직 박탈은 중국의 관료 사회에서는 최종 단계의 처벌이다.

문제는 이런저런 이야기를 하다 보면 관료들 입장에서 구체적으로 무엇이 대외비인지 가늠하기가 어려워진다는 것이다. 게다가 정보 등급에 따라 당내에서도 해당 정보에 대한 접근권이 있는 사람이 있고 없는 사람이 있다. 그러다 보니 관료들이 말을 할 때마다 "어라? 이 내용이 대외비인가 아닌가?" 하고 갸웃거리는 상황이 생긴다. 그래서 중국의 고위직 관료들은 대화를 할 때 최근 중국 공산당 내부에서 회자되고 있는 내용은 빼고 말한다. 그러면 상대가 해당 당내 정보를 접하는 사람이면 무슨 말인지 알아듣고 당내 정보를 접하지 못하는 사람이라면 무슨 말인지 알아들을 수 없기 때문이다. 그러므로 우리 같은 외부인들은 이들의 삼푼 화법을 해독하는 법을 어느 정도는 알아야 한다.

중국 공산당 간부들의 말을 이해하는 데 주의해야 할 또 다른 하나는 '딩샹定向'이다. 방향을 정했다는 말인데 중국에는 큰 이슈가 발생하면 딩샹이라는 것을 한다. 바로 사건을 해석하고 분석하여 중국 공산당 내에 인식을 함께하고 향후 나아갈 방향에 대해 공유하는 것이다. 그러면 딩샹의 내용은 어떻게 알 수 있을까? 필자의 경험에 따르면 딩샹이 정해지기 전에는 공산당 간부들이 중구난방으로 자기 의견을 이야기한다. 그러다가 사안이 주목을 받기 시작하면, 특히 딩샹 시점이 가까울수록 말을 아낀다. 그러다가 딩샹이 결정되면 모두들 같은 톤으로 같은 내용을 이야기한다. 이때 필자가 인상 깊었던 점은 이들이 동일한 키워드를 사용하고 중요 부분에서는 모두 같은 표현을 사용한다는 것이다. 아마도 중앙에서 교육받은 대로 이야기하기 때문일 것이다.

그렇기 때문에 중국 관료들의 말을 이해하려면 그들이 공통으로 사용하는 키워드를 이해하는 것이 큰 도움이 된다. 예를 들면 재무부 부부장을 지낸 주광야오朱光耀는 2020년 11월 중국의 글로벌 싱크탱크 중국세계화센터에서 코로나19로 인해 글로벌 경기 후퇴를 맞이하고 있다며 세계가 대면한 엄중한 '시스템성 위기'에 G20이 굳게 맞서야 한다고 발언했다. 이 '시스템성 위기'가 바로 현재 중국 공산당이 정한 딩샹의 키워드에 해당한다. 들는 이에게는 별다른 뜻이 없는 말일 수 있지만 중국 공산당의 주요 정책 단어이며, 만일 해외 미디어들이 이 말에 대해 긍정적인 반응을 보인다면 중국 내에서는 중국 공산당의 정책에 세계가 동의하고 있는 모습으로 비추어질 것이다.

한국 사장님의 1천 개 CSF와 중국 공산당의 한 페이지 국가 계획

이제 중국의 백 년 목표를 이해하였고, 중국 공산당의 발표들을 어떤 눈으로 바라보아야 하는지도 어느 정도 짐작할 수 있게 되었다. 이제 중국의 장기 목표가 어떻게 실제 단기 계획으로 연계되는지 이해할 차례이다.

중국의 전략이나 정책은 일관된 특징이 있다. 그것은 쉽고 단순하다는 것이다. 필자는 중국 공산당의 이러한 정책이 매우 훌륭한 방식이라고 생각한다. 예를 들어 앞에서 이야기한 Y2K 대응에서 볼 수 있듯이 한국처럼 복잡한 계획을 만들고 예산을 배당하고 언론에서 떠들거나 하지 않는다. 한국의 대응이 신뢰가 가느냐 아니면 2000년 첫 비행기를 교통부 장관과 항공사 회장을 태우는 중국의 대응이 신뢰가 가느냐 하고 누군가 묻는다면 필자의 선택은 중국이다. 동방항공 회장을 태우고 가는 비행기라면 필자도 안심하고 탈 수 있다. 에너지부 장관이 가서 앉아 있는 원자력 발전소라면 필자도 근처에 마음 놓고 놀러 갈 수 있다. 그러나 한국의 대책은 몇 번을 들어도 안심이 잘 되지 않는다.

이러한 중국 특유의 정책은 중국이라는 국가의 특징에서 비롯되었다. 다양한 환경과 수많은 사람들을 상대해야 하며 인민들의 평균 교육 수준도 높지 않다. 그리고 정책을 실제 집행할 때 중간에 있는 여러 단계의 지방 정부 공무원들 손에서 무엇이 어떻게 변형될지 알 수 없는 것이다.

그래서 중국 정부의 정책은 간단 명료하다. 교육받지 않은 인민들도 알 수 있는 표현을 사용한다. 그래야 모두가 알아듣고 이해할 수 있다. 설득은 언제나 감정에 호소한다. 이성에 호소하려면 이야기가 길어지고 맞고 틀린지 갑론을박해야 한다. 그런 상황은 프롤레타리아 독재, 아니 인민 민주 방식에 어울리지 않는다.

중국의 국가 계획은 기본적으로 5년이 한 단위이다. 우리나라의 1년 단위 계획과는 기본적으로 호흡의 길이가 다르다. 당연히 예산도 우리나라처럼 1년 단위의 제로 베이스 예산 제도는 적용할 수 없다. 중국의 5년 계획은 건국 이후 계획경제를 집행하기 위하여 구소련의 계획 시스템을 도입하면서 시작되었다. 그리고 개혁 개방이 시작되고 계획경제가 아닌 시장 경제 체제로 전환하면서 5개년 계획도 계획計划을 기획规划으로 이름을 바꾸었다(그러나 본질적으로 바뀐 것이 없고 우리 언어 습관에 맞지 않으므로 이 책에서는 계획으로 부르도록 하겠다). 이제 2021년부터는 제14차 5개년 계획이 진행된다. 5개년 계획 수립 프로세스는 다음과 같다.

1단계: 중기 평가(전기 3년 차에 평가)

2단계: 기본 방향 연구(통상 최종 연도 전년도에 실시)

3단계: 당 중앙을 위한 건의(통상 최종 연도 전년에 개최되는 5중전회에서 발표, 14차 의 경우 2020년 10월)

4단계: 정식 강요纲要 편제(통상 5중전회부터 차년도 3월에 걸쳐 작성)

제14차 5개년 계획의 정식 명칭은 제14차 국민경제 및 사회 발전 5개년 기획이다. 이 계획은 2021년도 전국 인민 대표 대회에서 정식 강요가 편제될 예정이다. 그리고 나면 각 부처와 지방 정부별로 실행 계획을 짜게 된다. 물론 2단계의 기본 방향 연구에서 기본 틀을 알 수 있고 5중전회를 지나면 주요 프로젝트에 대한 파악이 어느 정도 가능하다. 그리고 실행 계획을 짜게 되면 예산과 그 예산을 지원하는 재정 계획이 만들어지게 된다.

중국에서 실행 계획을 수립하는 방식은 서방 세계에서 이야기하는 CSF 방법론과 본질상 유사하다. CSF란 Critical Success Factor(핵심 성공 요인)의 준말인데 미국의 저명한 컨설팅 회사인 맥킨지의 방법론에서 만들어진 말이다. CSF는 우리나라에서 널리 사용되지만 원래의 의미와는 달리 오용되고 있는 듯하다.

필자가 어느 대기업에서 근무할 당시의 일이다. 대표로 예정된 회사 중역이 필자에게 중국 사업의 CSF를 1천 개에서 2천 개 정도 도출하고 그 해결책을 만들어 보고하라고 지시했다. 필자는 처음에는 농담인 줄 알았지만 상대는 진지했다.

CSF는 기본적으로 3가지 조건을 만족해야 한다. 첫째, 누구나 그 의미를 이해할 수 있어야 한다. 둘째, 측정 가능해야 한다. 셋째 각 계층의 조직원들이 매일매일 업무상 판단을 할 때 기준으로 적용할 수 있어야 한다. 그런데 이게 말처럼 쉽지 않다. 그래서 맥킨지는 해당 회사에서 가장 유능하고 가장 바쁜 사람들을 강제로 잡아다가 방 안에 가두고 CSF를 도출해야 풀어주는 방법이 가장 좋다고 말한다. CSF의 숫자는 단 하나가 이상적이고 하나로 만들어내지 못할 경우에도 셋을 넘어서는 안 된다고 한다. 그런데 이 중역은 1천 개의 CSF를 도출하라는 것이다. 한국의 많은 사람들이 CSF를 그저 중요한 요소 또는 요인이라는 일반 명사로 이해하고 있는 것은 우리나라의 경영이나 관리 영역에서 유행어가 너무 많기 때문일 수도 있다. 하도 많은 유행어가 생겼다가 사라지기 때문에 그냥 대략적인 의미를 감으로 체득하는 것이 일반화되었기 때문일까? 만일 CSF를 재고 줄이기로 잡았다면 그것은 '제로 인벤토리'가 된다. 시간 낭비를 줄이기로 했다면 'Just In Time'이 되는 것이다. 이런 CSF의 특징은 무슨 말인지 알기 쉽고(첫째 조건), 확실하게 측정 가능한 척도이며(둘째 조건), 조직 구성원 각자의 업무에서 판단의 기준이 된다(셋째 조건). 여러분의 회사라면 어떤 것이 단 하나의 CSF가 될 수 있겠는가? 막상 만들어 보려면 쉽지 않을 것이다.

중국에서 만드는 강요의 경우 CSF 방법론을 사용하지는 않지만 이와 유사하다. 지도부에서 중앙의 구체적인 목표를 정하면 각 부처에서는 합숙에 들어가 교육과 토론을 통해 중앙의 목표 달성을 위한 자체 목표를 도출한다. 이때 지도부에서 만드는 문서는 대개 A4 용지로 1~2페이지에 불과하다. 지금의 강요 형태는 제법 길어졌지만 그래도 10여 페이지 정도에 불과하다. 그리고 정부 각 부처나 성 정부가 중앙 정부의 목표 달성을 위하여 만드는 계획서도 20~30페이지 정도에 불과하다.

지방 시 정부도 마찬가지다. 성 정부의 목표가 정해지면 이를 달성하기 위한 시 정부의 목표를 정한다. 이 목표가 바로 CSF의 성격을 가지게 되는 것이다. 예를 들면 과거에는 지방 정부의 CSF 중 제일 중요한 것이 GDP였기 때문에 모든 지방 정부가 GDP 수치를 올리기 위해 갖은 정책을 집행하였다. 이 과정을 성, 시, 현, 향, 촌으로 진행해서 전국을 아우르는 실행 계획이 나오게 된다. 이 과정에서 모든 당사자들이 참여하므로 나는 몰랐다든가 오해했다는 말은 하기 어려워진다. 만일 한국 사장님처럼 기관들이

1천~2천 개의 CSF를 찾고 영향을 분석하여 계획을 수립한다면 어떻게 될까? 아마 5개년 계획을 세우는 프로세스에 50년은 걸릴 것이다.

실제로 지금이야 강요가 수개월 안으로 수립되고 있지만 1990년대에는 1년 이상, 지역에 따라서는 2년 가까이 걸렸다고 한다. 계획 수립 과정이 학습과 토론 과정을 겸하기 때문이다. 그래서 중국 정부는 일단 계획과 목표를 세우면 완료 시점 전까지는 다소의 문제점이 나타난다고 해도 정책을 수정하지 않는다. 과정 중에 정책을 수정하게 되면 각 지방 정부나 부처에서 맡은 임무에 대해서 수정 가능성이 있을지를 가늠하면서 일을 하게 되기 때문이다. 그렇기 때문에 중국에 대한 중장기 예측은 쉽다. 정책이 중간에 변하지 않을 것이기 때문이다.

중국의 2035년 비전과 미국 추월 시간표

그러면 2021년부터 2025년을 아우르는 중국 정부의 제14차 5개년 계획의 목표는 무엇일까? 필자가 집필하는 시점에서 아직 강요는 나오지 않았기 때문에 5중전회에서 발표된 '건의'* 와 기타 각 부처 및 기관에서 부분적으로 발표되는 내용에 의거하여 분석을 하도록 하겠다. 이번 목표 설정에는 특별히 2035년 비전을 포함하고 있으니 먼저 2035년 비전을 체크해 보자.

---

* 19대 5중전회 공보에서 발표하였다.

중국의 2035년 비전

국력	• 경제력, 과학기술력, 종합 국력의 대폭 약진 • 경제 총량과 도시와 농촌 주민의 1인당 소득이 새로운 단계에 도달 • 핵심 기술의 중대 돌파 실현 • 혁신 국가 반열의 상위에 진입
경제	• 신형 공업화, 정보화, 도시화, 농업 현대화 기본 수준 달성 • 현대화 경제 체계 건설
법치	• 국가 통치 체계, 국가 관리 능력의 현대화, 인민 평등 참여, 평등 발전 권리의 충분 보장을 기본 수준까지 달성 • 법치 국가, 법치 정부, 법치 사회의 기본 수준을 건설
문화	• 문화 강국, 교육 강국, 인재 강국, 체육 강국, 건강 중국 건설 • 국민 자질과 사회 문명의 수준이 새로운 고도에 도달하여 국가 문화 소프트 파워가 현저히 증가
환경	• 녹색 환경 형성으로 탄소 배출 안정, 근본적인 생태 환경의 호전 • 아름다운 중국이라는 목표[*]의 기본 수준 달성
국제	• 대외 개방의 새로운 구도 형성 • 국제 경제에 협력하고 새로운 경쟁 우위를 선명하게 증강
불균형 해소	• 인당 GDP가 중진국 수준에 도달 • 중산층의 획기적 확대 • 기본적인 공공 서비스의 균등화 실현 • 도·농 간 격차 축소
안보	• 고수준의 '평안 중국 건설' • 국방 현대화 기본 실현
생활	• 전 인민이 함께 부유하고 생활 수준이 아름다운 경지에 오를 수 있도록 실질적 진 전 구현

건의는 2035년도 비전에 덧붙이는 형식으로 제14차 5개년 계획 목표를
서술하고 있지만 이렇다 할 내용이 없다. 따라서 중국 공산당은 사실상 5개
년 계획이기보다는 15년 계획을 수립한 것으로 보인다. 그래서 많은 이들
이 시진핑 주석의 2035년까지의 장기 집권을 점치고 있는 것이다.

---

* 중국 공산당의 백 년 분투 목표.

GDP 성장률 같은 대표적인 국력 지표들에 대해서 예년과는 달리 중국은 수치 목표를 제시하지 않았다. 단지 1인당 GDP가 중진국 수준에 들어선다고 하였다. 이에 대하여 중국 미디어인 〈신랑〉은 대략 2만 달러를 중진국 1인당 GDP의 최저 기준으로 보았다. 선진국으로 진입하려면 1인당 GDP가 4만~6만 달러 정도가 되어야 하고 고도 선진 국가 수준이 되려면 1인당 GDP는 8만 달러 정도가 되어야 할 것으로 추정했다. 이 표준에 의하면 대한민국도 아직 선진국에 진입하지 못한 것이 된다. 〈신랑〉은 1인당 GDP가 2만 달러를 넘는 국가는 전 세계에서 약 30개 국가 정도 된다며, 2019년 중국 내에서 GDP 2만 달러 이상에 도달한 도시들을 예로 들었는데 중국 사람들에게는 아마 피부에 와 닿는 사례일 것이다. 그 도시들은 선전, 우시无锡, 쑤저우苏州, 주하이珠海, 오르도스鄂尔多斯, 난징, 베이징, 상하이, 광저우广州, 창저우常州, 항저우杭州, 우한, 닝보宁波, 샤먼厦门 등 14개 도시이다.

중국 공산당 중앙 정치국은 2020년 9월 28일 회의에서 제14차 5개년 계획의 주요 사항을 통과시켰다고 하는데 이 내용은 아직 외부에 발표되지 않았다. 이 내용을 기반으로 중국 정부는 2021년 3월에 있을 전인대에 제14차 5개년 계획 강요를 만들어 제출하게 된다. 비록 구체적인 내용을 확인할 수는 없지만 GDP와 관련해 각각 5% 내외, 5~5.5%, 5~6%라는 이야기가 떠돌고 있다. 제13차 5개년 계획에서 GDP 성장 목표가 6.5% 이상이었던 것을 고려하면 낙관적 전망을 6%, 비관적 전망을 5% 내외 그리고 기대치를 5.5% 정도로 잡고 있는 것으로 생각할 수 있다. 여러분이 이 책을 볼 때쯤이면 GDP 성장률 목표가 공포될 수도 있을 것이다.

전해 듣기로는 중국이 당면한 현재 환경의 불확실성이 높기 때문에 정책 목표 또한 탄력적으로 대응하지 않으면 안 된다는 의견들이 많았다고 한다. 그러나 중국의 경제 체계상 국가가 구체적인 계량 목표를 정하지 않으면 지방 정부들에게도 구체적 계량 목표를 줄 수 없게 되어 통제를 잃는다. 따라서 실제 경제 운영에 있어서는 구체적인 GDP 성장률 등 계량 목표를 가지고 가되 대외적으로는 발표하지 않고 관건 시기가 오면 내부적으로 목표를 수정하는 방식의 경제 운영이 될 수도 있다.

2035년이나 2025년의 정책 내용을 보면 강조되는 항목들이 있어 향후 중국 공산당의 방향을 짐작하게 하는 실마리가 된다. 먼저 제14차 5개년 계획의 건의에서 전에 없던 말이 나오는데 바로 "시스템 관념을 견지한다(坚持系统观念)"라는 말이다. 앞서 주광야오가 말했던 키워드이다. 이 내용은 그대로 시스템 리스크라는 키워드로 연결된다. 즉 향후 중국의 시스템에 여러 위험이 발생할 수 있으며 이러한 리스크를 모니터링하고 문제를 해결해야 한다는 것이다. 리스크의 예로는 공산당이나 지도부에 대한 정치 안보 리스크, 금융 영역의 경제 리스크, 코로나19와 같은 질병 리스크, 생태 리스크 그리고 식량 및 에너지 안보와 같은 사항들을 들었다. 다시 말해 중국 지도부는 향후 각종 리스크가, 그것도 국가 체제를 흔들 수 있는 리스크가 다방면으로 올 수 있다고 보고 있는 것이다.

또한 내순환 경제라는 말로 대변되는 내수 시장 중심의 경제 정책을 강조한다. 내수 확대 전략의 실행을 '공급 측면의 구조 개혁'과 유기적으로 결합하여 새로운 수요를 이끌어 내겠다는 것이다. 여기서 공급 측면의 구조 개혁이라는 것은 무슨 뜻일까? 원래는 중국의 산업 구조가 공급 과잉, 생산 과잉이 되면서 이 문제를 해결하기 위하여 나온 말이다. 그런데 지금은 조금 다른 맥락에서 사용되는 것 같다. 통상 중국은 물론 한 나라의 경제 정책은 대부분 소득, 투자, 무역과 같이 경제 활동의 최종 단계에 집중된다. 풀어서 말하면 돈이 들어오는 영역에 집중되는 것이다. 그러나 현재 중국의 상황은 소득도 투자도 무역도 기대하기 어렵다. 게다가 이제부터는 외국에서 전략 자원의 공급도 제대로 되지 않을 가능성이 있다. 결국 이제부터 중국은 무엇이 될지 모르지만 필요한 경우 해당 제품을 갑자기 국내에서 생산해야 할 수도 있다. 그럴 경우 해당 제품의 공급망(supply chain)이 국내에서 짧은 시간 내에 형성되어야 한다. 그리고 변화가 일어날 경우 기민하게 대응하여 공급망을 조정해야 한다. 그래서 정책의 중심을 과거처럼 소비, 수출, 투자의 수요 쪽에 두지 않고 공급 쪽에 두겠다는 것이다. 공급망의 수요 변화를 모니터링하여 필요한 곳에 필요한 자원이 신속히 흘러가도록 하고 그 수단은 시장 메커니즘이 될 것이다. 단 필요한 경우 해당 자원을 국가가 직접 개입하여 통제할 수도 있다. 예를 들면 디지털 화폐를 통하거나 디지털 양표粮票*를 발행할 수도 있다. 기업에 대해서는 민영 경제 통일 전선을 요구할 수도 있다.

그러면서 농촌을 집중적으로 거론하였다. 이공보농以工补农(농촌에서 공업을 실시하여 그 수익으로 농촌을 지원하는 제도), 이성대향以城带乡(도시로 하여금 주변의 농촌 경제를 이끌어 내는 제도) 등 농촌 진흥 전략을 전면적으로 실시해 도시와 농촌이 서로 시너지를 낼 수 있는 관계로 만들어 농촌의 현대화를 가속한다는 것이다. 또 식량 안보 문제도 제기하고 있다.

다음은 국토 공간 배치를 최적화하고 지역 전략을 추진한다. 국토 공간은

---

* 과거 중국의 계획경제 시절 식당에서 밥을 먹을 수 있는 쿠폰을 말한다. 당시에는 돈이 있어도 양표가 없으면 밥을 먹을 수 없었다. 필자는 1994년에 베이징에 마지막 남은 국영 식당에서 양표로 밥을 먹는 장면을 볼 수 있었다.

우리나라의 국토 균형 발전에 해당되는 정책이다. 특히 내수 중심으로 중국의 경제 구조를 전환하기 때문에 그동안의 연안 개방 도시 중심의 정책을 펴는 것이 아니라 우한, 충칭, 시안과 같은 내륙의 인구 집중 도시들을 중심으로 경제 정책을 펼 것으로 보인다.

그리고 문화, 관광, 스포츠, 공연 예술이 급부상하였다. 이에 대해 "이데올로기 분야에서 마르크스주의의 지도적 지위를 견지하고 문화적 자신감을 확고히 하며…"라는 말들을 관계자들이 하고 있지만 실상 진정한 목적은 다른 듯하다. 관광과 관련된 구체적인 문건들과 지방 정부의 대응을 보면 잘 준비되어 추진되고 있는 것이 아니라 급히 서둘러 보고하는 듯한 느낌이다. 그래서 필자는 중국이 갑자기 제14차 5개년 계획에서 문화, 관광, 스포츠, 공연 예술을 강조하고 있는 것은 이들이 주장하는 대로 국가 문화 소프트파워를 제고하기 위한 것이기보다는 갑작스레 내수를 키워야 하는 입장에서 기존의 산업들이 단기간에 성과를 내기 어렵기 때문에 문화, 관광, 스포츠 등 속성으로 효과를 볼 수 있는 산업을 육성하여 인민들의 소비를 불러일으키려는 의도라고 본다.

이번 공고에서는 외교와 관련해서 발표한 내용이 없다. 이 또한 이번 5중 전회의 특징이라고 할 수 있다. 미국 대선 결과가 확정되기 전이었기 때문에 신중을 기한 것이라고 할 수 있다. 반면 국방과 관련해서는 군대의 현대화를 강조하고 군사-정치, 군사-민간 통합을 강력히 주장하고 있다. 군이 공산당을 철저히 따라야 한다는 당연한 내용을 강조하고 있는 것이다. 이렇게 당에 대한 군의 충성이 강조되는 것은 오히려 군이 당의 지도부에 대해 반발하고 있는 것이 아니냐는 의문까지 불러일으키고 있다. 그리고 군사-민간 통합을 강조하는 이유는 현대전이 기본적으로 하이테크 전쟁인

점을 중국이 뼈저리게 느끼고 있기 때문이다. 첨단 과학이 군사 목적에서 부터 개발되어 나오는 일이 많다는 것은 이제 상식이다. 그리고 중국 정부와 군의 노력만 가지고 미국과 경쟁하는 것은 민간의 활력과 자유로운 창의력을 도입하지 않고는 불가능하다. 그렇기에 중국 정부는 민간 기업의 손을 빌려 국방 과학을 강화하려는 것이다. 다만 화웨이 사태에서 보았듯이 민간 기업이라 할지라도 이제는 중국의 민영 기업이 과거와 같이 자유롭게 서방 세계의 기술에 접근하기가 어려워졌다. 오히려 중국 정부와 군으로 인해서 중국 민간 기업들의 기술 소스가 막힘으로써 민영 기업들이 어려움을 겪을 가능성이 있다. 결국 중국은 단순 명쾌하게 현재의 중국 기술을 기반으로 독자 갱생 방식으로 기술 개발에 나설 것으로 보인다.

중국의 백 년 계획이 완성되면 중국이 중진국의 반열에, 그것도 중진국 상위권에 진입하게 되는 것인데 그렇게 되면 GDP로는 당연히 미국을 추월하게 된다. 중국은 2020년에 이미 국내 GDP가 100조 위안을 돌파한다고 발표했고, 2035년 비전에서 중산층이 대폭 확대되고 중진국에 진입할 것이라고 하였다. 이에 대해 영국의 BBC가 중국이 미국의 GDP를 언제 추월할 수 있을지 간단히 추정을 하였다. BBC는 우선 중국의 증권사 티엔펑天风研究의 보고서를 근거로 중국이 내건 중진국 수준을 개발도상국 중 상위권에서 선진국의 하위권으로 상정하였다. 그러면 구체적인 목표인 1인당 GDP는 1만 5천 달러에서 2만 달러 정도의 구간으로 추정된다. 이 목표를 달성하려면 중국은 매년 4~5% 정도의 성장을 해야 10년 후에 가능하다. 실제로 많은 전문가들이 향후 중국의 GDP 성장률은 지금까지와 같은 고성장은 기대할 수 없겠지만 대부분 5% 이상의 수준을 전망하고 있는 것으로 보아서 필자는 중국의 중진국 진입 목표가 충분히 달성 가능하다고 본다.

BBC는 2019년 실적에 기반해서 중국이 10년 내, 즉 2030년 내에 미국의 GDP를 따라잡으려면 매년 미국의 GDP 성장률보다 3.5% 포인트 높은 성장을 해야 한다고 계산했다. 그리고 15년 내, 즉 2035년까지 미국을 따라잡으려면 매년 미국보다 2.3% 포인트 높은 성장률을 보이면 된다고 했다. IMF에 따르면 2020년 중국의 성장률은 1.9%가 될 것이라고 한다. 반면 미국의 2020년 GDP 성장률은 마이너스 4.3%로 예상했다. 코로나19의 영향이 계속된다면 중국의 성장보다는 미국의 부진으로 중국 GDP의 미국 GDP 추월이 손쉽게 달성될 것으로 보인다. 2035년, 심지어 2030년에 미국의 GDP를 추월할 가능성마저 있다. 일본의 닛케이 연구센터는 이보다도 빠른 2028년에 중국이 미국의 GDP를 추월할 것으로 예상하였다. 코로나19의 확산과 백신의 개발이 미중 두 슈퍼 강국의 경쟁에 큰 영향을 줄 것임을 알 수 있다.

공식적인 프로세스 외에 권력자들의 프로세스라고 할 수 있는 경제 공작 회의가 있다. 2019년 말 경제 공작 회의 내용을 소개한다.

5장

제14차 5개년 계획,
비상체계로 돌입하는 쌍순환 경제

중국은 2035년 비전을 제시한 것 외에 이례적으로 제14차 5개년 계획의 내용을 구체적으로 언급하지 않았다. 아마도 미국 대선 결과 및 발표 정책을 확인한 뒤에 구체적인 계획과 목표치를 발표할 것으로 예상된다(필자가 글을 쓸 당시에는 바이든 대통령이 취임하기 전이었다). 5개년 계획을 구체화하는 강요는 2021년 3월 예정된 전인대에서 비준이 되어야 하므로 대통령에 따른 시나리오별 계획을 작성 중일 가능성이 크다.

　중국 공산당 당교党校의 제14차 5개년 계획 연구팀의 한 보고서*에서는 5개년 동안 중국이 전략적인 전환에 성공하느냐에 따라 높은 수준의 경제적 발전과 장기적으로 안정적인 발전이 가능한지 여부가 결정될 것이라고 했다. 그러면서 미국의 전략적 억제를 가장 큰 장애 요인으로 지적하였다. 이

---

* 〈제14차 5개년 시기의 중대 경제 전략 문제 및 총체적 발전에 대한 아이디어("十四五" 时期重大经济战略问题和总体发展思路)〉

에 대응하기 위해서는 중국 또한 전략적 전환을 해야 한다며 '경제 발전 방식의 전환', '경제 구조의 최적화', '성장 동력 전환' 등 3가지를 들었다. 전략의 중점은 현재 미국의 10%도 안 되는 중국의 1인당 소비를 적어도 20% 이상 수준으로 발전시켜야 한다는 것이다. 사실 중국의 1인당 소비를 올릴 수만 있다면 미국의 GDP 총량을 추월하는 것은 쉬운 일이다. 그러나 어디 중국의 1인당 소비를 높인다는 것이 말처럼 쉽겠는가. 중요한 것은 이들이 결국 민간 경제 활성화, 국민 소득의 증대에 집중해야 한다는 의견을 제시하고 있다는 점이다. 이 보고서는 그럴 경우 중국의 GDP 총량이 10년이면 미국을 따라잡을 것으로 예상했고 주민 소득은 20년이 걸릴 것으로 예상했다.

중국이 직면한 가장 큰 문제는 지속적으로 성장하고 있음에도 효용 체감의 법칙에 따라 수익성 증가 비율이 낮아지고 있어 경기 하락 압력이 계속된다는 것이다. 말하자면 이제는 같은 액수의 돈을 투자해도 이전과 같은 성과를 내기는 어려워졌다. 그래서 보고서는 중국 경제를 요소* 투입 구동, 즉 투입을 증가하는 방식에서 혁신 구동으로 전환해야 한다고 제시한다. 결국 중국이 창의력을 발휘해야 발전할 수 있는 길목에 다다른 것으로 인식하고 있다는 말이다. 그리고 이것은 중국 국가 체제에 큰 도전임에 틀림없다.

옆으로 새는 이야기이지만 필자는 일본의 경제가 더 이상 발전하지 못하는 이유도 바로 이 혁신 구동에 실패했기 때문이라고 생각한다. 구태의연

---

* 중국 경제를 다룰 때 사용되는 '요소'라는 말은 주로 투입 요소, 즉 경제 활동을 하기 위하여 투입되는 자원들을 말한다. 예를 들어 인력, 에너지, 원자재, 자금 같은 것들이 요소라고 할 수 있다. 물론 산출물 또한 요소로 분류될 수 있다.

한 상명하복, 대를 이은 정치 귀족이 독점하는 정치권, 고유의 이해관계로 폐쇄적인 관료 집단 등은 일본 사회 전반적으로 참신한 아이디어와 창의력을 발휘하기 어렵게 만들었다. 중국의 경우도 사회 체제의 경직성이 사람들의 창의성을 허용하지 않는 면이 너무나도 강하다. 그러고 보면 디지털 경제의 승자라는, 중국의 대표적인 기업들도 모두 폐쇄된 중국의 인터넷 방화창 안에서 서방의 비즈니스 모델을 모방한 것들이다. 아마존을 모방한 알리바바, 구글을 모방한 바이두, 카카오톡을 모방한 텐센트 등이 그 예다. 중국의 독자 비즈니스 모델로 한때 대륙을 달구었던 공유 자전거는 결국 모두 망해버렸다.

아무튼 중국에게 다른 선택은 없다. 내순환, 즉 내수를 중시하는 새로운 경제 정책은 바로 이렇게 중국의 내수와 수익성을 높일 수 있는 새로운 성장 동력을 찾음과 동시에 미국의 전략적 억제로 인해 원활히 공급되지 않을 수 있는 기술과 전략 자원을 국내 생산으로 신속히 대체하는 것이다.

그런 의미에서 중국 정부가 새로운 전략 산업으로 키우려는 신에너지 자동차나 3세대 반도체 같은 첨단 기술 산업도 중요하지만 가장 중요한 것은 중국 정부가 제14차 5개년 계획에서 중점을 둔 농촌 정책이다. 중국의 농촌 경제는 상당히 낙후된 상태다. 그리고 그 낙후 상태에서 현재의 대도시 수준까지 발전해온 경험을 중국은 가지고 있다. 여기에 필요한 자본과 기술 등도 이제는 대부분 자력으로 공급할 수 있다. 그간의 성장 경험을 도시에서 농촌으로 전달하여 사실상 저개발 상태인 농촌의 경제 성장을 도모하려는 것이다. 지역적으로는 연안 지역 위주로 발전한 경험을 내륙으로 이전하고 이에 연계하여 토지 정책을 전환해 지방 정부의 재정 문제를 해결한다는 내용이다.

이를 통해 중국은 미국을 추월할 수 있을까? 꼭 엄청난 하이테크가 아니더라도 중국의 중산층 확대와 농촌 혁신에 기반하여 국민 평균 소득을 늘릴 수 있다면 이는 가능한 일이다. 그래서 중국 정부가 채택한 새로운 경제 정책이 내순환을 위주로 하는 쌍순환 경제이다. 미국의 전략적 억제에 대응하여 내순환을 주로 추구하고 자국이 부족한 기술, 자본, 경험을 가져오기 위한 외순환을 탄력적으로 운영하겠다는 것이다.

중국 사회과학원 위용딩余永定 교수에 따르면 쌍순환 경제는 2020년 7월 30일 중공 중앙 정치국이 제시한 것으로, 학자들 사이에서도 그 개념을 '내수 중심 경제론', 순환에 중점을 두는 '순환 중시론', 경제의 투입 요소와 산출 요소 관계를 합리화하는 '수요 공급론' 등 여러 시각이 있다고 한다. 국제 대순환은 1987년에 왕지엔王健이, 국내 대순환은 인민 대표 샤껀양 교수가 처음 제시한 것으로 추정된다. 이 개념들은 지금의 쌍순환 경제 개념과 정확히 일치하는 것은 아니다. 쌍순환 경제는 과거 수립되었던 정책 또는 개념 중에서 목전의 국제 정세에 기반하여 다시 도입해 수정한 정책 개념이라고 할 수 있다. 이제 중국이 추진하려는 쌍순환 경제가 미중의 갈등 속에 중국 공산당의 향후 경제 정책 기조로 결정되었으니 적어도 5년 길게는 15년 이상 유지될 것이다.

내순환 경제에 외순환 경제를 입힌 쌍순환 경제

어느 나라나 국내 경제와 국제 경제가 있으므로 쌍순환 경제 개념이 특별한 것은 아니다. 중국의 경우 쌍순환 경제가 부상된 것은 류허 부총리가 2020년 6월 상하이에서 열린 루자쭈이 포럼에서 서면으로 발표하면서부터다. 류허 부총리는 전시 상황을 연상케 하는 폐쇄적인 비상 경제 체제를 설명하여 모두를 놀라게 하였다. 왜냐하면 내순환을 위주로 하는 쌍순환 경제 구조가 형성되고 있다면서 다음과 같은 내용을 설파하였기 때문이다.

– 국경의 방어와 통제를 강화한다.

– 내적 경제 순환의 시동을 준비한다.

– 전략 물자 및 민생 상품에 대하여 전시 계획경제를 실시한다.

– 지방 정부는 가까운 곳에 과일, 채소와 육류 및 가금(닭, 오리 등) 기지를 개발해야 한다.

– 기업을 조직하고 동원해 위기에 대처한다.

– 각 가정의 적극적인 대응을 일깨우고 호소한다.

2020년 7월 9일, 류허 부총리의 서면 발표 내용을 본 필자는 경악했다. 당시 국내외에서는 아무도 쌍순환 경제를 주목하지 않았다.

이 내용은 당장이라도 중국에 적국의 미사일이 날아오거나 핵폭탄이 터지는 일이 일어날 것 같은 분위기였다. 류허 부총리는 이렇게 충격적인 일들을 준비해야 한다고 하면서 그 이유를 코로나19 때문이라고 하였다. 세계적으로 확산되고 있는 코로나19로 인하여 전 세계적인 '난민 러시'가 발생하면 상대적으로 안전한 중국으로서는 피난민의 우선적인 피난처가 될 수 있기 때문에 중국 정부는 국경 방어력을 강화해야 한다는 것이다. 세계 최대 공업국이자 세계 최대의 단일 시장인 중국은 전 세계에서 유일하게 완전무결하기 때문에 코로나19로 인한 글로벌 경제 체제 붕괴로 전 세계의 생산 활동이 거의 중단되면 물자의 부족으로 인한 대규모 아사 사태가 발생하지 않도록 중국이 전 세계인의 최소한의 생활을 보장해야 한다고 했다. 중국이 세계를 구하는 슈퍼 히어로가 되어야 한다는 주장인데 이를 문자 그대로 믿을 사람이 있겠는가? 미중 무역 전쟁의 제일선에서 일하고 있는 류허 부총리가 말한 내용이다. 거의 핵전쟁으로 지구가 멸망하는 수준의 참상을 예상하면서 중국이 마치 전 세계의 구세주가 되어 인류를 먹여 살린다는 영화 내용처럼 들린다. 중국은 다른 한편으로 코로나19를 완전히 극복했다고 하고 자체 백신도 개발을 완료했다고 한다. 시진핑 주석이 개발도상국가들에게 먼저 합리적인 가격으로 백신을 제공한다고 전 세계에 공포하기도 하였다. 그럼 코로나19는 이제 해결된 것 아닌가? 그리고 코로나19가 해결이 되었다면 쌍순환 경제도 해제되어야 할 것 아닌가? 하지만 쌍순환 경제는 코로나19의 정복과는 관계없이 계속 추진되고 있다. 이제 중국의 정식 정책으로 채택되었으니 아마도 2035년까지 지속될 것으로 예상된다.

이제 누가 보아도 쌍순환 경제가 코로나19 때문이 아니라 미국의 대중 제재 때문이라는 것을 알 수 있다. 심지어 중국 인민들도 그 사실을 잘 안다. 하지만 중국 공산당으로서는 미국의 제재 때문에 전국의 인민들이 집 앞에 텃밭을 일구고 닭이나 오리를 키워야 한다고는 말할 수 없었던 모양이다. 중국 말로 체면이라는 뜻인 몐즈面子 문제인지 아니면 미국을 공격하는 것으로 해석되는 말을 할 수 없었는지 알 수는 없지만 이제 중국의 향후 경제의 근본은 이 쌍순환 경제 정책으로 확립되었다. 쌍순환 경제는 실질적으로는 내순환 경제를 의미한다. 하지만 내순환 경제라고 부르면 아무래도 북한 경제와 같은 상황을 연상하게 되니 외순환 경제도 가져다 붙인 것으로 생각된다. 말하자면 쌍순환 경제는 내순환 경제라는 알맹이에 외순환 경제라는 설탕을 코팅한 사탕 같은 것이다.

쌍순환 경제는 중국이 국내 소비를 대폭 확대하고 업그레이드해 나가며 국내 산업 구조의 개선을 통해 혁신하여 산업 요소 또는 자원의 흐름을 가속한다는 의미로 해석되고 있다. 하지만 중국이 외국의 모든 기술과 서비스로부터 독립한다는 것은 불가능하다. 게다가 미국의 압박으로 중국의 자국 산업이 제공하지 못하는 외국 기술에 대한 제재가 더욱 강화되거나 심지어 공급을 중단하는 경우가 생길 수 있다. 그래서 이러한 산업 요소들의 흐름에 기민하게 대응하는 체제를 갖추어야 하는 것이다.

위용딩은 그의 강연 중 쌍순환 경제에 대한 설명에서 보다 분명하게 다음과 같이 말하고 있다.

"중국 시장의 규모의 힘을 발휘하여 관건 제품의 수입을 대체하거나 한국처럼 치명적인 제품에 대한 중국의 자주적이고 통제 가능한 산업의 고리를 구축해야 한다."

그가 이야기하는 관건 제품은 당연히 반도체와 같은, 미국이 제재를 가하고 있는 하이테크 제품들을 의미한다. 그러니 쌍순환 경제의 의도는 매우 분명하다. 인민대학 재정금융학원 부원장 자오스쥔趙錫軍도 모든 자원은 이 쌍순환 경제 전략에 투입될 것이며 내수 경제를 우선하고 미국의 제재로 인하여 중국이 자체 생산하기 어려운 제품들을 만들기 위해 노력할 것이라고 하였다.

그러나 많은 전문가들은 '쌍순환 경제'에 대하여 부정적 시각, 적어도 그 효과에 대한 의문을 가지고 있다. 옥스퍼드 대학의 중국센터 연구원 조지 매그너스George Magnus는 내순환 경제를 위해서는 GDP에서 소비와 임금의 비율을 높여야 하는데 외순환 경제를 고려하면 소비와 임금을 상대적으로 낮은 수준으로 유지해야 하기 때문에 두 전략은 서로 모순된다고 지적한 바 있다. 그렇지만 쌍순환 경제가 이론상 아주 불가능한 것은 아니다. 만일 충분한 혁신을 일으킬 수 있다면 높은 임금의 내수 진작과 수출 경쟁력을 동시에 추구할 수 있기 때문이다. 그래서 홍콩의 경제 전문가 쑨샤오지孫驍驥는 경제의 내순환이 문제가 아니라 미국의 제재로 인한 기술의 내순환이 문제라는 견해를 내기도 했다.

중국의 쌍순환 경제가 성공하기 위해서는 첨단 기술을 자체적으로 개발할 수 있어야 하고 이 기술은 경험의 축적과 함께 창의력을 필요로 한다. 그렇다면 앞서 지적하였듯이 사상과 발상의 자유가 제한되는 중국에서 과연 서방 세계의 협력 없이 이 난제를 해결할 수 있을지 의문이다. 물론 상상할 수도 없는 일들이 일어나는 곳이 또 중국이라는 점을 고려한다면 중국이 꼭 실패할 것이라고 단언하기도 어려운 것이 사실이다.

어찌 됐든 중국에게는 별다른 선택지가 없다. 선전 개혁 개방 40주년을 맞이하여 광둥을 방문한 시진핑 주석은 '자주 혁신의 자력갱생', '고수준의 자력갱생'을 이야기했다. 죽의 장막 시절, 마오쩌둥이 내걸었던 자력갱생에 자주 혁신 그리고 고수준이라는 단어가 붙었다. 결국 쌍순환 경제는 본질적으로 내순환 경제이며, 내순환 경제는 자력갱생의 새로운 말일 뿐이다. 다만 이전과 다른 점은 세계 각국과 자유로운 거래를 하던 환경이 언제 무너질지 알 수 없기 때문에 내순환 체제를 분명하게 세우고 두 발을 항상 그 위에 굳건히 올려놓아야 하는 자세라고 할 수 있다. 중국이 웬만해서는 절대 자유 무역을 포기할 리 없다는 것을 보여주는 사례로 2020년 11월 시진핑 주석이 APEC(아시아태평양경제협력체)에서 한 말을 들 수 있다.

"중국은 오랫동안 세계 경제와 국제 시스템과 통합되어 있었다. 우리는 결코 과거로 회귀하지 않을 것이다. 우리는 분리를 추구하지 않으며 폐쇄적이고 배타적인 작은 서클을 형성하지도 않을 것이다."

또 내순환 경제에 대한 외부의 우려 섞인 시각을 의식했던 모양인지 내순환 경제에 대한 방어 논리도 폈다.

"우리가 수립 중인 새로운 개발 모델은 폐쇄적인 내순환이 아니라 국내와 국제 시장을 모두 아우르는 개방된 순환이다."

그러면 중국은 이 자력갱생 또는 내순환 경제 또는 쌍순환 경제를 구체적으로 어떻게 실행하려는 것일까? 중국은 과연 성공적으로 관건 기술 제품들을 개발해 낼 수 있을까? 미래의 방향은 바로 여기에서 결정된다고 할 수 있다.

타이완 사람으로서 젊은 시절 중국으로 넘어가 지금은 중국의 정책 수립을 돕고 있는 린이푸林毅夫는 중국의 산업을 추격형, 선도형, 변화형, 추월형, 전략형으로 나누었다. 그는 연구 개발에 장기간, 대규모의 자본이 소요되는 전략형 산업은 국방과 경제 안보에 큰 영향을 줄 수 있어 필히 발전시켜야 한다고 주장한다. 다시 말해 화웨이가 반도체 공급 중단으로 인해 타격을 입는 일이 다시는 재발되지 않도록 어떻게든 전략형 산업을 발전시켜야 한다는 것이다. 제14차 5개년 계획 사이트에 이 내용이 정식으로 올라와 있는 것으로 볼 때 사실상 중국 공산당의 공식 입장이라고 볼 수 있다.

이제 우리는 중국의 쌍순환 경제의 두 축이 자체적인 기술 혁신을 통한 첨단 기술의 자력갱생, 신경제, 농촌을 주축으로 하는 내수 성장이라는 점을 확인하였다. 이들은 상호 영향을 주고받을 것이고 특히 미국의 중국 제재와 압박의 양상에 따라 그 성취가 크게 영향을 받을 것이다.

좌회전하는 중국 경제, 흔들리는 시장 경제

중국의 증권사는 쌍순환 경제 체제하에서 유망한 산업이 무엇일지 이런저런 예상을 내놓고 있다. 이들이 각자의 정보망을 통해 내놓은 예측들을 통해 향후 15년간 중국에서 투자와 산업이 가장 활성화될 영역을 살펴보자.

중국의 경제가 엄중한 환경에 처해 있다는 인식이 이미 중국 내에 보편화되었다고 하더라도 자본은 이렇게 현 상황에 맞춰 투자할 곳들을 찾고 있

중국 증권사가 전망한 제14차 5개년 이후 유망 투자 분야

기관	분야	투자 방향
화타이증권	균형화 발전	제조업 원가 절감, 양마*산업, 철도, 디지털 농촌 건설
	신흥 산업 동력	8대 전략 신흥 산업, 스마트 건조 및 건축 공업화
	안보	식량 안보, 신에너지 산업, 국방 산업
	민생	직업 교육, 생태 보호 및 환경 관리, 건강 의료 및 양로
중진공사	하이테크	반도체, 소프트웨어, 태양광 발전
	요소 시장	건자재, 식품·음료, 교통 운수
	복지	바이오, 의료 서비스, 의료 기계
	자본 시장	증권, 자산 관리, 보험
	그린 산업	태양광 발전, 신에너지
티엔펑증권	데이터 기술	반도체 재료 및 설비, 하이테크 제품 국산화 기술, 하이테크 설비, 차세대 데이터 기술, 데이터 센터, 인더스트리 4.0 관련 기술
	자본 시장	우수 증권사
	도시 건설	철도, 스마트 시티 및 도시 안전
	안보	유전자 및 종자 혁신 기술, 신장 및 국경선 지역에 시설 건설, 군수
	의료 및 환경	의료 정보화, 신에너지 자동차

출처: 각 증권사의 발표 자료 취합

중국에서도 많은 개미들이 위 도표와 같은 정보에
귀를 기울이며 투자를 하고 있다.
중국의 주력 산업으로 육성할 것이라는
5개 분야에 대해 설명한다.

---

* 말 관련 산업을 말한다.

다. 아마 미국과 전쟁이 일어난다 하더라도 수많은 중국 인민들은 주식에 투자하리라. 이렇게 역동적인 중국의 자본 시장과 시장 경제는 중국 민간 경제의 활력이자 창의력이 실천되는 토양이다.

하지만 5중전회에서 제시된 2035년 비전이나 제14차 5개년 계획의 발표 내용에서 사라진 단어가 하나 있다. 바로 '민영 기업', '민간 경제' 등이다. 시장 경제를 유지하는 것은 명시되어 있지만 민영 기업에 대한 언급은 완전히 사라졌다. 개혁 개방 이후 이제까지 중국 공산당의 정책에서 민간이 언급되지 않은 적은 지금까지 없었다.

그렇지 않아도 시진핑 시대에 들어서 '국진민퇴'라는 말이 끊이지 않았다. 국진민퇴라는 개념 자체는 중국이 건국된 후 실시했던 공산화, 즉 사유 재산을 국유화하면서 출현했던 개념이다. 민간 기업이나 민간 소유의 자산 등을 공산주의에 맞게 국유화 또는 집체소유화 하는 과정이 있었던 것이다. 우리는 흔히 중국 정부가 강제로 민간 재산을 빼앗아 국유화했을 것으로 생각하는 경향이 있는데 그렇지는 않다. 중국 공산당은 몰수하는 등의 방법이 아니라 '공사합영'이라는 단계를 거치며 당시 중화민국 체제하에 있었던 민간 자본들을 점진적으로 사회주의 공산제로 전환한 바 있다.

그런데 시진핑 주석의 집권 이후로는 민영 기업에 대한 압박이 점점 강해졌고 국유 기업들 위주로 경제가 운영되는 경향을 보였다. 이를 두고 다시금 국진민퇴라는 말이 튀어나온 것이다. 필자는 이렇게 된 원인을 시진핑 주석의 지지 세력이 국유 기업을 장악하고 기존의 상하이방 세력들은 민간의 대기업들을 장악하고 있었던 데에 기인한다고 생각한다. 이런 구도는 최근까지도 이어지고 있다.

얼마 전 상하이 포럼에서 마윈馬云이 왕치산 부주석, 류허 부총리 등이 발표한 '금융 시스템성 리스크'를 방지해야 한다는 의견을 전면 부정한 후 앤트 그룹이 진행하던 세계 최대의 IPO가 중지된 것은 이를 상징적으로 보여주는 사건이다. 마윈의 알리바바 그룹은 상하이방의 장쩌민 일가가 배후에 있는 것으로 알려져 있다. 앤트 그룹의 배후에는 상하이방의 저우샤오취안周小川 전 인민은행장과 고위직 몇 명이 깊게 개입한 것으로 알려져 있다. 시진핑 그룹으로서는 정적인 상하이방의 힘을 키워줄 이유가 없거니와 미국의 강력한 제재가 예상되는 현 단계에서 전시 체제에 준하는 경제 운영 정책을 수립하고 있으므로 마윈의 앤트 그룹 같은 민영 기업을 제재하고 국유 기업 위주의 경제 정책을 펴는 것은 자연스러워 보인다.

시진핑 정부는 국진민퇴의 일환으로 보이는 혼합 소유제도 추진해 왔는데, 간단히 말하면 국유 기업에 민영 기업이 투자하거나 민영 기업에 국유 기업이 투자해서 국가와 민간 양쪽 모두가 기업의 소유주가 되는 것이다. 얼핏 들으면 그런가 보다 하겠으나 실제 진행되는 모습을 보면 중국 통신 회사들에 알리바바나 징둥으로 하여금 투자하게 하는 등 부실이 심해지는 국유 기업에 민영 기업이 투자하게 하거나 또는 유망하거나 시장 점유율이 커지는 민영 기업의 주식을 특혜에 가까운 조건으로 국유 기업이 투자하는 경우가 대부분이다. 많은 이들이 시진핑 주석 그룹의 경제적 이념을 마오쩌둥에 가까운 좌경 사회주의로 추정하는 것도 이러한 이유에서다.

여기에 2020년 들어 새로 도입된 정책이 민영 기업 통일 전선, 이른바 민기통전民企统战이다. 여기서 통일 전선은 중국 공산당이 외부의 적에 대항하여 동맹을 맺고 함께 싸우자고 할 때 사용하는 말이다. 2020년 9월, 중앙판공청은 신시대 민영 경제 통전 공작에 관한 의견을 공포하고 각 지방 정부 및 부처에서 협력하여 실질적이고 철저하게 실행하라고 요구했다. 이번 의견에서 3가지 주요 의의를 표방하였는데 다음과 같다.

1. 민영 경제 통전 강화는 중국 공산당의 지도력을 구현하는 중요 방식이다.
2. 민영 경제 통전 강화를 통하여 민영 경제인들이 개혁 개방을 확대 및 심화하고 국가 통치에 적극적, 주동적으로 협력하여 중국 특색 사회주의의 제도적 우위를 충분히 보이게 해야 한다.
3. 공급 측면의 구조적 개혁을 심화하여 민영 경제인들의 발전에 대한 신념을 공고히 하고 혁신과 창의력을 제고한다. 민영 기업의 발전 방식의 전환 지원을 장려하고 산업 구조를 조정하며 성장 동력을 변경하고 민영 경제의 더 나은 발전을 추진한다.

복잡한 이야기지만 한마디로 줄인다면 민영 기업가들이 중국 공산당의 지시를 따르도록 하겠다는 것이다. 이 의견에서 당의 지도력을 견지하여 '당의 민영 경제인에 대한 지도력과 결속력'을 더욱 강화해서 민간 경제인들이 '당의 지도하에 중국 특색 사회주의 도로를 가는' 정치적 인식을 같이 하도록 한 것을 보면 알 수 있다.

이러한 일련의 상황은 사람들로 하여금 시진핑 주석 그룹의 경제 정책이 이제까지의 중국 지도자 중 가장 좌경화되어 있던 마오쩌둥의 계획경제로 회귀하는 것이 아닌가 하는 의혹을 낳게 하고 있다. 하지만 시진핑 그룹의 좌경화 정책을 선의로 해석한다면 미국과의 결전을 대비해야 하는 전시 체제를 다지기 위한 것으로도 볼 수 있다.

시진핑 그룹은 좌경화 정책만 내놓고 있는 것이 아니다. 그들은 좌경화 정책과 동시에 개혁 개방을 견지하고 시장 경제의 중요성을 강조하는 발언으로 과거로의 회귀는 없을 것이며 중국은 아름다운 현대화 사회주의 국가를 건설하는 방향으로 전진할 뿐이라는 발표도 계속하고 있다. 관찰자인 우리로서는 아리송할 뿐이다. 중국은 좌로 갈 것인가 아니면 우로 갈 것인가? 폐쇄의 길로 갈 것인가 아니면 개방의 길로 갈 것인가? 향후 중국이 가는 길은 전진인가 회귀인가? 이는 전 세계 모든 사람들이 현재 품고 있는 의문이 아닐 수 없다. 독자분들이 이 책의 마지막 페이지를 넘길 때쯤에는 그 대답을 자연스럽게 알 수 있기를 바란다.

신공산주의와 신계획경제

시진핑 주석이 회귀하고 있다는 견해를 펴는 사람들은 향후 중국이 새로운 방식의 사회주의, 새로운 기술에 기반한 계획경제를 펼칠 것이라는 예상을 하기도 한다. 이를 신공산주의, 신계획경제 등으로 부르기도 하는데, 중국이 획득한 과학 기술의 성과를 동원하여 이전의 공산주의 또는 계획경제를 다시 추구한다는 설에서 나온 말들이다.

이는 최근 중국이 과학 기술을 활용해 세계에서 유래가 없는 주민 통제를 하고 있다는 것이 하나의 근거가 되고 있다. 트럼프 전 대통령이 미중 무역전쟁 초기에 가장 먼저 제재를 가한 중국 기업 중 하나가 하이크비전海康威視으로 이 기업은 세계 1위의 보안 영상 시스템 업체였다. 중국 정부는 범죄와 재난 예방을 위한다는 명목으로 세계 최대의 감시 네트워크 구축을 골자로 하는 스카이넷天网 프로젝트를 추진해왔다. 2020년 말까지 4억 5천만 대의 CCTV를 설치한다는 계획이었다. 이렇게 설치된 CCTV는 주로 중국 공안에 의해서 사용되었고 코로나19 사태에서 주민들의 출입을 모니터링하는 강력한 수단으로 활용되기도 하였다. 이 수많은 CCTV에 다시 AI를 활용한 안면 인식과 동작 분석 기술 등을 활용하여 카메라에 비친 사람들을 식별하고 그에 따른 조치를 할 수 있는 능력을 확대해 나가고 있다. 안면 식별 기술이 도입되자 중국 공안은 홍콩의 유명 배우 류더화刘德华의 공연장에서 CCTV를 이용하여 수십 명의 수배범을 검거하는 쾌거를 올리기도 하였다. 그런데 문제는 점점 도를 넘고 있다는 것이다.

어떤 지방에서는 주민들이 신호등을 무시하고 길을 건너면 근처의 스피커에서 커다란 소리가 들린다.

"이 박사, 신호 위반입니다."

그런가 하면 모 지방의 고속도로에서의 일도 상징적이다. 이 고속도로의 중간중간에는 도로 위에 전광판이 달려 있는데 속도위반을 하면 전광판에 법규 위반을 알리는 내용이 고지된다.

"이 박사, 100km 속도 제한 구간을 124km 속도로 달렸습니다. 벌점 2점에 벌금 300위안입니다."

그런데 어느 날 이런 내용이 전광판에 고시되었다.

"등록 넘버 XXXX-YYYY 차량, 어디부터 어디 구간 사이 길가에 주차하고 섹스를 하고 있음. 벌점 1점에 벌금 200위안."

정작 당사자들은 근처에 있지 않는 한 이 전광판 내용을 못 볼 것이다. 하지만 근처로 지나가는 모든 차량이 허락받지 않은 구경을 했을 것이 아닌가? 만일 그 차량 번호의 주인이 누구인지 아는 사람이 보았을 경우 당사자는 무슨 봉변을 당할지 모른다. 하지만 중국에서 공안에게 개인의 프라이버시를 논해 봐야 소용없는 일이다.

그래도 보안 카메라는 사람들이 볼 수 있도록 카메라가 달려 있어 CCTV가 있는 곳에서는 행동거지를 조심하면 된다. 그러나 네트워크의 빅 데이터를 이용한 개인 정보의 추적은 일반인으로서는 전혀 대응할 수 없는 기술이다. 실제로 최근 중국에서는 아파트 모델 하우스에 가면 방문객을 CCTV로 대조하여 신상을 파악한다고 한다. 보안 기술을 가진 회사가 공안 외의 고객들에게도 서비스를 제공하는 것이다. CCTV 한 세트를 통해 사람을 식별하는 이 서비스는 연간 5만 위안 정도에 제공된다. 요즘은 모두들 코로나19를 핑계로 낯선 장소에 갈 때는 마스크로 얼굴을 꼭 가린다고 하니 마스크가 바이러스뿐 아니라 개인 신상도 보호하는 셈이다.

중국에도 정보 보안법이 있다. 그런데 개인의 정보를 보호하는 법이 아니고 정부가 모두의 정보에 접근하고 취득할 수 있는 권리를 보장하는 법이다. 중국의 관념에서 인터넷 세계는 서버를 기준으로 한다. 서버가 중국 영토 내에 있으면 그 서버는 중국 법이 적용된다. 그런데 중국 내에 진출한 외국 기업이나 기구의 경우 그 활동에 따라서 획득하게 되는 중국 관련 모든 정보, 즉 중국 인민, 중국 회사, 중국 상황 등에 관한 정보는 모두 중국 내에 위치한 서버에 저장해야 하고 해외로 유출해서는 안 된다. 그리고 중국 정부는 서버에 접근할 권리를 가지며 해당 외국 기업이나 기구는 기술적 수단을 제공해야 한다. 따라서 중국 정부는 중국 내 모든 개인의 데이터를 가지고 있다. 여기에 빅 데이터 기술이 도입되면서 중국 정부는 자신들이 찾는 사람을 특정하고, 또 자신들이 원하지 않는 일을 할 가능성이 높은 사람이 누구인지 파악할 수 있도록 하는 중이다. 마치 영화 〈마이너리티 리포트〉, 조지 오웰의 소설 〈1984〉처럼 말이다.

여기서 그치는 것이 아니라 특정 개인이 아닌 집단의 행태 또한 모니터링하고 추정 가능한 기술과 경험을 확보해 나가고 있는 것으로 보인다. 예를 들어 특정 제품이나 서비스에 대한 수요가 얼마나 되는지, 언제 수요가 있는지, 어떤 그룹의 사람들이 원하는지, 어떤 회사가 그에 상응하는 제품을 생산하고 있는지, 만일 해당 제품이 존재하지 않는다면 어떤 사람, 어떤 기업이 그러한 제품을 개발할 수 있는 능력과 경험이 있는지를 분석하는 것이다. 그리고 이런 기술이 완성된다면 덩샤오핑이 제창한 사회주의 발전 단계 이론인 '계획경제', '국가통제경제'가 가능해질 수도 있다. 바로 이것이 신공산주의, 신계획경제가 등장하게 된 배경이다.

그렇다면 신공산주의 또는 신계획경제의 조류를 중국 내부에서 확인할수 있을까? 필자가 생각하기로는 중국 공산당의 2035년 비전에 나오는 '국가 통치 체계 및 거버넌스 능력 현대화'라는 말이 이 방향으로는 가장 가까운 키워드로 보인다. 왜냐하면 사회주의 기본 제도를 다루고 있기 때문이다. 그러나 제14차 5개년 계획에서 중국이 어느 정도로 신공산주의 또는 신계획경제로 이행할 것인지 여부는 기술의 뒷받침과 함께 미국과의 관계에 달려 있다. 만일 대외 협력이 원만하게 이루어진다면 중국이 굳이 신공산주의나 신계획경제를 실행할 이유가 없다. 그러나 미국이 강경하게 나오고 서방 세계와의 경제 분리가 현실화된다면 중국 또한 신계획경제라는 카드를 매만지지 않을 도리가 없을 것이다.

과학 기술 자립 자강

미국이 주도하는 중국에 대한 하이테크 제재가 계속될 것인가? 트럼프 전 대통령뿐만 아니라 바이든 대통령도 중국과 대립하는 항목으로 하이테크를 지목하였으므로 그렇다고 보아야 할 것이다. 그렇다면 중국은 미국의 기술 제재에도 불구하고 첨단 기술을 확보할 수 있을까? 그 대답을 현시점에서 내놓을 수 있는 사람은 없을 것이다. 그러나 중국이 어떻게 과학 기술의 자립 자강을 실현할지 그 방법에 대해서 짐작 가는 것이 있다. 그것은 역시 중국답게 단순한, 그러나 시간과 노력을 들이면 필히 결과를 가져오는 방식이다. 그것은 바로 현재 중국이 가지고 있는 기술을 출발점으로 해서 모든 노력을 쏟아부어 필요한 기술을 개발하는 것이다.

이러한 접근 방법은 언제나 빠른 길을 찾는 우리의 일반적인 사고 회로와는 많이 다르지만 필자는 이것이 중국의 무서운 점이라고 생각한다. 중국은 느리더라도 확실한 방법을 골라 몇 년이 걸리든 한 발 한 발 앞으로 전진해 나간다. 민간 기업과 국민들은 매우 영활하고 실용적인 마인드를 갖고 있어 수많은 사람들이 이런저런 방법을 생각해 내고 시도한다. 그러다가 14억 명 중 누군가 방법을 찾으면 국가는 그들을 전폭 지원한다. 참으로 무서운 방식이 아닐 수 없다.

민간 중심으로 진행되는 기술 개발은 7장에서 이야기할 것이다. 국가가 나서서 개발하는 기술들은 대개 국방과 전략 산업에 관련된 것이다. 우리는 미국과 서방의 기술이 중국에 공급되지 않으면 중국의 많은 분야가 어려움을 겪을 것이라고 예상한다. 그러나 중국이 죽의 장막이라는 쇄국 상태에서도 많은 과학 기술을 개발해 온 나라라는 것을 과소평가해서도 안 된다. 2020년 11월 중국은 세계 최대의 전파 망원경 외에 또 다른 심우주 안테나 배열 시스템(deep-space antenna array system)을 가동하기 시작했다. 신장 위구르 서쪽 지역, 남북 실크로드가 만나는 카슈가르에 높이 35미터의 안테나 4개를 세운 것이다. 그리고 이것은 당연히 대륙간탄도미사일 및 방어 시스템 기술과 연계된다.

필자가 회사를 그만두고 사업 아이템을 찾아 중국 방방곡곡을 돌아다닐 때의 일이다. 중국 친구 한 명과 함께 중국 공안의 연구소를 방문하여 협력을 도모하던 중 항공 우주 관련 부서에 소개를 받았다. 당시에는 중국 최초의 유인 우주선 발사가 성공했다는 것이 뉴스가 되던 시기였다. 그런데 보안 시설이어서 외국인은 들어갈 수 없다는 것이 아닌가. 결국 중국 친구 혼자서 들어갔다 나온 뒤 이렇게 말했다.

"이 박사님, 놀랐어요."

"왜?"

"제가 센터 엘리베이터를 탔더니 모니터에 ×× 위성 발사 성공! 경축! 이런 메시지들이 나오는 거예요."

"그래? 중국이 이제 우주선 발사에도 성공했으니까 뭐."

"그게 아니라 이 메시지가 한두 개가 아니에요. 모니터 화면이 시간에 따라 바뀌는데 제가 본 것만 수십 개는 돼요. 1, 2주 간격으로 하나씩 쏘았더라고요. 무슨 위성을 이렇게 많이 쏘는지 모르겠어요. 뉴스에 나온 것은 거의 없는데…."

중국이 수십 개씩 발사하는 위성의 목적은 무엇일까? 중국은 우리에게 알려져 있는 것보다 훨씬 많은 수의 위성을 오랜 기간 발사해 왔다. 이렇게 외부에 알리지 않고 발사하는 위성은 그 목적이 군용이거나 정보 수집용일 것이다. 이제 완전체로 완성된 중국의 독자 GPS 시스템인 베이도우北斗가 군사적 용도를 겸하고 있다는 것은 누구나 알 수 있는 일이다. 게다가 위성을 통한 통신도 가능해 선박 등이 위험에 빠졌을 때 이 베이도우를 통해서 구조 요청을 보낼 수도 있다. 그렇다면 당연히 중국의 미사일이나 드론이 적국의 영역을 비행하면서 데이터를 보낼 수도 있을 것이다.

소프트웨어 분야에서도 2020년 6월에 중국 자체 OS(운영체제)인 UOS의 다운로드 횟수가 이미 8천만 회를 넘어섰다고 한다. 화웨이는 생존이 의문스러운 상황에서 저가 휴대폰 계열사를 매각했다. 이제는 더 이상 버티지 못하는구나 하고 생각할 수도 있다. 그러나 필자가 만난 국내 대기업 S사의 중국 사장은 화웨이가 버티기로 했다고 전했다. 단지 자사의 생존만을 고려한다면 휴대폰 부문을 매각하고 사업 방향을 바꾸어야 하겠지만 국가의 명운이 함께 걸린 상황인 만큼 화웨이는 버틸 수 있을 때까지 버티기로 했다는 것이다. 그렇지만 스마트폰 분야에서는 이미 많은 전문 인력들이 화웨이를 떠나 샤오미나 오포 같은 다른 중국 통신 기업으로 이직했다고 한다. 아마도 화웨이는 스마트폰보다 통신 시스템 분야에 더 집중할 것으로 보인다. 그리고 6G를 향해 여러 기술과 표준 마련 등에 나서는 것으로 보아 시간을 벌고 있는 것으로 생각된다. 5G나 6G는 기술 요소 간에 발생하는 미세한 시차를 유의미하게 줄일 수 있는 기술이기 때문에 사람들이 일하는 구역 내부와 외부의 공간적 격차를 통합하고 연결한다는 혁명적 의미가 있다. 그리고 이 기술은 현대 군사 기술의 베이스가 된다. 정규적인 군사 기술 영역이야 더 말할 나위가 없다. 중국은 트럭이나 헬리콥터에서 대량 발사하여 상대방에 충돌해 폭발하는 소위 벌떼 자살 드론을 개발하여 테스트하고 있다. 우리나라에 사드가 배치될 당시 아무리 한국이 방어를 해봤자 벌떼 드론을 수십, 수백 세트를 풀어 놓으면 한국의 사드는 물론 핵 발전소 같은 전략 목표를 파괴할 수 있다고 중국 네티즌들이 떠든 일도 있다.

중국 군부의 방향을 엿볼 수 있는 것 중의 하나가 지난 2020년 10월 〈차이나 내셔널 디펜스 뉴스〉에 게재되었던 "혁신으로 우위를 점한다(Gain superiority with innovation)"라는 글이다. 여기서 인민해방군은 중국이 혁신을 가속하여 핵심 기술에 있어 자주국방을 이루어야 한다고 지적했다. 예로 든 기술은 5G, 빅 데이터, 블록체인, AI, 양자 컴퓨팅이다. 발표 시점이 5중전회 직전이었기 때문에 이 글이 실린 의도는 지도부로 하여금 군부가 관건으로 생각하는 기술에 대하여 제14차 5개년 계획에서 중시될 수 있도록 촉구한 것이 아닌가 싶다. 이 기술들은 대부분 중국의 민영 기업들이 앞서 나가고 있다. 그러니 군부가 향후 민간 기업과 협력하겠다는 것이 아니겠는가? 앞으로 중국의 해당 분야 민영 기업들은 대규모의 국방 과학 기술 프로젝트들을 수주할 것이다. 그러니 필자 생각에 화웨이는 절대 죽지 않고 살아남을 것으로 보인다.

물론 모든 기술이 중국의 계획대로 풀릴 리는 없다. 현재 중국에게 가장 관건이 되는 기술은 역시 반도체다. 화웨이 계열의 하이실리콘HiSilicon이나 ZTE 같은 회사가 7나노 기술을 개발하였다고 선전하지만 모두 설계에 국한된 이야기다. 현재까지 7나노 이하의 반도체를 생산할 수 있는 기업은 타이완의 TSMC와 한국의 삼성 외에는 존재하지 않는다. 중국은 마치 TSMC가 자국 기업인 것처럼 이야기하고 있지만 절대 그렇지 않다. TSMC도 화웨이에게 반도체를 더 이상 공급할 수 없다고 천명한 상태다. 3나노 공장을 미국에 건립하기로 이미 발표해 자신이 미국 진영에 속한 회사임을 분명히 하였다. 타이완의 논객들이 중국이 TSMC를 차지하기 위하여 타이완을 공격할지도 모른다고 할 정도로 중국의 반도체에 대한 갈증은 실로 대단하다. 향후 중국의 명운을 좌우할 수 있기 때문이다.

중국이 이렇게 기술 혁신에 집중함에 따라 GDP 대비 서비스 산업의 비중은 현재 52%에서 2025년 약 55%로 증가할 것이며, 2035년에는 60% 이상으로 증가할 것으로 예상되고 있다. 자원 기반 제조업 비중은 2017년 15.1%에서 2025년 약 14.4%로 내려가고, 하이테크 제조업의 비중은 13.0%에서 15.6%로 증가할 것으로 전망하고 있다.

중국의 전반적인 기술 자립은 우리가 눈을 크게 뜨고 앞으로 지켜보아야 할 분야이다. 지금까지처럼 각 기업들이 해당 분야의 동향을 파악할 것이 아니라 정부 차원에서 민간 공동 작업을 하여 보다 효율적이고 광범위한 정보 획득이 가능해지기를 기대해 본다.

전략 물자 비축

쌍순환 경제에서 눈에 보이지 않지만 큰 영향을 주고 있는 요소가 전략 물자 비축이다. 전략 물자는 정의에 따라 그 범위가 매우 넓을 수 있겠으나 목전의 중국에서는 가장 중요한 것이 에너지, 식량, 반도체 그리고 군수 물자다. 그리고 이 모든 것들을 압도하는 전략 물자는 바로 달러, 외화일 것이다.

오른쪽 표에서 2018년의 원유 수입을 보면 중국의 주요 수입 국가는 러시아, 사우디아라비아, 앙골라, 이라크, 브라질, 이란, 오만, 미국, 베네수엘라 순이었다. 그런데 2019년에는 미국의 압박으로 이란과 베네수엘라 원유의 수입이 절반 이하로 감소하였다. 트럼프 행정부의 계산은 이 차이를 미국이 공급하게 되는 것일지 몰라도 중국은 오히려 미국으로부터의 수입도 절반 이하로 줄인 것을 볼 수 있다. 오른쪽 두 번째 표를 보면 2019년에 사우디아라비아의 16%를 비롯해서 중동산 원유를 44% 수입했다. 이란은 3%로 매우 줄어든 것을 볼 수 있다. 그리고 러시아가 15%, 앙골라의 9%를 위시한 아프리카가 18%이다.

이 중 미국의 압박이 심해질 때 의지할 수 있는 국가는 러시아와 앙골라 정도여서 약 24%에 불과하다. 에너지 공급의 전략적 중요성에 대해서는 이미 앞에서 충분히 설명하였다. 이 에너지 공급이 유사시, 전시에는 원활히 이루어질 리가 없으니 비축을 하겠다는 것은 매우 자연스러운 일이다. 물론 설비 또한 적군의 주요 목표가 되겠지만 말이다. 중국의 에너지 비축은 당연히 석탄과 같이 국내에서 생산되는 에너지가 아닌 원유, 가스와 같이 수입하는 에너지다. 이러한 에너지들은 저장을 위한 대규모의 시설이 필요하다. 따라서 만일 중국이 유사시를 대비하고 있다면 이러한 시설의 증설이 그 증거일 것이다. 중국의 에너지 비축 시설에 관련된 뉴스를 찾아보면 가장 최근인 2020년 11월에 중국의 최대 에너지 회사인 중국해양석유 CNOOC가 지앙쑤江苏성 빈하이濱海에 162만 제곱미터 규모의 LNG 저장 시설을 증설했다는 기사가 있다. 우리나라의 LNG 수요는 연간 약 4만톤 정도라고 한다 . 1세제곱미터의 LNG가 0.405톤이라고 하니 중국의 새 시설은 65.61만 톤 분량이다. 우리나라가 16년 정도 사용할 LNG를 저장할 수

중국의 주요 원유 수입국별 물량 변화

(단위: 톤)

국가	2018년 5월		2019년 5월		증감율
	물량	순위	물량	순위	
러시아	5,835	1	6,356	1	8.9%
사우디아라비아	5,143	2	4,705	2	−8.5%
이라크	3,579	4	4,502	3	25.8%
앙골라	3,948	3	3,726	4	−5.6%
브라질	3,091	5	3,383	5	9.5%
오만	2,469	7	3,304	6	33.8%
쿠웨이트	1,396	10	1,983	7	42.0%
말레이시아	506	16	1,379	8	172.3%
영국	388	18	1,337	9	244.4%
이란	2,922	6	1,079	10	−63.1%
베네수엘라	1,820	9	799	13	−56.1%
미국	1,862	8	787	14	−57.8%
아랍에미리트	691	12	758	16	9.6%
총수입	39,039		40,228		3.0%

출처: 중국 해관 총서

중국의 주요 국가별 원유 수입 비중

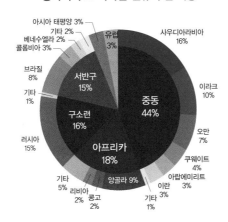

출처: EIA

있는 시설을 '증설'한 것이다. 중국이 보유하고 있는 에너지 비축 시설이 얼마나 되고 어디에 있는지 우리는 알지 못한다. 역시 국가 안보에 관한 사항으로 기밀이다. 단지 외부에서 관측이 가능한 항만의 원유 비축 시설만은 아닌 것으로 알려져 있고 앞서 소개된 지하 장성의 비축고에 에너지 비축도 함께 되고 있다는 사실만이 알려져 있을 뿐이다.

식량에 대해서는 담당 부처인 국가 식량 및 물자 비축국이 2018년 3월 만들어지기 전까지는 국유 기업들과 지방 정부에서 각자 할당된 식량 비축 등을 담당하였다. 그런데 중국 관료 사회의 고질적인 부패가 이렇게 장기간 누군가의 눈길과 손길이 닿지 않는 비축 물자를 그대로 방치할 수는 없었던 모양이다. 비축 물자에 비리가 많다는 소문은 예전부터 끊임없이 들려왔다. 예전에 국제적인 투기 세력이 중국 정부의 곡물을 대상으로 투기전을 벌인 적이 있었는데 중국 당국이 끊임없는 물량을 시장에 풀어내는 바람에 투기 세력이 모두 망한 적이 있었다. 이런 사실로 미루어 보면 부정부패로 인한 다소의 손실은 있더라도 중국 정부의 비축된 식량의 양이 대단할 것으로 추정된다. 다만 수년 전부터 국가 비축 물자에 대한 감사가 시작되었는데 그 결과 이유 없이 다수 향진* 기업들의 식량 비축 창고가 불타는 등의 사건들이 일어났다. 지방 관료들이 대를 이어 누적해 온 부패가 드러날 것을 두려워해 벌인 고의 방화라는 소문이 자자했지만 확인할 수는 없었다. 다만 최근 다수의 관료들이 비축 물자와 관련하여 기율 위반으로 처벌되는 뉴스가 심심찮게 나오는 것을 볼 때 상당한 양의 물자가 빼돌려졌을 가능성을 배제할 수 없다. 아마도 국가 식량 및 물자 비축국이라는 국

---

* 우리나라의 읍·면에 해당하는 중국의 향·진 주민들이 생산, 판매, 경영 따위를 공동으로 시행하는 기업의 한 형태를 말한다.

가급 조직이 만들어진 것도 이러한 상황과 무관하지 않을 것이다.

실제 중국 당국이 비축하고 있는 항목을 보면 에너지와 곡물뿐만 아니라 매우 다양하다. 예를 들면 덴마크에서 종돈도 수입하여 비축하고 있다. 전국적으로 통일된 식량 및 물자 비축을 하는 것은 관련 조직이 생긴 이래 이번 5개년 계획이야말로 최초라고 한다. 중국 당국은 전략 물자 비축의 과정이나 내용, 현황 등을 알리지 않고 있다. 서방 언론들도 수차례 서면 질의 등을 했지만 대답을 듣지 못하고 있다고 한다. 실제 중국 정부가 어느 정도 규모의 비축을 하고 있는지는 국가 기밀이어서 밖으로 노출되지 않는다. 일부 중국 미디어들을 통해 새어 나온 이야기로는 중국 정부가 이번 5개년 계획에서 특히 원유, 전략 금속 그리고 농산물을 대규모로 비축한다고 한다. 코발트 등 전기 자동차에 소요되는 전략 금속의 경우 2천 톤 정도를 비축한다고 하며 석유의 경우 기존의 90일분 보유에서 180일분 보유로 확대한다고 한다.

중국의 자료를 찾아보면 전략 금속은 '군사 목적으로 대량 사용되는 금속'으로 정의하고 있다. 다시 말해 중국 정부는 일반적으로 많이 사용되는 '희토류'라는 말을 사용하지 않고 '군수 자원'의 명칭을 사용하고 있는 것이다. 그리고 이들 전략 금속을 비축하겠다고 한다. 전략 금속은 중국이 세계 산출량의 80%를 점하고 있다. 중국 정부가 전기 자동차 배터리에 필요한 2천 톤의 전략적 광물을 수거할 계획을 세웠다고 〈블룸버그〉가 보도하기도 했다. 2019년에 중국의 희토류를 가장 많이 수입한 국가는 바로 독일, 미국 그리고 일본이었다. 중국은 2020년에 이미 희토류를 엄격 통제 품목으로 규정하여 어떤 조직도 희토류를 무계획으로 생산하거나 계획 대비 초과 생산을 하지 못하도록 조치하고 있다. 중국 정부가 왜 전략 금속 분야를 중점 산업으로 삼았는지는 명백하다. 서방 세계에 대한 영향력을 확보하기 위한 것임에 틀림없다. 중국의 주식 투자자들은 향후 이런 희토류 관련 군수 공업이 상당히 유망한 종목일 것으로 꼽고 있다.

　사실 우리에게 중국이 무슨 물자를 얼마나 비축하는지는 관심 사항이 아니다. 그들이 대량으로 에너지를 수입해서 원유 가격이 상승한다면 모르겠지만 중국이 그렇게 가격을 올려가면서까지 구매할 것으로는 생각하기 어렵다. 다만 중국이 전략 물자를 비축한다는 것의 의미는 그들이 진지하게 만일의 상황을 준비하고 있다는 것이고 이를 과소평가해서는 안 된다는 것이다. 좋든 싫든 중국은 우리나라에 가장 직접적인 영향을 끼치는 국가이다. 중국과 미국 사이에 무력 충돌 또는 경제 제재, 경제 분리가 일어난다면 우리나라에 끼치는 영향은 엄청날 것이다. 우리 또한 만일의 사태에 대한 준비가 필요한데 이를 위해서는 무슨 일이 일어날지 알아야 하며, 특히 여러 가지 제약으로 꿰뚫어 보기가 어려운 중국의 넥스트 스텝을 잘 판단

통제에 들어간 중국의 희토류 수출량

월	2020년 중국 희토류 수출량(톤)	2019년 중국 희토류 수출량(톤)	동비
1~2월	5,489.2	6,638.9	−17.32%
3월	5,551.4	4,658.5	19.17%
4월	4,316.7	4,328.9	−0.28%
5월	2,865.3	3,639.5	−21.35%
6월	2,892.8	3,966.4	−27.06%
7월	1,620.3	5,243.4	−69.10%
8월	1,641.6	4,351.9	−62.30%
9월	2,003.3	3,570.5	−43.89%

출처: 중국 해관

해야만 한다. 그러려면 중국의 전략 물자 비축을 모니터링해야 해야 할 것이다.

중국의 신정책 중 하나인 민영 경제 통일 전선은 논란의 여지가 많고 어떻게 전개될지 불분명하다. 중국에 투자하는 사람이라면 정책 방향이 공유제인지 전시체제인지 확인해 봐야 한다.

6장
우군과 적군으로
세계를 나누는 외순환 경제

중국이 쌍순환 경제를 좋아서 하는 것은 아니
라고 앞에서 이야기한 바 있다. 중국이 비록 내순환을 위주로 한다지만 내
심 외순환 경제가 활발해질 것을 바랄 것은 당연한 일이다. 이를 위하여 중
국은 보다 자국 시장을 개방하고 제도 개선을 실행하고 있다.

　중국은 금융, 통신, 의료, 교육 및 기타 서비스 부문의 개방을 더욱 확대
하여 보다 넓은 분야의 시장을 개방했다. 자본에 대한 조건도 완화하여 더
많은 분야에서 외국 자본이 지배하거나 전액 출자할 수 있도록 허용하고,
법치, 국제화 및 시장 지향적 비즈니스 환경을 조성하겠다고 선언하였다.
상품 및 서비스 수입을 크게 늘리고, 관세의 전반적인 수준을 낮추고, 다양
한 비관세 장벽을 제거하고, 제도적 비용을 절감하고, '낮은 관세, 낮은 장
벽 및 적은 보조금'을 달성하기 위해 노력하겠다는 것이다. 가능한 한 빨
리 포괄적인 지역 경제 파트너십 협상을 완료하고 자유 무역 지대의 글로

벌 네트워크를 구축하겠다는 의지도 선언하였다. 다자간 무역 시스템에서 WTO의 중심적 지위를 단단히 유지하고 WTO 개혁에도 적극적으로 참여하겠다고 하였다.

자유 무역 지대의 글로벌 네트워크를 구축하겠다는 것은 중국이 미국의 주도로 이루어지고 있는 경제 봉쇄에 대하여 다른 국가와의 연합을 통해 해소하려 하고 있다는 것을 의미한다. 중국 외교가 미중 무역 전쟁 내내 지속해 온, 소위 '단변주의*'에 대항하는 다변주의'다. 우리나라로서는 특히 한중일 FTA가 가장 큰 이슈일 것이다.

중국이 현재 취하고 있는 외순환 경제의 방침은 다음과 같이 정리할 수 있다.

- 시장 개방을 통해 세계 경제와의 통합을 유지 및 강화한다.
- 미국 또는 서방 국가의 압박에 대응하여 다양한 국가들과의 경제 블록에 참여한다.
- 글로벌 공급망에서의 자국 제품과 기술의 포지션을 확인하고 관건 기술, 관건 제품에 대한 해결책을 도모한다.

세계 속에 구축하는 위안화 경제권

우리나라는 천연자원이 별로 없어 가공 무역으로 경제를 일구어 왔기에

---

* 한 나라의 입장만 주장하는 일방주의를 말하는 것으로 중국은 줄곧 미국의 단변주의를 비판하는 입장을 취해왔다.

경제 구조가 대외 의존적이다. 미국처럼 큰 나라는 내수 경제만으로도 국가 경제를 활성화하고 기술을 발전시키고 복지 정책을 펼칠 수 있다. 중국의 경우도 마찬가지겠지만 시장 경제와 개방 경제의 역사가 짧다. 그러한 중국에게 외국의 자본과 기술 그리고 수출이 중국 경제의 근본적인 동력이 되었다는 사실은 누구도 부정할 수 없을 것이다.

새로운 미중 관계는 중국이 어쩌면 서방 세계와 적어도 경제적으로 분리될지 모르는 상황으로 치닫고 있다. 바이든 행정부로 이어질지 아직 알 수 없지만 트럼프 행정부로부터 여차하면 중국을 달러 결제 금융 체제에서 축출하겠다는 위협이 이미 수차례 있었고 이는 중국을 패닉에 빠뜨렸다. 달러 결제권 퇴출은 심각한 문제다. 중국은 진작부터 국제간 결제 통화로 자국의 위안화가 사용되기를 원했지만 국제 통화라는 것이 그렇게 희망만으로 이루어지진 않는다. 그리고 무엇보다도 현재 국제 기축 통화인 달러가 견고한 이상 평상시에는 타국의 통화를 이용한다 하더라도 비상시가 되면 달러를 찾기 마련이다. 중국의 위안화가 기축 통화가 되기 어려운 이유도 바로 미국과의 갈등 때문이다.

앞서 베이다이허 8조의 소문을 전했는데 이 중 6조의 "쌍순환 경제를 기동하고 유라시아 대륙 및 글로벌 위안화 결제 체계를 수립한다"라는 조항을 돌이켜 보자. 필자는 여기서 '유라시아 대륙 및 글로벌'이라고 한 부분을 주목한다. 달러 경제권에서 축출될 경우 중국은 유라시아 대륙을 중심으로 위안화 경제권을 만들려는 것이 아닐까? 실제로 이란이나 러시아의 경우 에너지 대금으로 상당 비중을 위안화로 받고 있다. 그리고 전 인민은행장 저우샤오취안은 중국이 달러 경제권을 벗어나 비달러 경제권을 구축해야 한다고 주장하기도 했다. 그는 이때 아주 재미있는 말을 했는데 중국의 디지털 화폐가 위안화의 글로벌화에 핵심적인 수단이 될 것이라는 말이었다.

현재 국제 무역 결제 통화 비중이 2%도 안 되는 위안화를 도대체 어떤 방법으로 국제화를 도모하겠다는 것일까? 일단 현재로서는 중국의 위안화를 인정하여 국제 통화로 사용하는 국가는 별로 없다. 중국이 수출을 할 때 만일 상대방이 위안화로 지불하겠다면 중국은 받아들여야 할 것이다. 자국의 통화를 인정하지 않을 수는 없을 테니까 말이다. 그러므로 문제는 중국이 수입을 할 때 상대방이 위안화를 받아들일 것인지에 달려 있다. 현재 중국의 위안화를 받고 수출하는 국가가 없는 것은 아니다. 미국의 제재를 받고 있는 러시아와 이란 등의 나라들은 일정 규모 이상 중국의 위안화 결제를 허용하고 있다. 이것은 역으로 이들 국가가 중국에서 수입하는 규모가 상당하기 때문에 성립할 수 있는 것이기도 하다. 이렇게 양국 간의 교역 규모가 커지면 자연스럽게 제3국 화폐를 거치지 않고 직접 교환하려는 경향이 나타나는데 이는 제3국 화폐를 거치면서 수수료를 지불해야 하거나 시간의 지연이 발생하고 또 외화가 부족할 경우를 대비하려는 이유도 있다. 그래서 미국의 제재를 받지 않고 있는 국가 중에서도 달러 등의 기축 통화 환전을 거치지 않고 위안화와 자국의 화폐를 직접 교환하는 나라가 있는데 한국이 그중 하나다.

미국의 대중 금융 제재가 현실화된다면 중국은 당장이라도 미 달러 결제가 불가능해질 수 있는 상황에 처한다. 미국이 중국의 은행들을 국제 은행 간 통신 협정SWIFT 같은 국제 결제망에서 제외시키면 언제라도 일어날 수 있는 일이다.

물론 미국의 중국 경제 분리는 말처럼 쉬운 일은 아니다. 중국과의 협력에서 얻는 경제적 이익은 모든 나라가 기꺼이 포기할 수 있는 것이 아니기

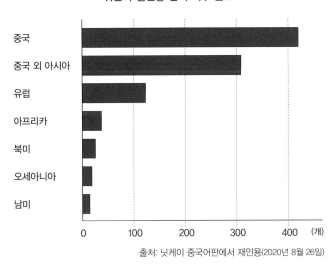

위안화 결산망 참여 기구 분포

출처: 닛케이 중국어판에서 재인용(2020년 8월 26일)

때문이다.

체코의 팔라키 대학에서 수행한 시노폰 보더랜드 프로젝트the Sinophone Borderlands project에서는 유럽 13개국*의 2만 명에 가까운 사람들에게 설문 조사를 했다. 그 결과 유럽의 많은 사람들이 코로나19 팬데믹과 중국식 전 랑戰狼 외교 스타일에 부정적 의견을 가지고 있지만 그래도 무역과 기후 문 제 같은 이슈에서는 중국과 협력하는 것이 낫다는 견해를 보였다고 한다. 이 결과는 중국에 대한 바이든의 태도와 상당 부분 상통한다.

중국이 실제로 어떤 움직임을 보일 것인지에 대해서는 중국 거시경제 이 슈 토론회 14차에서 발표된 내용을 참고해 설명하려 한다. 이 회의에서 참 가자들은 무역 결제, 금융 거래, 자산 리스크 회피 등에서 위안화 자산의

---

* 러시아, 세르비아, 영국, 프랑스, 독일, 헝가리, 이탈리아, 라트비아, 폴란드, 슬로바키아, 스페인, 스웨덴, 체코.

중요성이 증가하고 있다는 인식을 표명하였지만 중국의 경제가 성장하더라도 미중 갈등으로 인한 리스크가 있음을 지적하였다. 이들은 중국 정부에 다음과 같이 5가지를 건의하였다.

1. 실체 경제를 주도하여 위안화의 국제화 수준과 위안화 자산 유인력을 제고할 것
2. 위안화 결제 시스템을 정비하고 환율 메커니즘을 보완할 것
3. 백업 시스템을 구축할 것(달러 체제 분리를 상정한 것으로 보임)
4. 외자를 유치하되 금융 자산의 버블 붕괴를 통제할 것
5. 쌍순환 경제를 견지하고 위안화의 선순환을 구현할 것

중국의 금융계 또한 중국의 위안화 국제화 정책을 잘 이해하고 있으며 이를 실행하기 위한 보조를 맞추고 있다는 것을 알 수 있다. 그리고 위안화가 국제화가 되기 위해서는 선행적으로 여러 조건을 만족시켜야 한다는 것을 건의하고 있는 것이다.

중국 정부는 이미 위안화의 국제화를 위한 기본적인 구상을 한 것으로 보인다. 그것은 GBA 프로젝트에서 시험될 것으로 예상된다. 지난 선전시 40주년 기념식에서 시진핑 주석의 여러 발언들 중 국가 프로젝트로 추진 중인 GBA에 대한 언급이 많았다. GBA 프로젝트에 대해서는 뒤에 자세히 설명하겠지만 간단히 말하면 대만구大灣区라 하여 홍콩, 마카오, 선전을 포함한 광둥 남부의 만 지역을 일컫는 말이다. 세계적으로 유명한 샌프란시스코의 베이 에어리어Bay Area나 동경만 지역과 같이 GBA 지역을 통합 및 발전시키겠다는 계획이다. 홍콩과 마카오는 독자적인 화폐, 금융, 법률, 정치 체계를 갖추고 있다. GBA는 비록 홍콩 국가보안법 등으로 퇴색되어 가고

있기는 하지만 아직 3개의 독립적인 국가 체제가 머리를 맞대고 있는 곳이다. 그리고 무엇보다도 모두 중국의 영토이다. 홍콩의 국제 금융 센터로서의 위상이 무엇보다도 중요한데다 자유 무역 도시로서 전 세계의 사람, 기업, 자본이 몰려와 있다. 중국은 이 GBA에서 위안화의 국제화를 실험할 생각이다.

다른 한편으로는 일대일로 그리고 이란이나 러시아의 에너지 수입 등에도 위안화 결제를 추진 중이며, 아세안 국가와는 위안화 결제를 할 경우 제로 관세 혜택을 주고 있다. 전 세계 국가 중 100개국 이상의 가장 큰 무역 파트너가 중국이다. 세계 무역에 있어서 중국은 확실히 커다란 영향력이 있다. 위안화로 중국에서 제조되는 상품을 구매하는 데 문제가 없다면 위안화는 그 가치를 잃지 않을 것이다.

물론 미국은 중국이 위안화의 국제화를 추진하는 것을 두고 보지는 않을 것이다. 가능한 모든 방법을 동원하여 위안화의 국제화를 막을 것이다. 이럴 경우 국제 무대에서의 위안화는 무역의 주 결제 통화가 아니라 보조 통화나 편법적으로 사용되는 통화가 되기 쉬운데 필자 생각으로는 저우샤오취안이 중국의 디지털 위안화가 유력한 수단이 될 것이라고 한 것은 바로 이 점을 짚은 것이 아닌가 싶다.

금융은 실체 경제를 지원해야 한다

필자가 아주 재미있게 생각하는 것이 하나 있다. 월 스트리트는 실물 경제에서 사이버 경제, 금융 경제로 투자 대상을 바꿔 나가고 있는데 반해 중국 공산당은 이번 제14차 5개년 계획에서 실체 경제를 매우 강조하고 있다는 점이다. 중국 공산당이 말하는 실체 경제란 무엇일까? 우리의 실물 경제에 해당되는 말일까? 중국의 포털 사이트 바이두에서 이 말을 찾아보면 다음과 같은 설명이 나온다.

"실체 경제란 한 국가가 생산하는 상품 가치의 총량이다. 사람이 생각을 통해 도구를 사용하여 지구상에 만들어 내는 경제이다. 물질적·정신적 제품 및 서비스의 생산, 유통 등 경제 활동을 포괄한다. 농업, 공업, 교통·통신업, 상업·서비스업, 건축업, 문화 산업 등 물질 생산과 서비스를 포함한다."

이 설명대로라면 돈이 되면 모두 실체 경제인데 금융이 없다. 금융 서비스는 실체 경제에 들어가지 않는 것이다. 그러므로 중국 당국이 실체 경제를 강조한다는 것은 역으로 금융 서비스 산업을 억제한다는 의미가 된다. 이제 중국 정부가 금융 산업에 대해서 어떤 조치들을 하고 있는지 알아보자.

2020년, 앤트 파이낸셜 그룹의 IPO 중지 사건은 바로 이 실체 경제와 금융 시스템 리스크를 강조한 중국 정부 지도자들의 강연 내용에 마윈 회장이 그 자리에서 곧바로 공격 발언을 하며 반발한 결과로 해석하는 사람들이 많다. 필자 또한 그날의 마윈의 발언 내용을 처음부터 끝까지 들어보았는데 마윈이 정말 호랑이 간을 삶아 먹은 것 같이 매우 공격적인 어구들을 동원한 것을 보고 놀라지 않을 수 없었다. 여러분이 혹시 중국에서 강연을 할 기회가 있다면 절대 마윈을 흉내 내지 말기 바란다. 마윈은 그날 그 자리에서 "중국에는 금융 시스템 위기란 없다. 중국에는 시스템이 존재하지 않기 때문이다"라고 했는데 이 발언은 중국 당국에 대한 모욕이었을 뿐만 아니라 중국이 현재 당면해 있는 거대한 위험을 도외시한 발언이었다고 필자는 생각한다.

마윈과 중국 금융 당국과의 갈등은 사실 앤트 그룹의 IPO만이 아니다. 중국의 PGPayment Gateway* 서비스를 대표하는 알리페이Ali pay와 위챗페이Wechat pay의 경우 거래 액수가 연간 수조 위안에 달하는 것으로 알려져 있다. 한화로는 수백 조 이상 되는 금액이다. 사업의 초기에서 중기에 이르는 동안에 알리페이는 이 막대한 금액을 금융 기관에 보관하는 것만으로도 엄청난 이자를 받았던 모양이다. 더구나 일부 자금을 투자하거나 활용할 경우 이에 따른 이익은 천문학적인 수치일 것이다. 2018년도 3사 분기의 경우 중국의 PG 서비스 시장은 43조 위안에 달했다. 1년이면 200조 위안이 넘으며 한화로 3경 5천 조의 어마어마한 규모다. 알리페이가 중국 PG 시장의 53%, 텐센트가 39.8%로 두 회사의 시장 점유율은 92.53%다. 계산하기 편하도록 1년을 350일로 잡으면 일 잔고가 100조 원이고 1년 이자를 2%로 잡으면 순이자 수입만 2조 원 이상이 생긴다. 실제 알리바바는 은행들을 불러 놓고 최고가 입찰 경매를 했던 모양이므로 은행들이 제시한 이자는 훨씬 더 높았을 것이다. 이 정도 규모의 돈의 흐름을 사회주의 국가인 중국이 방치할 리없다. 사회주의에서 민영 기업의 규모가 어느 정도 이상으로 커지면 그 영향력은 중국 공산당의 주의를 끌게 된다. 더구나 한두 개의 민영 기업이 전국의 국유 은행에까지 영향력을 행사하게 되면 이는 단순히 시장 독과점문제가 아니다.

결국 2018년 중국 국무원은 인터넷 금융 리스크 관리 실시 방안 통지를

---

* 인터넷 등에서 고객의 지불과 업체의 수금이 가능하도록 제공하는 기술적 서비스를 말한다.

발표하여 PG 업체들의 입지를 없애 버렸다. 중국 정부는 대형 PG 업체들이 고객들의 돈을 인민은행이나 자격이 있는 상업 은행의 계좌에 예치해야 하며 이 돈은 PG 업체들이 사용할 수 없고 이자도 받을 수 없다고 결정했다. 이에 따라 PG 업체들은 수익의 절대 부분을 잃었다. 결국 이들은 무료로 수행하던 PG 서비스를 업체로부터 1천 위안 이상의 액수를 이체할 때 수수료를 0.1% 받는 유료화를 통해 수익을 보충하였다. 하지만 원래 향유해 오던 엄청난 규모의 수입은 한순간에 사라지고 말았다. 중국 당국이 이렇게 PG 기업들을 규제한 것은 국가의 직접적인 통제와 모니터링을 받지 않는 PG 기업들에 문제가 발생할 경우 그 파급 효과는 재앙에 가까울 것이기 때문이다. 행여라도 이들 기업이 어느 날 파산을 선언하는 상황을 생각해 보라.

금융 산업의 리스크는 마윈의 앤트 그룹만 대상이 되는 것이 아니다. 은행에도 경고등이 켜졌다. 중국은행中国银行의 경우 원유의 선물 거래를 기반으로 하는 파생 상품을 개발하여 판매하였다. 그런데 코로나19 사태로 인하여 원유값이 급락하더니 마이너스 가격이 되는 초유의 사태가 발생하였고, 고객들은 이익금뿐만 아니라 원금까지 날리게 되었다. 그러고도 은행에 손해액을 입금하라는 독촉장을 받았는데 이것이 바로 중국은행의 석유 선물 거래 상품 위안요우바오原油宝 사건이다. 이러한 금융 기업들의 비도덕적인 상품과 사업 방식은 이미 리먼 브라더스 사건으로 전 세계에 해악을 끼쳤고 이제 중국 안에서도 큰 문제를 일으키고 있다. 이런 식으로 돈 놓고 돈 먹는 머니 게임 위주로 금융이 움직이는 것은 어느덧 중국 금융 기업들의 당연한 일상이 되었다. 그 결과 성공적인 인터넷 서비스로 중국의 자존심을 대표하던 자전거 공유 서비스에 투자한 사람들이 큰 피해를 입는 일도 속출했다. 또 인터넷으로 소액 대출 거래를 중개하는 P2P 금융 서비스로 인해 이미 수많은 중국 인민들이 재산을 탕진해 버렸다.

전시를 전제하는 내순환 경제 정책하에서 이런 금융 서비스는 배척될 것이다. 마윈의 앤트 그룹처럼 이런 분위기를 읽지 못하는 기업도 도태될 것이다. 매일 자기가 산 주식 가격의 변동만 들여다보고 사는 사람들은 중국 당국이 위기감을 가지는 것을 이해하지 못할 수도 있다. 하지만 앞서 거론한 타이완의 이코노미스트 우쟈룽이 미중 경제 전쟁을 보며 중국의 경제 붕괴를 점친 논리를 보면 현재 중국의 금융 상황을 쉽게 이해할 수 있다. 그는 다음과 같은 순서로 중국의 경제 붕괴가 진행될 것이라고 예상했다.

1단계: 중국의 경제 성장에 대한 기업들의 믿음이 사라진다.

2단계: 위안화가 절하된다.

3단계: 제조업이 중국 밖으로 철수하고 이로 인한 대규모 실업 사태가 발생한다.

4단계: 부동산 버블이 터질 위기에 다다른다.

5단계: 금융 붕괴로 경제 파탄에 이른다.

우자룽의 이 예상은 단계 간에 논리 흐름이 있어서 알기 쉽다. 현재 시점에서 보면 맞기도 하고 틀리기도 하다. 1, 2단계의 경우 중국 당국이 손 놓고 앉아 있는 것이 아니라 매우 적극적으로 대응을 하고 있기 때문에 오자룽의 예언은 반만 맞은 형세이다. 각 단계별로도 매우 재미있는 해석과 추론이 가능하지만 이 장에서는 4, 5단계를 지적하고자 한다.

중국의 경제를 이끄는 삼두마차라고 불리는 것이 있다. 바로 수출, 투자, 소비이다. 그리고 미중 무역 전쟁과 코로나19 사태를 겪고 있는 중국이 취하고 있는 핵심 정책은 투자 확대이다. 정부가 대규모의 사회 간접 자본 투자와 실체 경제에 대한 투자를 통하여 경기를 자극하고 있는 것이다. 그리고 민간의 경우 투자가 가장 많이 대규모로 오랜 시간 이루어져 온 것이 부동산이다. 중국의 부동산의 가격 상승은 세계에서도 유래를 찾기 힘들다. 상하이에서는 한 채에 우리 돈 200억 원을 호가하는 주택이 판매되기도 했고 제주도의 별장을 끼워 주는 프로모션을 하기도 했다. 중국 인민들은 하룻밤 사이에 집값이 뛰는 것을 보고 너도나도 '영끌(영혼까지 끌어모으다)'해서 집을 샀다. 금융 기관도 마다할 이유가 하나도 없었다. 부동산 가격이 계속 오르니 부도를 걱정할 필요도 없었던 것이다. 한때는 심지어 부동산 가격의 90%, 100%까지 대출을 해 주기도 하였다. 중국의 부동산이 최근 10년 이상 중국의 GDP 성장을 견인해 왔다고 해도 과언이 아니다.

그런데 중국의 부동산 경기가 이상 증세를 보이기 시작했다. 중국 3대 부동산 기업 중의 하나인 헝다恒大가 비틀거리더니 전국적으로 20~30%의 할인을 실시하였다. 2020년 전반에는 지방의 작은 도시들의 부동산 거래 가격이 하락하기 시작하더니 점점 더 큰 도시의 부동산 가격이 하락하였고 급기야 베이징, 상하이 같은 메가 시티의 부동산 가격도 하락하기 시작하였다. 부동산 가격의 하락은 부동산의 담보 능력 감소를 의미하는 것이었고 부동산 담보가 부족하면 은행은 담보를 더 제공할 것을 요구하게 되어 주택 소유자들이 주택을 급매하게 되는 악순환에 빠지게 된다. 그러지 않아도 무역 전쟁이다 코로나19 사태다 해서 소득이 급격히 줄어들거나 없어진 사람들은 부동산 가격이 안정적이라 해도 은행 융자에 대한 이자를 갚기가 어려워진 판에 그야말로 엎친 데 덮친 격이 된 것이다.

여기에 지방 중소 은행들의 부실이 터져 나오면서 드디어 중국에도 은행

부도가 출현하기 시작했다. 2019년에는 허난河南 뤄양洛阳시 이촨伊川 농촌 상업은행에서 뱅크런bank run이 발생했다. 그리고 한 달 위 랴오닝의 잉커우옌하이营口沿海 은행에서 또다시 뱅크런이 발생했다. 그러더니 우리나라의 시중 은행들도 투자를 해서 관계가 있는 네이멍구内蒙古의 바오상 은행包商银行이 부실로 인해 중국 최초로 은행 청산에 들어갔다. 이어서 랴오닝의 중형 은행인 진저우锦州 은행의 부실이 터졌다. 결국 산동의 대형 은행인 헝펑은행恒丰银行마저 부실이 문제가 되면서 중국 금융계의 문제가 외부로 드러나고 말았다. 이들 은행들은 중국 당국이 하나씩 정리를 하고 있는데 가장 먼저 이관을 받은 바오상 은행의 고객들은 돈을 날릴 가능성이 매우 높다. 현재 중국 당국이 인정하고 있는 중국의 부실 은행은 수십 개이며 중화권의 전문가들은 100여 개가 넘을 것이라고 전망하고 있는 실정이다. 중국 은행보험감독관리위원회CBIRC 회장인 귀수칭郭树清은 중국 은행들의 부실 채권이 2019년 2조 3천억 위안과 비교하여 2020년에는 연간 처분 금액이 3조 4천억 위안에 이를 것으로 예상된다고 밝혔다.

이 상황에 미국의 경제 제재가 전면적으로 가해진다면 중국의 금융이 살아남을 수 있겠는가? 중국 지도부가 금융 리스크에 대한 대응을 준비하는 것은 너무나 당연한 일이다. 게다가 대부분의 일반 인민들은 현재 진행 중인 중국 금융권의 부실을 인지하지 못하고 있고 앞으로 닥쳐올 상황에 대해서는 더욱 무지하다. 다시 말해 중국 당국이 이야기하고 있는 "금융 시스템 리스크"는 또 다른 삼푼 화법이며 알 만한 사람들은 다 알아듣는 이야기(중국 은행들의 부실은 현재 진행형이며 미국과의 충돌로 인한 전면적인 금융 제재는 미래 진행형이라는 것)이다. 그렇기에 필자도 금융 당국의 생각에 동의한다. 현재 중국의 금융은 실체 경제를 지원해야만 한다.

세계 최대의 메트로폴리탄, GBA(대만구)

  GBA의 정식 명칭은 광둥-홍콩-마카오 대만구이다. 홍콩과 마카오 외에 광둥성의 광저우, 선전, 주하이, 푸산佛山, 후이저우惠州, 동관東莞, 중산中山, 장먼江门, 자오칭肇庆 9개 도시를 합쳐서 부르는 말이다.

  중국은 2016년 발표한 제13차 5개년 계획에서 GBA 프로젝트를 제시하였는데 기본적인 구상은 서로 다른 체제인 3개 행정 구역을 통합하여 새로운 시너지를 창출해 세계적인 경제 구역으로 발전시키겠다는 것이다. GBA에 포함된 중국 대륙의 도시들은 광둥성의 상당 부분이고 GDP로 따지면 광둥의 대부분이다. 그럼에도 불구하고 광둥이 아닌 부분적인 도시들의 모

GBA(대만구) 행정 지역

출처: 17qq.com

206

양세를 취한 것은 홍콩이나 마카오라는 행정 구역의 격이 광둥성과 동격이 되어서는 안 된다는 정치적 셈법이 있었을 것이다.

필자는 개인적으로 중국이 홍콩과 선전, 어쩌면 대만구 자체를 통합하여 하나의 도시로 만들 것이라고 예측하고 있다. 그것은 필자의 경험에 기반한 것이다. 1999년에 필자는 선전시에 한국의 지하철 요금 시스템을 판매하기 위해 열심히 노력하고 있었다. 선전시의 호응도 상당히 좋았는데 그이유는 선전시가 미국과 유럽 업체와 접촉했지만 그들의 예산으로는 턱도 없었기 때문이었다. 그들은 한국 업체라면 훨씬 더 가격 경쟁력이 있을 것이라고 생각했지만 그들의 예산은 너무 적었고 또 하나의 문제점이 있었다. 지하철 티켓으로 반드시 동전 모양의 토큰을 사용해야 한다는 것이다. 우리가 가격을 낮추려면 서울에서 당시 사용하던 종이표를 사용하는 것이 최선이었는데 이들은 절대로 안 된다고 했다.

나중에서야 선전시 관계자들이 필자에게 그 연유를 말해 주었다. 중국은 장기 전략으로서 언젠가는 홍콩을 중국 대륙과 합병할 계획이며, 구체적으로는 선전시와 홍콩을 병합하여 하나의 메가 시티로 만들 것이라고 했다. 그렇게 되면 인구 2천만 명에 가까운 글로벌 메가 시티가 탄생하게 되며 일국양제가 아닌 일국일제가 될 것이라고 하였다. 그래서 선전시의 모든 인프라, 즉 전력, 상하수도, 교통, 지하철 등은 모두 홍콩의 인프라와 연결될 수 있도록 건설하고 있다는 것이다. 어느 날 중앙에서 선전과 홍콩을 합병하라는 지시가 떨어지면 즉시 홍콩의 지하철이 선전 시내까지 연결되어 운행될 수 있어야 한다는 것이 선전시 관계자들의 설명이었다. 즉 중국은 홍콩이 1997년에 회귀한 당시에 이미 홍콩을 흡수하고 일국일제를 구현한다는 장기 계획을 수립해 놓고 있었던 것이다. 다만 언제 어떻게 일국일제로 전환할지에 대해서 상황에 따라 중국의 지도부가 결정할 일이었던 셈이다.

이런 맥락에서 볼 때 GBA, 대만구 프로젝트의 목적은 명확해 보인다. 그리고 홍콩이나 마카오가 독립적으로 존재할 가능성은 없는 것이다. 그러나 약속했던 일국양제가 벌써부터 무너지고 있는 것은 왜일까? 왜 중국 지도부는 홍콩의 체제 합병을 서두르는 것일까? 먼저 홍콩의 상황을 점검해 보자.

홍콩에 민주화의 움직임이 있었던 것은 어제오늘의 이야기가 아니지만 홍콩 시민들이 정치적 의식을 각성하게 된 데에는 크게 2가지 요인이 있다. 바로 범죄인 인도 법안(송환법)과 부동산이다.

홍콩은 국가 안보와 관련된 사안일 경우 중국 대륙에서 사람을 보내 혐의자를 체포하여 대륙으로 압송할 수 있는 조약을 중국 정부와 맺고 있었다. 하지만 일반 시민들에게 널리 알리지 않은 상태에서 비공개적으로 조약이 체결되었기 때문에 대부분의 홍콩 시민들은 이에 대해 알지 못했다. 그런데 앞서 소개한 밍톈 그룹 샤오젠화의 압송 사건이 일어난 것이다. 이 사건은 당시 홍콩 언론이 크게 보도했기 때문에 대부분의 홍콩 시민들이 다 알게 되었다. 그리고 중국이 대낮에 특무 요원들을 보내 샤오젠화를 잡아간 것을 보고 자신들도 대상이 될 수 있겠다고 생각하게 된 것이다. 일국양제 하에서 홍콩의 사법 제도가 유지되고 있다고 생각하던 홍콩 시민들에게 이 사건은 매우 충격이었다.

이어서 홍콩의 행정 장관인 캐리 람Carrie Lam이 송환법을 추진하는데, 그 배경에는 한 홍콩 시민의 살인 사건이 있었다. 홍콩의 한 젊은 커플이 타이완에 놀러 갔는데, 그곳에서 남자가 여자 친구를 살해하고 혼자 홍콩으로 돌아온 것이다. 타이완에서 발생한 사건이므로 당연히 타이완 사법 기관이 관할권을 가진다. 타이완 사법 기관은 범인이 남자 친구임을 밝혀냈고 홍콩에 범인 인도를 요구했다. 그러나 홍콩과 타이완 간에는 외교 관계도 없으며 범죄자 인도 협정도 없다. 홍콩은 중국의 일부이므로 타이완 정부를 인정할 수 없는 것이다. 그러니 홍콩이 타이완에 수사를 의뢰할 수도 없다. 하지만 죽은 여자 친구의 부모는 정의를 호소했고 결국 홍콩 법원은 다른 소소한 범죄에 의거하여 남자 친구를 단기 징역형에 처한다. 이로써 홍콩 사람들은 만일 누군가 살인을 하고 싶으면 타이완에 데리고 가서 죽인 후 돌아오면 된다는 것을 알게 되었다. 홍콩에는 안전한 살인 방법이 있는 것이다. 그래서 홍콩 정부는 캐리 람 장관을 중심으로 이 모순을 해결하기 위한 법안을 추진한다. 말하자면 그때까지 범죄자 인도 협정이 없던 국가 또는 지역들과 범죄자 인도 협정을 맺는 것을 골자로 한 법이다.

문제는 새로 추가되는 국가에 중국이 들어간다는 것이다. 과거에는 국가 안보에 위협이 되는 중대 범죄자만 송환 대상이 되었지만 새로 만들어지는 송환법에서는 범죄자 인도 대상 범죄가 매우 폭넓게 정의되었다. 그동안 다소 중국 법규를 어겨가며 수십 년간 대륙과 장사를 해 온 것이 홍콩이다. 이 법을 엄격하게 적용할 경우에는 대부분의 홍콩 시민들이 대상에 포함된다. 샤오젠화 사건을 기억하는 홍콩인들은 거세게 반발하며 거리로 뛰쳐나와 항의했는데 이것이 바로 전 세계의 시선을 집중시킨 반송중 운동이다. 결국 송환법은 홍콩 정부가 처리를 무기한 연기하는 것으로 마무리되었다.

이렇게 홍콩 시민들이 민감해진 데는 의외로 부동산이 작용을 했다고 한다. 홍콩의 부동산 가격이 살인적이라는 것은 많은 사람들이 알고 있을 것이다. 대부분의 홍콩 시민들은 융자를 끼고 집을 마련하는데 융자 기간은 대체로 20~30년이다. 1997년 회귀 당시 홍콩 시민들은 일국양제가 유지되는 2047년까지 꽤 여유가 있었다. 그러나 이제는 부동산을 위해 융자를 받게 되면 융자 기간이 완료되기 전에 일국양제가 종료된다. 그리고 중국의 현행법에 의하면 홍콩의 토지는 기본적으로 모두 국가에 속할 수밖에 없다. 그러면 내 집은 어떻게 되는 것인가? 이 문제는 모든 홍콩 시민들에게 있어 매우 심각하고 현실적인 문제이다. 이제는 일국양제 문제가 현실이며 당장 오늘 집을 사거나 팔 경우 영향을 끼치는 이슈가 되었다. 이로 인하여 홍콩 시민들은 중국의 체제, 특히 개인의 자유와 재산권에 대해 심각하게 생각하게 되었던 것이다.

사태를 더욱 악화시킨 것은 반송중 운동에 대한 중국 공산당의 대처였다. 중국은 홍콩의 이러한 반발을 전혀 예상하지 못했던 것으로 보인다. 사실 중국은 홍콩의 행정부뿐만 아니라 의회도 착착 장악해 나가고 있었고 이미 다수 의원을 확보한 상태였다. 그리고 대륙에서 홍콩으로 이민 가는 사람들도 지속적으로 늘어 오늘날 홍콩 시민 중 최소 60여만 명, 최대 200만 명 정도가 대륙에서 넘어온 사람들이라고 한다. 홍콩의 전체 인구가 약 750만 명 정도이니 절대 적은 수가 아니다. 따라서 중국 지도부는 홍콩이 이제는 거의 대륙화되었다며 별 걱정을 하고 있지 않았던 것이다.

중국 지도부와 홍콩 행정부는 반송중 운동에 강경하게 대응했다. 홍콩 사태와 중국의 대응은 전 세계가 중국의 인권에 대한 태도에 의문을 가지게 하였고 미국 의회의 반중 정서를 한껏 끌어 올려 중국에 대한 여러 제재 법안(Hong Kong Autonomy Act, Hong Kong Accountability Act) 등을 통과시켰다. 급기야 광둥성에서 발생한 인민 시위 중에 홍콩 시위의 영향을 받았다고 생각되는 것도 나타나자 중국 당국은 더 이상 용인하지 않고 초강경 자세에 들어갔다. 어느 중국 네티즌의 말마따나 중국식 사고로는 인구 천만도 안 되는 홍콩 시민 정도는 쓸어버려도 되는 것이었는지도 모르겠다.

결국 중국 지도부는 홍콩 국가 보안법을 제정하였다. 이 법은 우리나라의 권위주의 정권에서 휘두르던 국가보안법과 유사한데 이 법을 홍콩이 제정하지 않았다는 것이 아이러니하다. 중국 당국이 중화인민공화국의 최고 의결 기구가 전인대라는 것을 명분으로 삼아 이 전인대에서 홍콩 국가보안법을 통과시켜 발효를 선언한 것이다. 이것은 명백히 홍콩의 일국양제가 막을 내렸다는 상징적 사건이었다. 이 보안법에 의해 중국은 홍콩에 국가 안보 사안을 관할하는 국가안전보위공서를 설치하고 그 수장에는 무투파인 쩡옌숑郑雁雄을 발탁하였다. 베이징 측의 수장에는 역시 강경파인 뤄후이닝駱惠宁이 임명되었다.

여기에 트럼프 전 대통령이 중국의 조치에 대응하여 홍콩의 무관세 혜택을 철회하면서 이제 홍콩의 자유무역항이라는 이름이 무색해져 버렸다. 그러나 트럼프는 홍콩의 페그제peg system와 금융센터로서의 기능에는 손대지 않았다. 홍콩에 상장된 기업의 80% 이상이 중국 기업이지만 투자자는 대부분 미국의 자본이었기 때문이다. 바로 월 스트리트 말이다. 홍콩의 자본 시장이 붕괴하면 월 스트리트 기업들이 붕괴하고 이것은 다시 월 스트리트의 붕괴를 가져온다. 경제와 기업과 주식 시장을 중요하게 생각하는 트럼프 전 대통령으로서는 차마 건드릴 수가 없었던 것으로 보인다. 월 스트리트는 정말이지 중국에게는 여러모로 고마운 존재가 아닐 수 없다.

결국 이러한 상황에서 중국 지도부에게는 홍콩의 일국양제를 길게 끌 이유가 없었을 것이다. 그러나 국제적인 여론 의식과 홍콩 시민들의 반발, 무엇보다도 중국에게 소중한 홍콩의 국제자유도시로서의 위상, 특히 국제금융센터로서의 위상과 기능을 지켜야 했다. 지금은 월 스트리트 때문에 유지되고 있지만 중국이 타이완을 침공할 경우 이야기는 완전히 달라질 것이다. 그래서 오래전부터 추진해오던 정책을 꺼내 들었는데 이것이 바로 GBA 프로젝트다.

중국 공산당은 GBA 프로젝트를 통해 가능한 한 홍콩의 무역과 금융 기능에 손상을 입히지 않으면서 대만구의 통합을 시도할 것으로 보인다. 그리고 그 결과는 홍콩 - 마카오 - 선전 또는 GBA 내 광둥의 8개 도시를 포함하는 메트로폴리탄의 모습으로 나타날 수도 있다. 그렇게 되면 새 메가 시티는 중국의 미래를 보여주는 새로운 상징이 될 것이다.

이 계획의 중점 방안을 시사하는 것이 시진핑 주석의 선전 개혁 개방 40주년 기념사이다. 시진핑 주석은 이날 견지해야 할 10개 사항과 노력해야 할 6개 사항을 발표하였다. 그는 특히 GBA와 관련해 다음과 같이 말했다.

"과학적 입법, 엄격한 집행, 공정한 사법, 모든 이의 준법을 견지하여 법치로서 경제특구 발전을 보장하도록 한다."

이는 결코 빈말이 아니다. 곧바로 2020년 10월 홍콩 및 마카오의 변호사들에 대해 중국 내륙을 포함한 GBA 역내에서 법률 서비스를 할 수 있도록 허용하는 조치를 취하였으니 말이다. 시 주석은 또 이렇게 말했다.

"일국양제의 기본 방침을 확고하게 지키고 관철하여 홍콩, 마카오와 내륙의 융합 발전을 상호 촉진한다."

이 또한 GBA를 시사하는 발언으로 '융합'이 강조되었다. GBA가 국가의 중대한 발전 전략이며, 선전은 GBA 건설의 중요한 엔진이라는 것이다. 세

경제체의 경제 운용 규칙을 상호 연결하여 메커니즘의 결합을 촉진하고, GBA 구역을 통합하는 도시 철도 건설을 가속하며, 인원, 화물 등 각 요소의 효율적이고 편리한 흐름을 촉진하여 시장 일체화 수준을 높여야 한다고 했다. 결국 하나의 커뮤니티, 메가 시티로의 길을 가야 한다는 의미로 해석된다.

그리고 시 주석은 선전 첸하이^{前海} 지구의 합작 구역의 개혁 개방을 심화하여 광둥, 마카오, 선전 합작구 건설 등을 지시하였다. 즉 선전 첸하이를 GBA 사상을 실현하는 중심지로 삼는 것이다. 이에 따라 홍콩, 마카오, 타이완 동포들의 투자와 협력 촉진을 주문했다. 시진핑 주석은 특히 이 지역의 청소년들이 학습, 취업, 생활 등에 있어서 전면적으로 교류하고 융합될 것을 촉구했다. 결국 시 주석은 GBA가 하나의 작은 중화 권역, 하나의 생활권으로 묶이기를 바라는 것이다. 그리고 서로 다른 국적, 법률 시스템, 화폐, 시장 등을 중국인이라는 공통점과 경제 이익이라는 동기를 활용하여 2035년 비전을 달성하는 중국의 새로운 체계를 만들어 내는 데 기여할 것을 기대하는 것으로 보인다.

그렇기 때문에 GBA는 향후 중국이 지향해 나갈 쌍순환 경제, 그중에서도 외순환 경제의 시험장이 될 것으로 보인다. GBA는 중국 지도부에게 있어 현재 중국이 처한 상황의 축소 버전인 것이다. 모두 중국 영토이지만 서방 시장의 자본주의 체계라는 서로 다른 체제와 머리를 맞대고 있으니 새로운 여러 시도를 해 볼 수 있다. 설령 문제가 발생한다 하더라도 통제 가능하고 영향이 발생하더라도 선전을 비롯한 광둥의 기량은 중국 내 어느 지역보다도 우수하다. 그리고 발전 동력을 부여하기 위하여 시진핑 주석은 선전시에 절대 농지를 제외한 모든 토지를 개발할 수 있도록 하였다. 이 특혜는 많은 자본을 끌어들일 것이고 홍콩, 마카오, 싱가포르, 타이완 등의 중화권 자본들이 몰려올 것이다.

홍콩 행정 장관 캐리 람도 2020년 홍콩의 GDP가 -6.1% 성장이라는 역대 최악의 상황을 맞이하여 이 GBA 프로젝트가 홍콩이 중국의 내순환 경제와 외순환 경제를 연결하는 중간자, 고리 역할을 하면서 새로운 경제 활력을 줄 것이라고 기대를 표명하기도 하였다.

홍콩의 관료야 베이징의 눈치를 보아서 그런다고 할 수 있겠지만 정치적으로 독립 상태인 싱가포르도 관심을 보이고 있다. 싱가포르의 4세대 지도자 중 하나이자 교통부 장관인 옹예쿵王乙康은 GBA의 협력 의사를 밝힌 바 있다. 광둥은 2019년 기준 무역 규모 190억 달러, 131억 달러 규모의 3,100개 프로젝트가 진행되는 싱가포르의 최대 경제 협력 대상이다. 군사적 위협에서 멀찍이 떨어져 있는 싱가포르 입장에서는 중국의 GBA의 전략적 중요성을 잘 이해하고 최대한의 이익을 취하려는 것이다. 즉 경제는 중국을 지향하고 외교와 안보는 미국을 지향하는 것이 싱가포르의 전략이다.

중국 지도부 입장에서 중국의 외순환 전략을 잘 추진하려면 적어도 GBA에서는 성공하여야 할 것이다. 만일 GBA에서도 중국의 전략과 정책이 먹히지 않는다면 대륙 전체에서 쌍순환 경제가 성공할 가능성은 더욱 줄어들 것이다.

디지털 위안화와 홍콩 달러

2020년 10월 8일, 중국 당국은 GBA 건설과 지역 소비를 촉진한다는 명분으로 한밤중에 웨이보微博(중국의 SNS)를통해 디지털 화폐를 추첨해서 선물로 주는 시범 사업을 시작했다. 자격 조건은 선전시 거주자로서 디지털 화폐 앱을 다운받고 신청을 하면 추첨을 통해 2백 위안(약 3만 4천 원)을 준다. 이 디지털 화폐는 다른 사람에게 줄 수 없으며 정해진 기간 내에 소비해야 한다. 천만 위안을 뿌린 이 프로모션을 통해 중국의 디지털 화폐는 선전에서만 거의 200만 명에 가까운 이용자를 확보하였다고 한다. 저명한 경제학자 송칭후이宋清辉나 쑤닝苏宁금융연구센터 소장 쑨양孙扬 등의 전문가들은 이를 보고 드디어 디지털 화폐 테스트의 마지막 단계에 접근한 것이라고 평가하기도 하였다. 12월에는 쑤저우에서 중국 최대 온라인 쇼핑몰인 징둥닷컴(JD.com)을 포함하여 동일한 프로모션을 진행했다. 특히 쑤저우에서는 오프라인에서 디지털 화폐를 교환하는 시범 사업도 진행하였다.

그리고 중국이 입법을 예고한 새로운 인민은행법에서는 디지털 화폐를 명확하게 공식 화폐로 지정하였고 디지털 화폐를 둘러싼 제도를 정비하고 있다. 그러므로 2021년부터는 디지털 화폐, 디지털 위안이 실체 경제에 사용될 것으로 전망된다.

디지털 화폐, 디지털 위안화란 무엇일까? 디지털 위안화가 처음 언론에 노출된 것은 2019년 8월 헤이룽장黑龙江에서 열린 '중국 금융 40인 포럼'으로 당시 인민은행 지불결산사 부사장* 무창춘穆长春이 중국의 디지털 화폐가 거의 임박했음을 알린 것에서 시작되었다. 그는 당시 디지털 화폐의 도입 목적을 다음과 같이 말했다.

---

* 중국의 공공기관에서 '사(司)'는 국에 해당되며 사장은 국장에 해당된다. 부사장은 부국장이다.

"우리의 재정 주권 및 법적 화폐 지위를 보호하기 위한 것이다. 우리는 곤경에 앞서 계획을 해야 한다."

이 발언은 디지털 화폐를 고려하는 국가들이 통상 목적으로 내세우는 화폐 금융의 개선이나 혁신 등과는 결이 달라도 많이 다른 발언이었다. 중국의 디지털 화폐 제도의 도입이 단순한 화폐 정책이 아니라는 시사가 스며들어 있다고 볼 수 있다.

게다가 중국의 디지털 화폐는 일반적인 디지털 화폐와 아주 다른 점이 하나 있는데 그것은 중국의 디지털 화폐가 위안화를 활용하는 도구가 아니라 화폐 그 자체라는 점이다. 즉 지폐나 동전과 같은 화폐의 재료가 실물이 아닌 디지털일 뿐이라는 것이다. 그러므로 비트코인 같은 유사 통화와는 달리 디지털 위안화는 곧 돈이다. 중국 당국은 이 디지털 화폐에 약칭 DCEPDigital Currency Electronic Payment라는 이름을 붙였다(이 책에서는 디지털 위안화라는 쉬운 호칭을 사용하겠다).

디지털 위안화는 기존의 실물 화폐와는 달리 완전한 통제가 가능하다는 특징이 있다. 인민은행이 발행하지만 직접 발권하지 않고 시중은행 등의 대리 기관이 서비스 IT 시스템을 갖추고 발권하도록 한 것이다. 그리고 발권량에 상응하는 현금을 인민은행에 안치하도록 하여 현금 발권량(M0)에 변화가 없도록 했다. 디지털 위안화의 발권 기관 중 하나인 건설은행建设银

건설은행의 디지털 위안

行을 예로 들면 건설은행은 발권하고 싶은 만큼의 현금을 인민은행에 주고 같은 금액의 디지털 위안화 발권 허가를 받는다. 그리고 고객들에게 전자 지갑 앱을 다운받게 해서 건설은행이 발행한 디지털 위안화를 사용하게 하는 것이다. 이 디지털 위안화는 통신이 연결되지 않는 상태에서도 스마트폰끼리 직접 통신하여 돈을 교환할 수 있도록 설계되었다고 한다.

디지털 위안화의 사용 전에 중국 당국이 먼저 시행한 금융 정책이 있다. 바로 다액 현금 관리다. 2020년 7월부터 시행된 다액 현금 관리는 허베이, 저장浙江, 선전 등 3개 지역에서 시범적으로 시행되었는데 일정 액수 이상의 돈을 인출하거나 예치하려면 먼저 은행과 약속을 하고 돈의 출처와 목적을 밝히도록 한 것이다. 기업 등 단체의 경우는 50만 위안 이상이면 해당되며 개인의 경우 허베이는 10만 위안, 저장은 30만 위안, 선전은 20만 위안부터 해당된다. 관련 법안은 이미 2019년 11월 중국 인민은행의 다액 현금 관리 시범 시행에 관한 통지(우리나라의 입법 예고에 해당되는 공개 의견 청취)를 통해 예정되었던 일이다. 자기 돈을 자기가 찾는데 목적을 소명해야 한다는 것은 어이없는 일이지만 중국은 그런 나라이다. 이런 규칙을 실행하면 가장 번거로운 사람들이 시장에서 물건이나 음식을 팔아서 현금 장사를 하는 사람들이다. 그래서 당국은 시범 사업 지역의 은행들에게 주로 현금을 이용해 장사를 하는 개인과 단체에게 잘 설명해서 비현금 지급 방법을 이용하도록 유도하라고 지시하고 있다. 다액 현금 관리는 이제 전국으로 확대되었는데, 여러 가지 목적이 있겠지만 디지털 위안화의 도입을 고려한 것으로 보인다. 다액 현금 관리로 고통을 겪던 현금 장사 업주들로서는 세금 추적 등의 이유로 매출을 노출시키기 싫을 것이다. 하지만 매일매일 다액 현금 관리로 상당한 시간을 빼앗기면 결국은 디지털 위안화를 사용하는 것이 더 나을 것이다. 그리고 현금보다 디지털 위안화를 사용하면 거래 시간이 상당히 줄어들어 실질적인 도움도 크다.

디지털 위안화의 시범 사업은 먼저 인민은행과 몇몇 은행의 직원들이 내부 테스트를 하는 것에서 시작되었다. 그 후 선전, 청두成都, 쑤저우, 슝안신구雄安新区 등에서 사람들의 저항감이 적은 인터넷 서비스부터 필드 테스트가 시작되었다. 중국 인민들의 일상에 가장 많이 사용되는 먹고 이동하고 콘텐츠를 소비하는 서비스인 메이투안美团外卖, 디디추싱滴滴出行, 빌리빌리哔哩哔哩 등에서 시범 테스트를 시작한 것이다. 다만 현재까지는 황금과 같이 환금성이 있거나 달러와 같은 외화는 디지털 위안화로 살 수 없다. 이를 놓고 디지털 위안화는 돈이 아니라 양표라고 비판하는 사람들도 많지만 이는 시범 서비스 기간에 한정된 일이고 점차 가능할 것이라고 당국은 설명하고 있다.

디지털 위안화 시범 지역은 베이징, 상하이 등을 포함한 28개 도시로 확산되었다. 중국 당국은 디지털 위안화의 정식 목적을 화폐 제작 및 관리 비용 부담의 절감과 사용자의 편의성 증진이라고 설명했다. 원래 예정된 시범 기간은 3년이지만 아무래도 2021년부터 실시될 것 같은 분위기이다. 2020년 10월 기준 시범 서비스에서 사용된 디지털 위안화는 이미 11억 위안, 약 1억 6천만 달러 이상이다. 인민은행은 3년 내에 시중에 유통되는 위안화의 절반을 디지털 위안화로 전환한다는 목표를 가지고 있다.

중국 당국은 왜 이렇게 디지털 위안화의 확산을 서두르는 것일까? 확실한 이유는 알 수 없다. 다만 여러 가지 추측들이 중화권을 중심으로 난무하고 있는데 그중 하나는 전자 양표설이다. 북한에서도 다른 지역에 가서 밥을 먹으려면 양권이 있어야 했던 시절이 있었다. 전자 양표설을 주장하는 사람들의 논리는 다음과 같다.

"만일 중국이 전쟁과 같은 비상 상황에 돌입한다면 식량 부족 현상이 발생할 것이다. 전시에 식량의 공급은 필수적인 문제이고 국가가 보장해야만 한다. 디지털 위안화를 도입하게 되면 과거의 양표처럼 한 사람 또는 한 조직이 구매할 수 있는 식량의 규모를 통제할 수 있고 일부 사람이나 기업이 매점 매석할 수 없도록 식량의 공급망을 따라서 통제할 수 있다. 그러므로 전쟁 혹은 미국의 식량 공급 봉쇄를 대비하여 중국 공산당이 디지털 위안화 도입을 서두르고 있다."

비상시, 전시에 관건이 되는 물자를 통제하는 데 디지털 위안화는 결정적 역할을 할 수 있을 것처럼 보인다. 게다가 이러한 통제를 하는 데 추가되는 비용은 미미할 것이어서 전자 양표설은 상당히 설득력이 있다.

다른 하나는 화폐 개혁 대안설이다. 앞서 중국의 외화가 시진핑 주석의 취임 이후 1조 달러 정도 유출된 일을 설명한 바 있다. 이만한 외화가 유출되려면 그에 상응하는 위안화가 어디선가 나왔다는 것을 의미한다. 1조 달러에 상응하는 위안화라면 정상적인 환율로도 7조 위안에 가까운 거액이다. 편법을 통해서 유출했다면 보통 30% 이상의 추가 비용이 든다. 그러니 10조 위안이라고 해도 이상할 것이 없다. 이런 규모의 돈이 어디서 나온 것일까? 그것은 아마도 부정부패로 축적된 돈일 가능성이 크다. 앞에서 말한 것처럼, 시진핑 주석이 순정차이 같은 군부 실력자들을 부패 혐의로 조사할 때, 집에서 발견한 돈의 규모가 여러 대의 트럭을 동원해서 운반해야 될 정도였다는 소문이 있다. 보통 7~8대 설부터 10대가 넘게 동원되었다는 등의 소문이다. 이렇게 한 집에서만 엄청난 검은돈이 나오기 때문에 전국적으로 계산해 보면 어마어마한 규모일 것이다. 검은돈은 수사가 진행되면 꼭꼭 숨어 버리는데 대개 장롱 속으로 들어간다. 그래서 몇 년 전부터 위안화의 화폐 개혁이 있을지 모른다는 소문이 있었다. 어느 날 전격적으로 구화폐의 유통 기간을 지정해 버리면 탐관오리들이 집에 숨겨둔 검은돈들이 모두 나올 수밖에 없다는 것이다. 그러나 화폐 개혁은 그만한 정당한 사유가 있어야 하며 일부 부패한 관리들 때문에 정상적인 국가 경제가 영향을 받아서는 안 되기 때문에 화폐 개혁이 있을 수 없다는 의견도 많았다.

중국에서 불법으로 유출된 자산은 대부분 홍콩을 통한 것으로 알려져 있다. 실물을 가지고 나가서 외화로 바꾸는 사례도 대단히 많다. 일설에 의하면 마카오의 도박장이 수많은 중국 인민들로 가득 찼던 것도 도박을 하기 위한 것도 있지만 관료들에게 뇌물을 주거나 외화를 바꾸기 위한 목적이었다고 한다. 현지 도박장에서 홍콩 달러나 미국 달러로 돈을 빌리고 도박장에서 돈을 다 잃었다는 명분으로 중국 내 자산을 이들에게 넘기는 수법이다. 디지털 위안화로 변경되면 이제 이런 수법들은 모두 사용할 수 없게된다.

이런 변통을 하고 싶은 사람은 비단 중국 인민만이 아니다. 전 세계 국가에는 국내의 자산을 반출하여 외화 자산으로 보유하려는 사람들이 많다. 이들은 지금까지는 주로 상업적 가상 화폐를 선택했지만 이제 중국의 디지털 위안화가 나오게 되면 이것을 선택할 것이라는 추측이 가능하다. 그렇게 되면 제3세계의 외화로서 디지털 위안화가 플랫폼이 될 가능성이 생긴다. 물론 이것은 보조적이고 변통 수단이 된다는 의미이며 달러를 대체하는 기축 통화가 될 수 있다는 의미는 아니다. 필자가 존경하는 인민대학 샹

송쥐 교수의 말마따나 개방적이고 자유로운 거래와 교환이 가능한 화폐가 아니면 어떻게 국제적인 통화가 될 수 있겠는가? 중국 정부는 결코 금융에 대한 통제를 놓지 않을 테니 말이다.

하지만 유사한 효과를 가져올 수 있는 수단으로 볼 수도 있는 조치가 있었다. 먼저 새로운 화폐의 발권이다. 중국 당국은 기존 화폐가 낡고 위폐를 만들기가 쉽다면서 새로운 디자인의 화폐를 발행하기 시작했다. 이를 두고 당국이 필요한 시점에서 구폐의 폐기를 단행할지 모른다는 추측이 나왔는데 앞에서 말한 화폐 개혁과 같은 논리이다. 그리고 화폐 개혁과 동일한 효과를 가져올 수 있는 것이 디지털 위안이다. 디지털 화폐를 도입하고 다액현금 관리를 통해 검은돈을 조여 나가다가 어느 순간 실물 화폐, 구폐를 폐기하게 되면 부정한 돈들이 모두 종잇조각이 되고 말 것이라는 이야기이다. 물론 이 부정한 돈을 축적한 사람들은 대부분 시진핑 그룹의 반대파일 것이다.

디지털 위안화가 미국 주도의 서방 경제와의 분리에 대응하는 전략이라는 소문도 있다. 지금까지 중국 내의 자산을 해외로 반출한 사람들의 수법은 여러 가지였지만 유력한 수단 중의 하나가 가상 화폐였다. 그 증거로 중국이 가상 화폐를 범죄로 선언하고 통제를 강화하자 세계의 가상 화폐들의 가격이 하락하고 거래량이 급감한 한 것을 볼 수 있었다.

전 중국은행장 리리후이李礼辉는 디지털 화폐가 향후 글로벌 금융의 핵심 경쟁 영역이 될 것이며 금융의 글로벌화를 촉진할 것이라고 하였다. 디지털 화폐가 미래의 수단이 될 것이라는 점에는 동의하지만, 이것이 금융의 글로벌화와 무슨 상관관계가 있는 것일까? 현재의 외환 금융에 디지털 화폐가 무슨 변화를 일으킬 수 있는가? 생각해 보면 아주 간단한 일이다. 디지털 위안화를 가지고 외국에서 현지 외화로 교환할 수 있다면 당연히 금융의 글로벌화는 새로운 양상을 보일 것이다. 미국이나 서방의 국가 간 결제 시스템은 디지털 위안화 결제를 할 능력과 여건이 없다. 일단 해외에 디지털 위안화가 유통되면 국가 간 결제이든 개인 간 결제이든 모두 중국의 디지털 위안화 결제 시스템을 거치지 않으면 안 된다. 현재의 SWIFT와 동일한 기능을 하는 새로운 체계가 만들어지는 것이고 이것이 중국의 전략 목표인 것으로 보인다. 그렇게 되면 세계는 위안화를 사용하는 경제권과 사용하지 않는 경제권으로 나뉘게 될 것이다. 중국 입장에서는 전 세계를 위안화를 사용하는 우군과 위안화를 사용하지 않는 적군으로 나누게 되는 것이다.

중국은 해외의 위안화를 역외 위안화라는 이름으로 부르며 국내의 통화와는 독립적으로 관리하고 있다. 그리고 역외 위안화 관리의 중심은 다름 아닌 홍콩이다. 홍콩과 마카오는 이미 디지털 위안화의 시범 구역으로 지정되어 있다. 게다가 홍콩 금융발전국은 중국 중앙에 디지털 위안화의 시범 지역으로 선정해 달라고 신청해 놓은 상태다. 담당 관료의 말로는 홍콩이 이 커다란 이권을 놓쳐서는 안 된다는 것이다. 당국의 디지털 위안화 관련 외환 정책이 구체화되면 바로 홍콩에서부터 역외 위안화를 디지털 위안으로 전환하는 시범 사업이 시작될 것으로 전망된다.

홍콩은 독자적 화폐인 홍콩 달러를 운영하고 있으며 국제 통화로서의 역할도 잘 수행하고 있다. 그럴 수 있는 이유는 선진적인 금융 체제와 함께 이를 뒷받침하는 사법 체제 등 안정된 정치 체제 그리고 미 달러와 연동하는 페그제를 채택하고 있기 때문이다. 홍콩의 발권 은행들은 홍콩 정부에 상응하는 규모의 미국 달러를 맡겨야 한다. 그리고 홍콩 정부는 미국 달러와 홍콩 달러 간의 거래 가격 변동이 정해진 범위를 벗어나면 시장에 개입한다. 그러나 홍콩의 정치적 안정이 무너지고 자유 금융 센터에 대한 미국과 서방의 지지가 줄어든다면 홍콩 달러의 페그제가 지속될 수 있을지 의문을 표하는 사람들이 많다. 만일 홍콩의 미 달러 페그제가 무너진다면 홍콩 달러가 아니라 위안화로 대체하는 방안이 가능해야 한다. 그동안 미국 달러, 중국 위안화, 홍콩 달러는 상대적으로 안정된 환율을 서로 유지해 왔다. 만일 중국이 도모하는 대로 위안화 경제권이 성립하고 월 스트리트는 협조적이며 중국의 경제가 받쳐준다면 중국은 위안화와 홍콩 달러를 연계하여 통합할 수 있을 것이다. 그리고 홍콩 달러와 연계되는 디지털 위안화는 국가 간 결제 통화로서의 위상을 더욱 갖출 수 있을 것이다. 중국이 알리바바처럼 경쟁력을 갖춘 국가 간 온라인 거래 플랫폼 등에 디지털 위안화 또는 디지털 홍콩 달러를 도입하고 디지털 화폐 사용에 혜택을 준다면 세계 각국은 디지털 위안화를 점점 받아들이게 것이다. 그럼으로써 중국은 점진적으로 디지털 위안화의 기축 통화로서의 입지를 더욱 공고히 해 나갈 수 있다. 물론 모든 전제와 가정이 중국이 희망하는 대로 풀릴 경우의 이야기이다. 서방과의 경제 분리가 정말 현실화되어 위안화와 홍콩 달러에 대한 압박이 동시에 강화된다면 중국 당국은 미 달러와의 페그제가 유명무실해지는 홍콩 달러를 디지털 위안화로 통합하는 수단도 고려할 수 있을 것이다. 그렇게 되면 진정한 의미의 달러 경제권으로부터의 분리가 일어나는 것이다.

월 스트리트는 중국의 우군이다

중국이 가고 있는 외순환 경제의 길을 누군가 먼저 가 본 적이 있을까? 내순환 경제는 이전의 철의 장막하의 소련이나 죽의 장막하의 중국과 비슷한 양상이 될지도 모른다. 그러나 21세기의 외순환 경제는 누구도 가 보지 않은 길이다. 이러한 전인미답의 길에는 위험 부담이 따르지만 성공한다면 엄청난 부와 성공을 얻을 수도 있다. 만약 부가 있다면 월 스트리트는 그곳이 지옥이라 하더라도 기꺼이 들어갈 것이다. 중국 속담인 "지옥에는 문이 없지만 다들 어떻게든 들어온다"라는 말이 어울리는 상황이 아닐 수 없다.

중국 정부에 따르면 기술적 의미에서 디지털 위안화와 가장 유사한 것은 페이스북의 창업주 저커버그가 추진하는 가상화폐 리브라다. 저커버그가 인류에 봉사하고 싶어서 리브라를 만들려고 한 것은 아닐 것이다. 그는 페이스북보다 더 큰 돈이 벌고 싶어서 리브라를 추진할 것이다. 정말 가상화폐나 디지털 화폐가 돈이 되는 것일까? 우리나라의 가상 화폐 거래소들의 창업자들이 한몫 단단히 챙긴 것을 보면 그런 모양이다. 중국의 미디어에서는 이 디지털 위안화로 인하여 관련 금융 기술 회사들에게 수천억 위안 규모, 그러니까 우리 돈으로 수십 조 이상의 시장이 생길 것이라고 보도하고 하고 있다. 월 스트리트가 이 시장을 가만둘 리가 없다.

중국은 외순환 경제를 맞이하여 45조 달러 규모의 자국 금융 시장을 개방해 월 스트리트의 자본을 더욱 끌어들이려 한다. 보험과 선물 시장으로 시작하여 최대한으로 개방한다는 전략이다. 특히 골드만 삭스와 모건 스탠리 같이 장기간 협력해 왔던 미국 금융 회사들이 수혜를 받을 것으로 예상된다. 중국은 이런 방식을 통해 대량의 외자를 중국에 유입시켜 트럼프 행정부가 가한 외환 압박을 성공적으로 해소하고 있다.

중국의 금융 시장, 눈에 보이는 시장과 눈에 보이지 않는 시장의 규모를 가지고 계산기를 두들겨 본 월 스트리트는 미중이 경제 전쟁을 하거나 말 거나 중국으로 진입하고 있다. 월 스트리트는 중국 리스크가 무섭지 않은 것일까? 우리나라의 많은 기업들이 걱정하는 외환 반출 리스크는 없는 것 일까? 그 대답은 이들 월 스트리트 기업들이 본질적으로 권력자들과 손을 잡고 있다는 점, 이들의 이해관계가 국가와 관계없이 우선적으로 일치한다 는 점 그리고 제도적으로는 '자유무역시험구'라는 것이 이들에 대한 자유로 운 자본의 출입을 보장하고 있다는 데에 있다. 중국의 이곳저곳에 만들어 진 자유무역시험구는 실상 가공 무역이 아닌 금융 및 기타 서비스를 대상 으로 한다. 예를 들어 루자쭈이 금융무역구 같은 곳을 들 수 있다. 이곳은 세금 혜택 등이 있지만 진정한 특혜는 외화의 자유로운 왕래다. 물론 일반 기업들은 뜻이 있어도 실현하기 어려운 일이지만 권력자들과 엮여 있는 월 스트리트 기업들에게는 이 자유 외화 왕래가 안전핀 역할을 한다. 그래서 이들 기업들은 주요 대도시의 자유무역구에 설립되고 프로젝트에 따라 필 요한 자금을 들여오고 또 내보내고 있다.

아무리 트럼프 행정부가 중국에게 경제적 압박을 가해도 내수 시장이 크 고 전 세계와 무역을 하고 있는 중국의 경제가 단시간 내에 붕괴할 리는 없 다. 게다가 중국 경제의 최대 약점이라고 할 수 있는 정부 재정 부채와 기 업 부채는 중국의 외환 보유고에 의해 뒷받침되고 있다. 비록 많은 사람들 이 중국의 외환 보유고의 신뢰성에 의문을 표하고 있지만 말이다. 중국의 외환 보유고 신화는 월 스트리트에 의해 끊임없이 유지되고 있다. 왜냐하 면 중국의 외환 보유고가 문제가 없어야 월 스트리트에게 유리하기 때문이다. 이미 2019년 미국의 페이팔Paypal이 중국의 PG 시장에 진입한 일을 예로 들 수 있다. 사실상 중국의 금융을 최종 관리하는 역할을 하고 있는 중국의 금융안정위원회는 페이팔이 상하이 자회사인 인바오美银宝网络信息服务를 통해 중국 내 PG 회사인 구어푸바오国付宝를 인수하는 것을 허가했다. PG는 원래 외국 기업에게 허가하지 않았던 산업이다. 그런데 미중 무역 전쟁이 점점 가열되고 므누신 미 재무부 장관으로부터의 압력이 커지자 중국이 미국의 월 스트리트 회사들이 자국 금융 산업 여기 저기에 진입할 수 있도록 해주고 있는 것이다. 미국 정부의 입장과 관계없이 중국 정부와 자사의 이익이 맞아떨어지는 순간 월 스트리트의 기업은 기회를 놓치지 않고 시장 진입 허가를 받아냈다. 당연한 일이지만 이제 페이팔은 디지털 위안화의 사업 기회를 노리고 있을 것이다.

미국의 최대 금융 회사 중의 하나인 사모펀드 블랙스톤Blackstone도 중국의 사업 기회에 여념이 없다. 블랙스톤이 중국의 권력층과 결탁했다는 소문이 끊이지 않았지만 아직까지 구체적인 증거가 나타나거나 처벌을 받은 적은 없다. 2020년 초, 소호Soho 중국의 사주 판스이潘石屹 부부는 40억 달러에 달하는 중국 내 자산을 모두 묶어서 팔려 애썼다. 그러나 대부분의 금융 회사들은 미중 경제 전쟁하에서, 더구나 중국 부동산의 향후 가치에 대한 의문이 증가하는 상황에서 흥미를 보이지 않았다. 이때 과감하게 나선 것이 블랙스톤이었다. 이 거래는 결국 블랙스톤이 취소했지만 월 스트리트의 자본이 얼마나 중국 리스크에 대해서 적극적인지를 보여주는 사례라고 할 수 있다.

후발 주자였던 독일의 도이체방크의 경우 월 스트리트가 선점하고 있는 중국의 금융 시장에 진입하기 위하여 적극적으로 태자당 자녀들을 직원으

로 고용하는 방법을 취했다. 왕양의 딸인 왕시샤 외에 공산당 원로인 류윈
산劉雲山의 자녀 등 19명의 태자당 자녀들을 개인의 능력과 관계없이 고용
하여 내부 거래를 해왔다고 한다.

　이런 사례들은 월 스트리트가 중국에 대한 투자에 지속적인 관심을 가지
고 있으며 긍정적인 평가를 한다는 증거이다. 그리고 그것을 종합적으로
알려 주는 것이 중국의 국채 발행이다. 만일 금융업계가 중국의 미래를 어
둡게 보거나 무력 충돌, 심하게는 전쟁 같은 상황을 예상한다면 아무도 중
국의 국채를 사지 않을 것이다. 그러나 중국의 국채는 예정대로 잘 발행되
었고 월 스트리트의 금융 기업들은 너도나도 이 국채를 매입하였다. 월 스
트리트는 중국의 우군인 것이다. 이것은 중국 국채의 수익성이 상대적으로
좋은 데다가 위안화의 달러 대비 가격이 안정적이고 절상될 가능성마저 있
기 때문이었다.

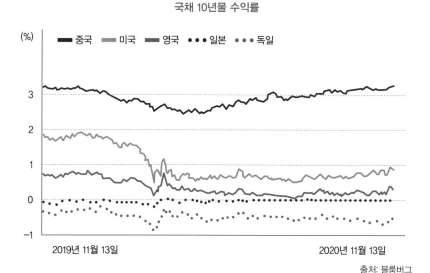

국채 10년물 수익률

출처: 블룸버그

앞의 그래프에서 보듯이 중국의 국채 수익성은 3%를 넘어 수익성이 미국채에 비해 몇 배 좋은 데다 중국 정부가 보장하므로 안전하다. 게다가 규모가 15조 달러나 되니 전 세계의 연금 펀드들에게는 희소식이나 다름없다. 런던의 헤지펀드이자 자문 회사인 유리존 SLJ 캐피털Eurizon SLJ Capital을 운영하는 스티븐 젠은 중국이 상품 수출국에서 자본 수출국으로 전환할 것이라고 말했다. 생각해 보라. 채권을 발행하면 전 세계에서 달러와 달러를 내고 사 주는데 중국이 미국의 달러 경제권 제재를 두려워할 이유가 무엇이겠는가?

월 스트리트의 이러한 판단과 평가는 외국의 일반 기업이라고 해서 다르지 않다. 2018년 기준으로 외국 기업 수는 59만 3,267개이며 이 중 하이테크 및 부동산 분야는 24만 9,266개로 42%를 차지했다. 이 비율은 그야말로 다른 국가에서는 찾아볼 수 없는 높은 비율이며 중국의 기술 유인 정책이 잘 반영된 결과이다. 그러나 이들 외국 기업들이 탈중국 했던 것도 틀림없다. 문제는 얼마나 중국을 빠져나갔는지다. 중국 정부의 공식 통계에서는 2018년도부터 중국 내 기업 수의 데이터가 사라졌다. 불리한 데이터가 있을 경우 상당 기간 비공개 처리하는 중국 정부의 관행을 고려할 때 중국의 외자 기업들이 상당히 감소했을 것이라는 추측이 가능하지만 확인할 수는 없다. 다행히 주중 미국 상공회의소나 일본의 유사한 기관 등에서 자체적인 설문 조사 등을 수행한 결과들이 있다. 이에 따르면 이미 중국에 진출한 미국 기업과 일본 기업들 모두 약 5% 정도가 중국에서 철수할 준비를 하고 있다고 했을 뿐이고 95%의 기업들이 중국에 남을 것이라고 대답했다고 한다. 이는 일반적으로 우리가 뉴스에서 보는 외국 기업들의 탈중국 러시와는 상반되는데 아마도 조사 시기가 2020년도 하반기라는 점이 작용한 것으로 생각된다. 중국을 떠날 기업들은 이미 상당수 철수하였고 조사 시점에서 남아 있는 기업들 중에서는 5% 정도만이 아직도 철수를 하지 못한 것으로 해석할 수 있다. 그러나 잔류를 결정한 기업들의 비율도 무시할 수는 없다. 이들은 대부분 거대한 중국 내수 시장에 대한 미련을 버리지 못한 것이다.

  중국 상무부는 2019년 말 기준으로 외국 기업 수가 약 100만 개 이상이라고 발표하였다. 그렇다면 1년 남짓한 시간, 그것도 미중 무역 전쟁이 가열되고 있는 가운데 외국 기업이 69%나 증가한 것이다. 외국 기업은 경험과 기술을 중국에 제공하고 시간이 경과함에 따라 중국인 직원들은 기술과 경험을 흡수하여 현지화한다. 이렇게 월 스트리트가 자본을 가져오고 외국 기업들은 미국의 제재와 상관없이 진출하는데 중국이 불안해할 이유가 있을까.

중국의 권력과 미국의 금력은 어떻게 서로 만나고 얽히는가?
실제 사례를 들어 그 속내를 들여다본다.

7장

국내 소비 시장을
두 배로 키우는 내순환 경제

2020년 11월, 중국 정부는 코로나19 사태로 인하여 국경 관리를 강화한다고 발표하였다. 육지의 통관 지점 46곳과 변경 통로 66곳을 폐쇄하였으며 출입국 관리를 강화하였다. 이미 입국 허가를 받은 외국인에 대해서도 잠정적으로 입국을 금지하였는데 비자 면제를 받은 외국인에 대해서도 마찬가지였다. 중국인들의 '불필요한' 해외여행도 금지했다. 관광, 방문 등 불필요한 목적의 여행은 안 된다는 것이다. 그리고 밀입국에 대해서 엄격하게 조치하겠다고 하였다. 이미 2020년에 밀입국범을 5천 명 이상 검거했다는 소식도 전했다. 이뿐만이 아니다. 중국의 공직 조직에 기존에 발급받은 여권을 제출하라는 지시가 내려졌다. 사실 이 조치는 이미 실시되고 있었지만 최근에 와서 더 엄격해졌다. 공무원, 학교, 은행 등 체제 내 사람들에 대한 여권 제출이 전보다 더 강조되고 있다고 한다.

이런 여권 관리 강화는 외화 유출을 막고 자국민의 해외여행이 가져올 수 있는 여러 가지 부정적 영향을 고려한 것으로 보인다. 부정적 영향이라는 것은 대체로 돈에 관한 것이다. 그러나 인적 교류의 감소는 외부와의 돈, 기술, 정보, 상품 등의 거래 감소를 가져온다. 오늘날 세상 어느 나라도 혼자서만 발전할 수는 없다. 하지만 현재의 중국은 별 선택의 여지가 없다. 중국 내부의 힘에 기댈 수밖에 없는 것이다. 그렇다면 중국 내부의 힘에 의지하는 내순환 경제란 무엇일까?

기본적으로 국내 소비에 의존하는 경제인 것은 틀림없다. 그리고 중국 정부가 내세우고 있는 국내 소비에 의존해도 성장이 가능한 이유는 다음과 같다.

- 경제가 성장함에 따라 가계 소득도 빠르게 성장하고 있어 소비 구조의 업그레이드와 소비 수요의 확대를 촉진할 것이다.
- 중국의 도시와 농촌의 구조는 여전히 상당한 변화의 잠재력을 가지고 있으며, 도시로의 대규모 인구 이전을 계속 촉진할 것이다.
- 중국 인민의 소비 수준은 여전히 낮으며 삶의 질의 격차가 크다.
- 소비의 수명 주기에서 볼 때, 인구 고령화의 진행으로 지금까지 부의 축적에 초점을 맞춘 세대가 적극적인 소비 기간에 들어갈 것이다.

중국은 다음 백 년을 준비하여 내순환 경제를 내 놓았다.
그러기까지 중국 공산당 내에서도 여러 갈등과 논쟁이 있었다.

이러한 요인들을 기반으로 중국의 소비 구조 업그레이드와 소비 수요 증가를 활발하게 만들 수 있고 소비자 시장의 잠재력은 더 빨리 방출될 것이라는 논리이다. 그러나 시절이 수상하고 환경이 급변하면 사람들은 허리띠를 더 동여매고 만일을 위해 소비를 줄이는 법이다. 중국 정부가 제시하는 근거들은 낙관적이며 상투적이다. 그것은 다른 각도에서 해석하면 중국 정부가 국내 소비에 낙관적일 만한 다른 이유를 찾지 못했다는 뜻이다. 그러므로 중국 정부도 내순환 경제가 쉽지 않다는 것을 잘 인식하고 있을 것이다.

내수를 일으켜 경제를 성장시키겠다는 정책에 대해서는 중국 내에서도 걱정과 우려가 많다. 중국의 싱크탱크 중의 하나인 중국재정과학연구원은 2020년 9월 14일 발표된 보고서에서 다음과 같이 우려하고 있다.

먼저 시장의 소비 잠재력이 실제 구매력을 갖춘 소비 능력이 될 수 있을지 불확실하다는 것이다. 코로나19의 영향이 아직 가시지 않았고 또 상당 기간 지속될 것으로 예상되는 상태에서 민간 소비는 리스크에 대비하여 소비에 신중해지고 현금을 비축하려는 경향이 강해질 것이라는 예측이다. 더구나 민간 부채가 계속 증가하고 있어 단기 부양책을 사용하는 것은 오히려 리스크를 더 키울 우려가 있다고 지적한다.

두 번째는 중국 내 공급 부분과 민간 소비의 향상 욕구가 잘 맞아떨어지지 않고 있다는 것이다. 기본적인 공급 문제는 해결되었다지만 중층 이상의 소비 욕구인 보다 나은 제품에 대한 수요나 외국의 제재 시 제품의 자급 가능 여부에 대해서는 아직 완전히 해결된 것이 아니어서 공급이 주민 소비 수요를 정확히 충족할 수 없다는 것이다.

세 번째는 국내 소비 환경과 주민 소비 전환상의 요구 간에 차이가 있다는 것이다. 소비 이념, 소비 정책, 시장 통제 방식 등 소프트 환경과 산업의 공급 능력이 아직 제대로 구비되어 있지 않다고 한다. 이번 코로나19 사태를 통한 경험에 기반해서 볼 때 소비의 디지털화에 비하여 통신, 네트워크, 물류 등 기초 인프라가 심각하게 부족하였고 아직 제대로 인프라가 정비되지 않은 상태에서는 경제 불균형의 문제가 심화될 수 있다는 것이다.

재정과학연구원의 우려에도 불구하고 중국 정부에게 다른 선택지는 없다. 예상되는 문제점은 집행을 해 나가면서 보완하는 수밖에.

2020년 5중전회는 전례를 깨고 2035년까지의 중기 비전을 제시하였다. 그 배경은 무엇일까? 그리고 중기 비전의 의미는 무엇일까?

첨단 기술의 자력갱생과 실체 경제론

트럼프 행정부가 행한 하이테크 제재는 중국에게 엄청난 충격파를 안겨주었다. 그동안 다른 의도에서 미국 기술로부터의 자립을 추진해 왔던 중국으로서는 생각지도 않은 충격이었을 것이다. 예를 들어 중국의 입장에서는 반도체를 B급 기술, 즉 미국이나 서방 국가가 아닌 영향력 행사가 가능한 국가인 한국의 기술로 진작에 판정했을 터이다. 그러나 트럼프는 전세계 그 누구도 생각하지 못한 방식, 반도체 생산 과정 중에 미국 기술이 들어간 제품은 미국의 허가를 받으라는 방식으로 제재를 하였다. 사실 논리의 정당성을 찾아보기 어려운 제재 방식이다. 하지만 방법이 없다. 국제 사회에서는 힘의 논리가 통하는 법이다. 만일 미국이 이런 식으로 제재를 계속 가한다면 중국이 지난 수십 년간 준비해온 미국의 경제 봉쇄, 기술 봉쇄에 대한 대책은 모두 물거품이 되어 버린다.

그렇지만 중국 사람은 맨몸으로 외국에 가도 세 종류의 칼 중 하나만 있으면 생존한다고 한다. 그것은 부엌칼, 이발 가위 그리고 재봉 가위. 어디를 가든 이 3가지 중 하나로 밥을 벌어먹고 살 수 있다는 것이다. 또 이런 말도 있다. 사업에 성공한 중국인이 쫄딱 망했을 때 재기하는 방법은 동네 짜장면 집부터 다시 시작한다는 것이다. 필자가 관찰한 바로는 중국의 기술 자력갱생 정책은 바로 이러한 마음가짐으로 시작하는 것이다. 아무것도 없다면 그 상태에서 출발하여 한 발 한 발 다시 쌓아가면 된다. 한국의 모 재벌처럼 몰락한 신세를 견디지 못하고 극단적인 선택을 하는 일은 중국에서는 일어나지 않는다. 재벌이 망하면 다시 앞치마를 하고 부엌칼을 들고, 가게가 없으면 길바닥에서 짜장면을 만들어 판다. 그야말로 불굴의 정신이다. 중국 공산당이 왜 전에 없던 2035년 비전을 제시했겠는가? 아마도 5년 후의 모습을 그리기 어렵기 때문이다. 특히 기술 자력갱생은 5년 안에는 불가능하다. 그렇지만 15년, 미국의 대통령이 4번 바뀔 만한 시간이라면 어떻게든 방법을 찾을 수 있다는 생각이 있는 것이 아닐까? 지구전 전략답게 말이다.

국가가 필요로 하는 전략 기술의 개발에는 시간만 필요한 것이 아니다. 인재와 더불어 대량의 자금이 투입되어야 한다. 그러나 자금은 한정되어 있고 그 속성상 파생 상품 같은 쉬운 벌이를 찾아다닌다. 마치 월 스트리트의 금융 기업들처럼 말이다. 중국 공산당의 입장에서는 그런 돈 놓고 돈 먹는 장사는 월 스트리트에 맡기면 된다. 중국의 금융은 필히 중국의 전략 기술의 개발과 외화 획득을 위한 목적에 투입되어야 한다. 바로 실체 경제에 투입되어야 하는 것이다.

또 하나, 미국의 기술과 관계없이 자력으로 기술을 개발해야 한다면 어느 정도의 기초가 갖춰진 조직에게 자원이 집중되는 것이 합리적이다. 그러므로 지금까지 미국에 의해 제재를 받아온 기업들, 즉 화웨이, ZTE, 푸젠진화福建金华, 하이캉 등이 다시 탄력을 받을 것으로 보인다. 미중 무역 전쟁에서 가장 먼저 트럼프 전 대통령의 제재를 받은 것이 중국의 반도체 회사인 푸젠진화였다. 그런데 푸젠진화가 그동안 청산 절차를 밟고 망해가는 줄 알았더니 2020년 11월에 구인광고를 내고 D램 연구 개발 경력직 채용에 나섰다고 한다. 그리고 중고 반도체 설비를 알아보고 있다는 소문도 업계에 돌기 시작했다. 미국의 제재에도 불구하고 다시 회생하는 것일까? 그럴 것이다. 맨손으로 짜장면집을 시작하는 것보다 크게 중화요리점까지 해 본 사람에게 투자하는 것이 당연하지 않겠는가? 화웨이의 반도체 자회사 하이실리콘도 현재까지 확보된 기술을 바탕으로 미국의 기술과 설비를 전혀 사용하지 않는 조건으로 반도체 생산 기술을 개발하겠다고 한다. 물론 가능할 것이라고 생각하는 사람은 적다. 그러나 이것이 바로 중국식 인해전술이다. 많은 기업들이 도전하고 도전하다 보면 언젠가 짜장면집이 요릿집으로 발전할 것이라고 말이다.

동시에 중국 기업들이 지금까지 정부의 지원을 기대하고 반도체에 과다하게 투자를 했다는 것도 사실이기 때문에 중국 정부 입장에서는 조심스러울 수밖에 없다. 중국 국무원은 2020년 7월 '신시대 반도체 산업 및 소프트웨어 산업 고품질 발전을 위한 약간의 정책 통지'에서 세제 및 금융 혜택을 발표했는데 각종 혜택은 차등 부여하기로 하였다. 예를 들어 28나노 이하는 소득세 전액 면제, 65나노 이하는 5년 면제, 10년 25%와 같이 반도체 정밀도에 따라 구간을 설정했다. 의도는 분명하다. 많은 기업들로 하여금 반도체 기술을 개발하게 하되 무한정 돌봐 주거나 국가의 지원을 얻으려 형식적인 개발을 하는 것을 막겠다는 의도이다. 그간 정부의 지원에 의지해 너무나도 많은 기업들이 반도체 기술 개발에 들어갔고 성과 없이 국력을 낭비하는 결과가 나왔기 때문일 것이다.

이런 약간의 혜택이 문제가 아니다. 이제는 반도체 기술이 국운을 좌우하리라는 것을 중국 인민 모두가 알게 되었다. 만일 반도체 기술을 어느 정도 확보할 수만 있다면 국가에 대한 공헌은 물론이고 중국 내 반도체 수요를 싹쓸이할 수 있는 것이다. 어느 정도 기술력이 있는 회사라면 심각하게 기술 개발을 고려할 수밖에 없다.

중국의 첨단 과학 기술에 대한 관점은 중국 과학원장 바이춘리白春礼가 한 말에서도 잘 나타난다.

"미국이 중국의 숨통을 막은 기술 제재 리스트는 곧 우리 중국이 연구 개발해야 하는 프로젝트 리스트이다."

중국은 이제 전 국가의 역량을 집결하여 미국의 하이테크 제재에 대비하기 위해 새로운 단계의 기술 개발에 나설 전망이다. 이것은 한국에게 새로운 기회가 될 수도 있다. 중국이 서방 세계를 대신하여 한국과 일본에게 기술을 얻으려 할 가능성이 크기 때문이다.

필자가 이 글을 쓰고 있는 동안 한국의 지인이 베이징을 방문하였다. 지인이 일하는 회사는 TV에 들어가는 스크린 구동 반도체를 만드는 곳으로 설계는 자체적으로 하지만 생산은 위탁하는 중소기업이다. 이곳에 중국의 자본이 투자를 하기로 했다고 한다. 이 사실은 현재 중국의 상황을 아주 잘 보여준다. 이 회사에 투자하기로 한 것은 중국의 S캐피탈로 원래 투자 계약이 다 결정되었으나 정작 투자를 하려 하자 중국 외환관리국의 허가가 나지 않았다고 한다. 아마도 외화의 유출을 막는 정책 때문이었을 것이다. 결국 이들이 찾은 방법은 S캐피탈이 선전의 한 상장사에 투자하고 이 회사가 한국 회사의 중국 법인에 51% 지분으로 투자하는 방식이었다. 외화를 쓸 수 없는 상황에서 위안화로 대체하는 변통법이다. 이 거래는 중국 측에게 상당한 만족감을 줄 것이다. 중국의 TV 생산 대수는 전 세계 최대 규모인데 비해 해당 반도체는 미국도 만들지 못한다. 그리고 중국 기업들은 당연히 기술이 전무하다. 게다가 내순환 경제가 운영될 전망이니 소비는 늘 것이고 외국 기술, 특히 반도체 기술을 확보하는 중국 기업에게는 향후 상당한 지원이 있을 것이다. 그러니 얼마나 좋은 거래인가? 한국 기업에게 기회가 올 수 있다는 사례라고 본다.

중국은 이러한 기술의 자력갱생에 시중의 자금이 투입될 수 있도록 금융 시스템을 정비하고 있다. 엔젤 투자, 창업 투자, 지적재산권 증권화, 과학 기술 보험 등을 통한 과학 기술 성과 자본화를 적극 모색하고, 상업 은행에서 지적재산권이나 기대 수익을 담보로 융자하는 방식을 채택하도록 장려하며, 기술 이전을 촉진하기 위해 더욱 많은 금융 상품 서비스를 제공하고 있다. 우리나라의 기술보증보험 같은 시스템을 만드는 것이다.

주식 시장의 기초 제도도 개선한다. 시장화, 법치화로 개혁 방향을 정하고 주식 시장의 발행, 거래, 퇴출 등의 제도를 개혁한다고 한다. 무엇보다도 큰 개혁은 지금까지 상장 자격을 정부가 심의하던 것을 새로운 증권법을 마련하여 2021년 3월부터 허가제에서 등록제로 전환한다고 한 것이다. 그야말로 코페르니쿠스적 개혁이 아닐 수 없다.

또한 보완책들도 병행된다. 투자자들의 관심을 끌기 위해서 상장사의 현금 배당을 장려하고 유도하며, 투자자 보호 제도와 증권 민사 소송 제도도 보완한다. 특히 기술 기업, 중소기업들의 상장 방식을 보강하여 다른 분야보다도 기술 개발에 필요한 자금을 조달하기 쉽도록 하였다. 그리고 전국 중소기업 주식 양도 시스템 시장도 보강한다고 한다.

기술 기업으로 자금이 흐르게 하는 정책은 계속된다. 채권 시장 규모를 안정적으로 확대하고 품목을 다양화하며 채권 시장 간의 상호 접속을 추진하고, 회사의 신용 종류, 채권 정보 등의 공시 기준을 통일하며, 채권의 위약 처리 체계를 보완한다. 신용 채권에 대해 발행 등록 관리제를 실행할 것을 검토하고 채권 시장의 등급 평가 기관들의 통일된 관리를 강화하여 신용 평가 업계의 발전을 규범화한다는 정책도 추진한다. 즉 주식 시장 외에 기업 채권 시장을 체계화 및 활성화하려는 것이다.

일반 융자를 위한 은행 시스템도 개선한다. 다양한 전문 은행들이 활동할 수 있도록 은행 시스템을 구축하여 금융 자원 배치를 최적화하고, 기업이 쉽게 이용할 수 있도록 금융 서비스업 시장 접근성을 완화하며, 담보 문제를 완화하기 위하여 신용 정보 이용도 추진한다. 국유 은행 외에 소형 금융 서비스, 민간 금융 서비스 등도 늘린다. 그리고 은행의 건전성을 유지하기 위한 대책으로 금융 기관의 시장화, 법치화, 마지막으로 퇴출 체제를 정비한다. 이 말은 앞으로 중국의 은행들, 적어도 중소 은행들은 재무 상태가 불건전할 경우 이전과 같이 국가가 구제해 주는 것이 아니라 퇴출한다는 것이다. 새로 제정된 인민은행법에서도 은행 퇴출에 대한 규정이 강화되었는데 특히 은행의 대주주에 대한 여러 가지 규제를 더 엄격히 하고 있다.

물론 외국의 자본을 끌어들이는 것도 소홀히 할 수 없다. 점진적으로 위안화의 국제화와 위안화 자본 프로그램을 교환하고 증권, 펀드 업계도 대내외적으로 쌍방향 개방을 점진적으로 추진한다. 선물 시장의 대외 개방은 상황을 보아 가며 추진한다. 미중 경제 전쟁의 영향으로 외국계 금융 기관의 진입 요건을 점진적으로 완화하고, 역내 금융 기관의 국제 금융 시장 거래 참여도 추진한다. 이렇게 되면 중국의 금융 시장은 상당히 글로벌화될 것이고 월 스트리트의 금융 기업들에게는 좋은 운동장이 될 것이다.

다만 이렇게 금융 규제를 정비하는 것이 과연 중국 정부가 기대하는 수준으로 중국의 실체 경제, 특히 기술 기업들에게 투자가 일어날 수 있을지는 아직 단정하기 이르다. 그러나 중국이 동원 가능한 정책들을 총동원하고 있다는 것을 느낄 수 있을 것이다. 이렇게 가능한 모든 정책을 전력을 다하여 추진해 나가는 불굴의 추진력이야말로 전제 정치가 가능한 중국의 전략적 우위일지도 모르겠다.

중국은 이렇게 외국의 금융 기관이 중국 내에서 금융 상품을 가지고 놀도록 최대한 유인하면서 정작 국내 금융 기관들은 최대한 실체 경제에 돈을 집어넣도록 유도하고 있다. 그 결과는 어떻게 되겠는가? 만일 중국 당국의 작전대로 월 스트리트를 비롯한 전 세계 금융 기관들이 움직여 준다면 중국은 월 스트리트를 포함한 외국의 돈을 가져다 미국에 대항할 첨단 기술을 개발할 돈을 자국 기업들에게 쏟아부을 수 있을 것이다. 바로 이화접목

移花接木*, 사량발천근四兩發千斤**의 수법이다.

금융뿐만 아니라 실체 경제가 원활하게 돌아갈 수 있도록 노동력과 인재의 사회적 이동 경로를 원활하게 하는 정책도 실시한다. 공정한 취업 환경을 조성하고, 법에 따라 신분과 성별 등의 취업 차별을 시정하며, 도·농 근로자에게 평등한 취업 권리를 보장한다. 민간의 공공 기관, 즉 당, 정부 기관, 공기업으로의 취업 관문을 넓히고, 기술 인재를 체계적으로 관리하기 위한 제도를 정비한다. 기술 기능 평가 제도를 보완하여 직업 능력으로 직업 기준을 만들고 호적, 지역, 신분, 성분, 인사 관계 등의 제약을 없애서 민간의 다양한 직종을 원활하게 운영할 수 있도록 하는 평가 기준도 마련한다. 여기에 기준하여 근로자의 종신 직업 기능 훈련 제도도 수립한다.

물론 인재 영입에도 박차를 가한다. 해외 과학자의 유치 작업을 원활히 하고 직업 자격 인정, 자녀 교육, 의료 보험, 중국 체류 등을 제공하여 고급 외국 인력의 중국 내 창업을 유도한다. 실제로 홍콩의 중국계 창업보육센터에 가 보면 많은 서양인들이 창업을 하고 있다. 그만큼 중국 시장의 유혹이 큰 것이다. 중국은 앞으로도 기술을 가진 외국인들을 더 많이 영입하려 할 것이다. 외국인에 대해 영주권 제도를 도입하기로 한 것도 그 일환이다.

돈과 사람이 투입되어 기술적 성과가 나오면 이에 대한 보상이 필요하기 마련이다. 중국은 과학 기술 성과에 대한 재산권 제도를 정비하여 과학 기술 성과 사용권, 처분권, 수익권을 개선하고, 과학자에게 과학 기술 성과에 대한 소유권 부여나 장기 사용권 시책을 실시하겠다고 한다. 이는 과학자

---

* 꽃이 핀 나무를 다른 나무에 접붙인다는 의미로, 교묘한 수단으로 남을 속여 뒤바꾼다는 뜻으로 사용된다.

** 넉 냥의 힘으로 천 근의 힘을 발휘한다는 개념으로, 적의 힘을 역이용해서 오히려 상대에게 더 큰 피해를 입히는 수법을 말한다.

들에게 상당한 동기 부여가 될 것이다. 이어서 지적 재산권의 보호와 운용을 강화하여 중대한 기술 장비, 중점 신소재 등의 분야에서 자주적인 지적 재산권의 시장화 운영을 하도록 지원한다.

기술 개발의 자원 배치 방식도 변경한다. 국가 과학 연구 프로젝트의 입안과 실시 방식을 개혁하고, 성과 방향을 강화하며, 건전하고 다원화된 지원 체제를 만든다. 그리고 과학 기술 성과 전환 시험기지를 건설해 과학 기술 개발의 결과가 나오면 이를 상용화하는 베이스를 만든다고 한다. 그리고 국가의 중대 과학 기술 프로젝트를 조건부로 기업이 담당할 수 있도록 지원한다.

이러한 국가적 노력이 헛되지 않도록 기술 이전 기구와 기술 매니저를 육성하고, 국가 기술 이전 센터를 건설하며, 기업이 대학이나 과학 연구기관과 협력하여 기술 개발 센터 등을 세울 수 있도록 지원한다. 응용 기술의 시장화, 기업화도 신속하게 추진한다.

더불어 국제 과학 기술 협력을 지원한다. 기초 연구의 국제 협력을 심화하고, 국제 과학 기술 혁신 협력 중점 태스크를 조직하며, 국제 과학 기술 혁신 협력의 새로운 모델을 모색하고, 과학 기술 영역의 대외 개방을 확대한다. 이노베이션의 요소들이 국경을 넘어 편리하게 이동할 수 있는 테스트를 전개하고, 이노베이션 창업을 발전시키며, 외국 과학자들이 정부의 과학 기술 지원 프로젝트를 주도적으로 담당할 것을 모색한다. 기술 무역을 발전시키고, 기술 수입원을 다원화하며, 기술 수출을 확대한다.

필자는 이러한 중국의 기술 자력갱생 계획은 필히 한국의 기술 기업과 기술인들에게 새로운 기회를 제공할 것이라고 생각한다. 다만 우리가 이용만 당하고 버려지는 일을 피하려면 우리 정부와 기업들이 보다 긴밀하게 협력하여 대응하고, 무엇보다도 중국을 지금보다 훨씬 더 깊게 이해할 필요가 있다.

내순환 경제가 비상 상황에서 운영될 때, 기존 수입에 의존하던 원자재나 부품 등 반제품 등의 조달이 어려워질 경우 어느 정도 범위의 제품에 영향을 줄지 알 수 없다. 그리고 급히 대체되는 제품의 경우 시장에서 인지도가 없고 제품의 신뢰성에 대한 의문이 생기기 쉬워 수요 측에서 구매를 꺼릴 가능성도 많다. 그렇기 때문에 중국 정부 입장에서는 이러한 비상 상황 시 잘 작동할 수 있는 시장 기능의 강화가 필요하다. 이에 대한 대책으로 중국은 소위 '건전한 요소 시장 운영 메커니즘'이라는 것을 추진한다. 요소 시장화 거래 플랫폼 및 공공 자원 교역 플랫폼의 기능을 확대한다는 것이다. 정책 중점인 과학 기술 성과 거래 플랫폼을 완비하고, 기술 성과를 공개 거래와 감독 체계로 전환한다. 공개 거래는 기본적으로 시장에 의한 기술 거래를 기대한다는 것이고 만일의 상황을 위해 감독 체계를 갖춘다는 의미다. 빅 데이터 거래 시장을 육성하고 법에 따라 데이터 거래를 전개하도록 유도하며, 요소 거래 플랫폼 구축, 요소 거래 플랫폼 정비, 요소 거래 정보 공개 제도 등에 다양한 소유제 기업, 즉 민간이 참여할 수 있도록 지원한다.

요소 거래는 '공급 측 개혁'이라는 일련의 정책에서 나온 키워드이다. 공급측 개혁이란 지금까지의 경제 정책이 주로 수출, 투자, 소비와 같이 돈을 사용하는 수요 측에 집중되어 있었던 것을 공급 체제 쪽으로 전환하여 개혁 및 개선한다는 것이다. 내순환 경제가 근본적으로 외국에서 필요로 하는 기술이나 물자를 공급받지 못하는 데서 출발하는 것이다 보니 이런 시각에서의 정책을 만드는 것은 너무나 당연한 일일지도 모른다.

공급 측 개혁하에 중국 정부는 내순환 실체 경제를 위해 금융 외 요소 가격의 시장화 개혁을 한다. 시장화 개혁이라고 하면 시장 경제를 강화하는 것처럼 들릴지 모르지만 정작 내용은 요소의 가격 메커니즘에 개입한다는 것이다. 물론 가격 메커니즘은 당연히 시장에 따르는 것이지만 유사시를 대비하는 정책이 더 부가될 전망이다. 특히 영향이 큰 토지와 관련해서는 현행의 지방 정부가 시장과 관계없이 정해 놓고 있는 도시와 농촌의 기준 지가, 표준 지가 등의 제정과 발표 제도를 보완하여 점차 시장 가격과 연동하도록 동태적 조정 메커니즘을 형성한다고 한다.

내순환 경제에서 중국 정부는 요소 가격의 관리와 감독을 강화하면서도, 시장 주체들이 법에 따라 합리적으로 정가 자율권을 행사하도록 유도하고, 정부의 가격 결정 메커니즘이 구체적인 가격 수준을 정하는 방식이 아니라 정가 규칙을 제정하는 방향을 추진한다. 즉 시장 주체들은 당국이 허용하는 범위 내에서 가격을 운영해야 하는데 이는 전시와 같은 비상 시국을 염두에 둔 것이다. 그래서 요소 가격 공시와 동태 모니터링 조기경보 체계를 구축하고, 요소 가격 조사와 정보 배포 제도를 단계적으로 도입하겠다고 한다. 즉 지금까지의 정부의 시장 통제는 직접적으로 가격의 상한이나 하한 등을 강제하는 것이었지만 앞으로는 시장에 맡기되 가격 이상이나 변동 조절 메커니즘을 마련하겠다는 것이다. 내순환 경제로 갈 경우 시장을 독점하는 사업자가 출현할 가능성이 매우 높기 때문에 대응을 준비하는 것은 충분히 납득이 가는 일이다. 하지만 요소 분야의 가격 반독점 사업을 강화하여 요소 시장의 가격 질서를 유지한다는 정책 의지가 현실에서도 잘 작동할 수 있을지는 섣불리 판단하기 어렵다. 그래서 내순환 경제하의 시장에 대한 정부 통제가 강화되는 것을 우려하는 목소리들이 많다.

그리고 실제 비상 상황이 닥쳤을 경우, 시장에 맡겨서는 대응이 어려울 수 있으므로 요소의 비상 배치 능력, 즉 물자 관리를 강화한다고 한다. 물자 관리를 국가 응급 관리 체계 구축의 중요한 내용으로 삼고, 응급 물자 생산 조달과 긴급 관리 필요에 부응하여 관련 생산 요소에 대한 긴급 조달, 구매 등의 제도를 수립한다는 것으로 긴급 상태에서의 요소의 효율적인 합동 배치 능력을 높인다고 한다. 말하자면 전시 동원 체제라고 보면 될 것이다. 빅 데이터, 인공지능, 클라우드 컴퓨팅 등 디지털 기술 활용도 장려하여 긴급 관리, 역학 조사, 자원 조달, 사회 관리 등에서 더 큰 역할을 할 수 있도록 한다.

인적 요소 관련하여 일각에서는 중국의 인구 노령화 현상이 내순환 경제의 발목을 잡을 것으로 보기도 하지만 중국 정부의 입장은 적어도 제14차 5개년 계획 내에는 노동 인구의 부족이 없을 것이라는 전망이다. 2019년 중국의 노동 인구(16~59세)는 8억 9,600만 명으로 연평균 400만 명 감소한 것으로 추산되며, 제14차 5개년 말까지 노동 인구는 8억 7천만 명 이상이 될 것으로 예상하고 있다. 2019년 말 도시 고용 인구는 4억 4천만 명으로, 농업 기계화, 산업화, 대규모 발전의 노동 생산성 향상, 산업 및 정보 산업의 기계 교체 효과 등을 고려할 때 경제 발전을 지원하기 위한 제14차 5개년 노동 공급 잠재력이 충분하다고 보는 것이다. 다만 최저 임금 기준 조정, 임금 단체 협상, 기업 임금 조사 제도 등을 정비하고 임금의 상시 조정 체계를 정착시키고 보완해야 할 것이다.

제14차 5개년 계획 기간 동안 공급 측 개혁은 요소 시장 개발 외에도 재산권 시스템 구축 분야에도 집중한다. 재산권 시스템은 중국 내의 사상, 이념 논쟁과도 관계가 있는 이슈이다. 말하자면 장파이로 대표되는 '민간 시장주의 및 탈계급 이념'과 시진핑 그룹 또는 시쟈쥔으로 대표되는 '국가 시장 개입주의 및 계급 이념'의 논쟁이다. 이러한 사상의 차이는 사유제와 공산제의 경계에 대한 입장이 달라지게 만든다. 하지만 아직 분명한 결론은 나오지 않은 것으로 보인다. 다만 중국이 새로 추구하는 재산권의 정의, 요소 소유권 및 이익의 정의는 다른 경제 주체의 이익과 관련이 있기 때문에 새 제도는 법에 따라 결정되고 엄격하고 효과적으로 보호되어야 할 것이다. 시진핑 주석 그룹이 갈수록 법치를 주장하는 것과 관련이 있는지는 모르겠지만 제14차 5개년 계획 기간 동안 개혁에 의해 추진된 제도적 메커니즘의 변화는 법률 시스템의 지속적인 혁신과 개선 측면에서 더 많이 입증되고 통합될 것이다. 이것은 향후 시진핑 시대의 새롭고 중요한 특징이 될 것으로 보인다.

실체 경제의 중점이 되는 신경제, 첨단 기술에 대해서 중국 정부는 아직 어떤 기술을 중점 전략 기술로 선정하고 어떤 개발 방식을 장려할지 구체화하지 않았다. 그러나 각 부처별로 향후 정책들이 이미 발표되고 때문에 대략적인 예상은 가능하다.

앞서 2019년도 말 경제 공작 회의 결과 소개와
2020년 말 경제 공작 회의의 분위기를 비교해 보면
쌍순환 경제의 분위기를 느낄 수 있다.

내순환 경제의 초점은 신경제

중국의 내순환 경제는 일차적으로 외부에 의존하는 생산 요소, 즉 첨단 기술과 전략 자원을 가능한 자국 내에서 해결하는 것이다. 그러나 어느 나라든 자국에서 모든 기술과 자원을 생산한다는 것은 불가능하다. 그리고 소비 시장을 두 배로 키운다는 목표하에서 전통적 산업에만 의지하는 것도 좋지 않은 방법이다.

2020년 9월, 중국 국무원은 이와 관련하여 '새로운 업태의 새로운 패러다임으로 새로운 소비의 가속화를 선도하는 것에 관한 의견(이하 의견)'을 발표한 바 있다. 이들은 새로운 업태의 새로운 패러다임을 선도하며, 새로운 소비 방식을 빠르게 추진하여 새로운 소비 발전을 가속화하고, 국내 대순환이 주체가 되고, 국내와 국제의 이중 순환이 상호 촉진되는 새로운 발전 구조를 형성하는 데 힘을 쓰고자 한다. 의견은 3~5년간의 노력으로 새로운 소비 발전을 촉진하는 체제와 정책 체계가 더욱 정비되어, 2025년에는 새로운 소비 시범이 형성될 것이라고 하였다. 도시와 선도 기업, 실물 상품의 온라인 소매 판매가 전체 사회 소비재에서 차지하는 비중이 눈에 띄게 높아지면서 인터넷+서비스 등 소비의 새로운 업태와 모델이 보급되고 성숙해지도록 하겠다는 것이다. 바로 인터넷을 기반으로 소비 형태에 중점을 두는 신경제를 일구어 내겠다는 것이다.

이를 위하여 의견은 다음 도표와 같이 4가지 방면의 정책을 제시했다.

새로운 업태 패러다임을 위한 중국 정부의 향후 정책

구분	정책
온·오프라인 소비의 유기적 융합	• 새로운 소비 사업의 새로운 모델 육성 • 인터넷 건강 의료 서비스 • 비접촉식 소비 모델 • 스마트 관광 • 스마트 스포츠 • 오프라인 융합 소비의 양방향 가속 • 인터넷 플랫폼의 오프라인 확장 지원 • 오프라인 업체들이 디지털 제품과 서비스를 더 많이 개발할 수 있도록 유도
새로운 소비 인프라와 서비스 보장 능력 구축	• 5G 네트워크, 사물 인터넷 등 새로운 인프라의 건설 역량 강화 • 핵심 상권, 중점 산업단지, 중요 교통 중심지, 주요 응용 지역의 인프라 건설 • 상업 무역 유통 기반 시설 네트워크 완비 • 지능화 기술을 집적한 새로운 응용 • 신형 소비 네트워크의 노드 건설 • 파급력이 강하고, 자원 통합이 우세한 지역 소비 센터 건설
신형 소비 발전 환경 최적화	• 관련 법규 강화 • 소비 신용 체계 강화 • 서비스 표준 체계 완비 및 새로운 소비 표준화 추진 • 증명서 처리 간소화 • 소매 신업태의 새로운 경영 환경 최적화
새로운 소비 정책 지원 강도 제고	• 재정 지원 강화를 통한 신형 소비 분야 기업에 대한 세수 징수 관리 최적화 • 금융 서비스 최적화 • 결제 서비스 비용 저감 • 노동 보장 정책 개선 및 새로운 업태의 새로운 모델 종사자의 사회 보험 참가 촉진 • 은행 등 각 분야의 참여 독려

출처: 중국 국무원

이렇게 내순환 경제는 신경제에 초점을 맞추고 있다. 과거의 전통적인 산업으로는 기간 내에 목표를 달성하기 어렵기 때문이다. 신경제를 이끌어 나가기 위해서는 새로운 서비스와 비즈니스 모델이 나와 주어야 하는데 그러려면 적극적으로 민간의 창의력을 이끌어 내야 한다. 그래서 중국은 이를 위한 사업 환경을 조성하려는 것이다.

산업 정책 외에도 중국 정부는 도시화, 산업화, 정보화 및 농업 현대화를 추진한다. 이러한 인프라 투자는 경제 구조 조정 및 산업 업그레이드의 속도를 높일 것으로 예상된다. 전통적인 산업을 업그레이드하고 전략적 신흥 산업을 급속히 발전시키면서 시너지 작용을 형성하려 하는 의도이다. 산업화와 정보화의 깊은 통합, 농업 현대화와 산업화, 정보화의 깊은 융합은 중국이라는 고유한 환경에서 다른 나라에서 찾아보지 못할 특성을 가진 많은 새로운 기업, 산업 및 경제 형태를 만들 것으로 예상된다.

또한 중국은 이미 전략적 우위를 보이고 있는 인터넷, SI(시스템 통합), 5G, 드론 등 4차 산업에 대해 명확히 장려책을 내놓고 있다. 사실 신경제, 신산업을 위해서라면 어느 나라나 육성책을 내놓고 있으며 그 대부분의 정책은 금융에 치우쳐 있다. 그런데 중국은 위에서 언급한 여러 금융 체제의 정비 외에 '국가 데이터 자원'을 이들 산업의 육성을 위하여 제공하겠다고 하는 점이 매우 흥미롭다.

우선 중국 당국은 데이터 요소 시장의 육성을 가속화하려 한다. 정부의 데이터를 개방 및 공유하여 경제 관리 기반 데이터베이스를 최적화하고, 각 지역의 부문별 데이터 공유를 가속화하며, 새로운 데이터 공유 책임 목록을 작성할 예정이다. 그리고 기업 등록, 교통 운수, 기상 등 공공 데이터의 개방과 데이터 자원의 효율적 흐름을 촉진하는 제도적 장치를 검토하고 있다. 중국은 이러한 개방을 통해 사회 데이터 자원의 가치를 높이고 활용하려 한다. 디지털 경제 신산업, 신업태와 신모델을 육성하고 농업, 공업, 교통, 교육, 방위, 도시 관리, 공공 자원 거래 등의 분야에서 데이터 개발 및 이용의 규범화를 지원한다. 인공지능, 웨어러블 기기, 텔레매틱스(차량 무선 인터넷), 사물 인터넷 등의 분야 데이터 수집 표준화도 추진한다.

물론 이런 데이터의 공개 이용은 보안 문제가 있다. 그래서 중국은 데이터 자원 통합과 보안을 강화하는 통일된 규범의 데이터 관리 제도를 마련하여 데이터 품질과 규범성을 높이고 풍부한 데이터 제품의 공급을 장려한다. 데이터의 특성에 근거하여 재산권의 성격을 정하고, 데이터 프라이버시 보호 제도와 보안 심사 제도를 제정한다. 빅 데이터 환경에도 적용하는 데이터 분류 단계별 보안 제도를 보완해 정무 데이터, 기업 영업 비밀, 개인 데이터에 대한 보호를 강화할 계획이다.

중국 정부의 데이터에 대한 정책은 절대 과소평가해서는 안 된다. 앞에서도 이야기했지만 중국 법에 따르면 중국 내에 서버를 두고 있는 모든 시스템은 중국 법의 관할을 따라야 한다. 그리고 중국법이 관할하는 모든 서버는 중국 정부가 서버 내의 데이터에 접근할 수 있는 기술적 방법을 제공해야 한다. 그러므로 이론상 중국 정부는 중국 내의 모든 데이터에 접근이 가능하다. 외국 기업도 마찬가지이다.

우리나라의 기업이나 사람들이 중국에 가서 가장 먼저 겪는 괴로움이 중국의 통신이다. 세계에서 가장 빠른 인터넷의 나라에서 오다 보니 통신의 속도가 떨어지는 것은 감내할 수밖에 없다고 해도 중국 밖의 SNS와의 접속은 물론 대부분의 클라우드 서비스를 사용할 수 없게 되는 것은 정말이지 불편함을 넘어서 일상생활에 지장을 줄 정도라고 할 수 있다. 이러한 통신 속도의 문제와 관련 인프라의 미비는 중국에 있는 수많은 사람들과 기업들로 하여금 중국 내의 데이터 센터나 클라우드 서비스를 사용하도록 만든다. 그리고 중국의 클라우드 서비스는 가성비가 상당히 좋다. 규모가 있어야 경쟁력이 생기는 서버 팜server farm 같은 경우 알리바바, 아마존 등의 글로벌 기업들 그리고 차이나텔레콤 등 통신 대기업들이 경쟁하여 보다 싸고 빠른 서비스를 제공한다. 이러한 서비스를 위하여 서비스 제공자들은 중국 전역에 대규모의 데이터 센터를 건설해 놓고 대량의 서버를 설치하였다. 중요한 것은 이러한 데이터 센터에는 중국 공안부의 설비 역시 대량으로 들어서 있다는 것이다. 이 설비들은 프로토콜 애널라이저protocol analyzer* 장비로써 이곳을 통과하는 가입자들의 통신 내용을 분석할 수 있다.

필자가 이야기하고 싶은 것은 중국 정부의 통신 감청이 인권을 훼손한다는 것이 아니다. 국가 전략적으로 중국 정부는 국내 모든 서버에서 돌아다니는 14억 사용자의 데이터에 접근이 가능하며 이는 천문학적인 크기의 빅 데이터를 구성한다. 세계 어느 국가 어느 기관도 이러한 규모의 데이터를 확보할 수 없다. 그리고 행여 다른 나라의 정부가 이 정도의 데이터를 확보할 수 있다고 하더라도 프라이버시의 문제가 있어 개인 정보 내용을 마음대로 분석할 수 없다. 중국 정부는 이것이 가능한 것이다.

그래서 중국 정부와 기업들은 세계에서도 가장 높은 수준의 빅 데이터 경험을 쌓게 되었고 이를 기반으로 우수한 빅 데이터 기술을 개발할 수 있었다. 필자가 단언하건대 중국의 빅 데이터 기술은 앞으로 세계 최첨단의 길을 걸을 가능성이 높다. 그리고 이 기술은 또 하나의 중요한 국가 전략 기술을 가능하게 한다. 바로 AI(인공 지능)이다. 우리는 이미 부지불식간에 AI를 일상생활 속에서 사용하고 있다. 많은 인터넷 기업들의 메신저를 통한 고객 지원은 사실 사람이 아니라 AI가 대응하고 있다. 글로벌 금융 기업들은 AI를 이용하여 실시간으로 주식을 매매하고 투자를 결정할 뿐만 아니라 군사 용도로도 긴히 사용하고 있다.

그렇다면 AI는 어떻게 개발하는 것일까? 과거의 전문가 시스템 같은 경우 사람이 가지고 있는 전문 노하우를 컴퓨터에 옮기는 방식이었다. 그러

---

* 데이터 링크 계층에 연결되어 전달되는 신호를 분석하고 추적하는 장치.

나 지금은 딥 러닝Deep Learning을 통해 컴퓨터 스스로 배우는 방식이 주류가 되고 있다. 사람에게 배운 지식보다 컴퓨터가 스스로 배운 지식이 더 정확하고 품질이 좋은 결과를 가져오는 것이다. 하지만 컴퓨터가 스스로 공부하기 위해서는 대량의 학습 데이터를 제공해야 하는데 바로 이것이 빅데이터가 해줄 수 있는 역할이다. 다시 말해 보다 크고 상세하며 양질의 데이터를 제공해 주면 컴퓨터는 보다 정확하고 신속하게 결과를 내어 놓는 AI를 양성할 수 있다.

현재 중국의 빅 데이터보다 더 크고 상세한 빅 데이터를 제공할 수 있는 나라는 어디일까? 미국이나 EU가 연합한다고 해서 중국에 대항할 수 있을까? 하물며 대한민국이 대항할 수 있는 조건은 처음부터 성립하지 않을 것이다. 거꾸로 말해 중국의 시각에서는 빅 데이터와 AI야말로 앞으로 중국의 선도적 지위를 보장해 주는 전략 무기의 신천지나 다름없다.

하지만 중국이 이를 위한 기술을 개발해 나가는 과정에서 직면한 것이 바로 AI 반도체이다. AI 반도체를 생산하려면 반도체 제조 업체의 협력이 필요하다. 이 반도체 제조에서 중국이 미국에게 차단을 당한 것이다. 이제 중국이 반도체 사태를 보는 안타까움을 독자분들도 이해할 수 있을 것이다. 중국은 필히 이 반도체 문제를 해결해야만 한다. 그래야 미국을 넘어설 수 있다.

중국의 넘버원 기술 개발 프로젝트, 3세대 반도체

오래전, 필자와 알고 지내던 S그룹의 중역 한 분이 전화를 걸어왔다.

"지금 중국 신식산업부 차관이 우리 반도체 공장을 방문 중인데, 묻지도 따지지도 않고 무조건 국산화하고 싶으니 반도체 기술을 제공하라네?"

"그럴 수 있지요. 중국은 어떻게든 반도체 기술을 확보하려 하니까요."

"그런데 무조건 기술을 자기들한테 달래. 세상에 이런 경우도 있나?"

"혹시 무슨 대가를 준다고는 안 하던가요?"

"중국에 반도체를 팔 수 있게 해 준다네. 아니, 지금도 잘 팔고 있는데 말이야."

중국의 반도체가 이제는 국가의 명운을 좌우할 수 있을 정도가 된 것은 중요한 사실이다. 중국은 자국의 반도체 기술 확보를 위해 오랜 기간 노력해 왔다. 그런데 그 방법이 너무나 거칠었다. 그냥 달라고 하면 누가 주겠는가.

필자가 이해하는 중국의 사고방식은 이렇다. 중국에서는 '국산화'의 정의가 우리와는 다르다. 중국에서 말하는 '국산화'는 중국 영토 내에서 생산하는 것이다. 즉 위에서 예로 들은 중국 신식산업부 차관의 뜻은 S그룹이 중국 내에 공장을 만들어 반도체를 생산해 달라는 뜻이다. 필자가 생각하건데 그가 말한 "팔 수 있게 해 주겠다"라는 말은 일정 규모 이상의 반도체를 중국 정부가 구매를 보장해 주겠다는 의미이다. 그래서 우리 말로 번역을 한다면 이런 뜻이 된다.

"우리나라에 투자해서 현지 공장에서 생산해 주지 않겠소? 각종 정책 혜택과 구매를 보장하리다."

과거에는 이러한 중국의 세련되지 않은 자기중심적 언행이 중국의 문화 수준이 낮아서이기 때문이라고 여겨졌다. 하지만 반도체 기술을 확보하려는 중국 공산당의 정책 목표는 이렇게 예의를 잃을 만큼 급하고 집요하다. 그들은 당시 반도체 분야에서 제대로 진척을 보이지 못해 몸이 달았던 것으로도 생각된다.

그러다 보니 중국에서는 너도나도 반도체 회사를 설립했고 그 결과 2020년 1월부터 9월까지 중국에 설립된 반도체 기술 회사의 수는 1만 3천 개가 넘는다. 많은 사람들이 반도체 회사를 만들고 꽌시를 동원해 국가의 재정적 지원을 받으려 한 것이다. 그래서 중국 정부는 제대로 된 준비나 실력도 없이 함부로 반도체 산업에 진입하는 업체들을 규제한다는 정책을 발표했다.

중국 반도체 업종 협회에 따르면 현재 중국산 칩은 서버와 PC의 핵심 칩인 CPU(중앙 처리 장치) 및 산업 응용 핵심 칩인 MCU(메모리 제어 장치) 분야에서 각각 0%와 2%의 점유율을 차지하고 있다. 이동 통신 분야에서도 ZTE는 자체 장비 업체여서 시스템 이해도가 높아 기저 프로세서와 애플리케이션 프로세서 중 중국산 칩을 18%, 22% 사용하고 있지만 임베디드 MPU(마이크로프로세서), DSP(디지털 신호처리 장치), AP(애플리케이션 프로세서) 분야는 중국산 칩의 시장 점유율이 거의 전무하다.

제14차 5개년 계획 동안 중국은 3세대 반도체 교육, 연구 개발, 융자, 응용 등 각 방면에 광범위한 지원을 하기로 하였고, 약 1조 4천억 달러를 무선 네트워크와 AI 등의 기술 영역에 투입하기로 하였다. 그리고 목표도 비

주요 IT 산업 종목별 중국산 점유율 현황

제품	반도체	중국산 점유율
서버, PC	CPU	0%
공업용 애플리케이션	MCU	2%
PLD	FPGA/CPLD	0%
디지털 신호 처리기	DSP	0%
이동 단말	AP	18%
	통신 처리기	22%
	삽입식 MPU	0%
	삽입식 DSP	0%
코어 네트워크 장비	NPU	15%
메모리	DRAM/NAND/NOR	0~5%

출처: IFENG(凤凰网)

교적 명확하다.

첫 번째 목표는 14나노, 7나노를 구현하는 것이다. 그리고 개발에 끝나는 것이 아니라 양산을 목표로 잡고 있다.

두 번째 목표는 고수준의 반도체 설계 기술과 패키징이다. 설계 분야 는 중국이 상당한 기술을 확보했다고 자체 평가하고 있다. 통신 반도체, IoT(사물 인터넷), RF(무선 주파수) 등 분야에서 UNISOC가 우세하고 이미지 센서 분야에서는 하오웨이北京豪威가 선전하고 있다. 구딕스Goodix는 광학 지문 인식 칩의 선두 주자이다. 불론 메모리 반도체 분야에서는 한국 기업 들에게 경쟁이 안 된다. 그러나 창장 메모리長江储存가 64층 3D 낸드 플래 시nand flash의 양산 능력을 갖출 예정이고, 즈광 메모리紫光存储도 디램DRAM 기술을 어느 정도 확보하고 있으며, 허페이 창신合肥长鑫은 디램을 양산하고 있어 중국의 기술도 어느 정도 기반은 갖추고 있다.

그러나 임베디드 MPU, DSP, AP 분야에서 중국의 주요 세트 업체는 대부분의 반도체를 외국 기업에 의존하고 있는 상황이다. 제14차 5개년에서는 메모리칩, 임베디드 MPU, DSP, PAP(플라스마 지원 광소자) 분야, 아날로그 칩, 고출력 소자의 설계 기술 확보에 주력할 것으로 보인다.

패키징 분야에서는 기존의 BGA(볼 그리드 배열) 등의 패키징 기술은 연간 2.4%의 성장, 반도체 덤프, WLP(웨이퍼 레벨 패키지), TSV(실리콘 관통 전극), Sip(시스템 인 패키지) 등의 선진 패키징 기술은 연간 8.2%의 성장을 예상하고 있다. 중국 반도체 협회의 데이터에 따르면 2019년 중국 반도체 패키징 시장은 2,350억 위안으로 전년 동기 대비 7.10% 성장했다. 패키징 기술은 중국의 반도체 기술 중에서 국산화에 가장 높은 완성도를 보인 분야이다. 제14차 5개년 계획에서는 로직 칩과 고출력 칩의 패키징에 주력할 것으로 보인다.

세 번째 목표는 반도체 제조 설비다. 반도체 전용 설비 업종은 기술 집약적인 업종으로 생산 기술은 전자, 전기, 기계, 재료, 화학이 모두 관련되어 있다. 그러므로 공학, 유체 역학, 자동화, 이미지 인식, 통신, 소프트웨어 시스템 등 다양한 학문 분야와 지식을 종합적으로 활용해야 한다.

특히 EUV(극자외선), 대형 웨이퍼, 광각 실리콘 등은 중국의 목을 죄는 관건 기술이다. 중국의 반도체 설비 기업 중 가장 매출이 큰 베이팡화창北方华创의 시장 점유율은 불과 1%도 되지 않는다. 중국 입장에서는 어떻게든 이 상황을 극복해야 한다.

이런 상황에서 중국이 제14차 5개년 기간 중 가장 희망을 걸고 있는 것이 3세대 반도체이다. 3세대 반도체란 실리콘 카바이드와 질화 갈륨 반도체를 말한다. 일반 실리콘보다 훨씬 더 높은 전압, 주파수, 온도에서 작동하고 스위칭 및 전도 손실이 더 낮으며 주로 전력 전자 부품, 특히 전기 자동차용으로 적합하다고 하니 전기 에너지 제품에 적합한 반도체라고 할 수 있다. 이것으로 미루어 보아 중국 정부의 정책 중점이 어디로 향하고 있는지를 알 수 있다.

중국이 3세대 반도체를 전략적으로 추진하는 이유는 군사 기술에 필수적이고 차세대 반도체 표준으로 자리 잡을 것으로 보이는 데다 중국이 재

글로벌 반도체 설비 기업 매출 순위(2019년)

(단위: 백만 달러)

순위(2019년)	국가	기업	2018년	2019년	성장률	점유율
1	미국	어플라이드 머티어리얼즈	14,016	13,468	−3.90%	19.24%
2	EU	ASML	12,816	12,816	−0.40%	18.24%
3	일본	도쿄 일렉트론	10,915	9,552	−12.50%	13.65%
4	미국	램 리서치	10,871	9,549	−12.20%	13.64%
5	미국	KLA텐코	4,241	4,665	10%	6.66%
6	일본	아드반테스트	2,572	2,470	−4%	3.53%
7	일본	스크린 홀딩스	2,226	2,200	−1.2%	3.14%
8	미국	테라다인	1,492	1,553	4.10%	2.22%
9	일본	히타치 하이테크	1,403	1,533	9.30%	2.19%
10	EU	ASM 인터내셔널	991	1,261	27.20%	1.80%
11	일본	니콘	551	1,200	117.80%	1.71%
12	일본	고쿠사이 일렉트릭	1,486	1,137	−23.50%	1.62%
13	일본	다이후쿠	972	1,107	13.90%	1.58%
14	싱가포르	ASM 퍼시픽	1,181	894	−24.30%	1.28%
15	일본	캐논	765	692	−9.50%	0.99%
16	중국	베이팡화창	474	579	18.13%	0.83%

출처: IFENG(凤凰网)

료 분야에 경쟁 우위를 가지고 있다고 생각하기 때문이다. 3세대 반도체 정책은 이미 기존의 중국제조 2025 계획에 명시되어 있다. 국가과학기술부, 공신부, 베이징시 과학기술위원회가 3세대 반도체 산업기술혁신전략연맹 CASA을 설립해 3세대 반도체 재료 및 부품 연구 개발과 관련 산업 발전을 촉진하기 시작했다. 2019년 11월에 이미 공신부는 '중점 신소재 최초 응용 시범 지도 목록'을 발표하여 GaN(질화갈륨) 단결정, 출력기용 GaN 외연편, SiC(실리콘 카바이드) 외연편, SiC 단결정판 등 3세대 반도체 제품을 목록에 올리도록 명시했다. 이 방침에 따라 이들 제품들을 최초로 적용했을 때 문제가 생길 경우 보험 처리가 가능하다.

중국은 2025년까지 교육, 연구, 개발, 융자, 응용 등 각 방면에서 3세대 반도체 산업의 발전을 대대적으로 지원하여 산업 자립을 실현하려 한다. 산업 사슬 상위의 SiC 웨이퍼부터 출력 부품의 제조, 하류 공정 제어, 신에너지 자동차, 태양광 발전기 등의 응용에 이르기까지이다.

중국은 3세대 반도체가 서방과의 격차가 상대적으로 적은 분야이기 때문에 가장 유망한 분야로 보고 있다. 그리고 신에너지 자동차 산업 정책과 호환하며 상호 발전에 기여할 것을 기대하고 있다. 이에 따라 중국에서의 3세대 반도체 시장은 향후 수년간 25~40%의 높은 성장률을 유지할 것으로 보인다.

신에너지와 자동차 산업

중국의 신에너지 정책은 제14차 5개년 계획에서 가장 우선적으로 채택될 프로젝트로 여겨지고 있다. 그 논거를 살펴보면 일단 중국이 에너지의 상당 부분을 수입에 의존하고 있어 에너지 안보의 문제가 있다는 점을 출발점으로 삼는다. 중국은 원유 수요의 72.6%, 천연가스 수요의 42.9%를 수입에 의존한다. 그리고 자국 내 에너지 자원 중 산출량이 많은 석탄은 도처에서 오염을 일으켜 대안이 되지 못한다. 그렇기 때문에 방향은 비화석 에너지, 즉 신에너지를 사용하는 방향으로 갈 수밖에 없다. 그래서 업계에서는 2025년까지 비화석 에너지 사용량이 15%를 넘길 것으로 예상하며 많게는 17~20%를 차지할 것으로 추정하고 있다. 사실 그간 중국 정부가 각종 국제 회의에서 발표한 대로라면 2020년에 15%, 2030년에 20%, 2050년에는 50%에 다다라야 한다. 태양광 발전은 42~86기가와트GW 규모, 풍력 발전은 25~51기가와트 규모에 이를 것으로 추정하고 있다. 언론에서는 비화석 에너지, 즉 신에너지의 사용 비율이 제14차 5개년 계획에서 중요한 지표가 것이라고 전망하고 있다.

국망 신에너지 연구원의 신에너지 및 통계 연구소장 리총회이李瓊慧는 2020년 9월 중국이 2030년까지 최대치를 달성하고, 2060년까지 탄소 중화를 실현하기 위한 더욱 강력한 정책과 조치를 취할 것이라고 밝혔다. 그는 2030년경에는 신에너지의 비중이 20%를 초과할 것이라고 예측했다. 일부에서는 제14차 계획이 종료되는 2025년까지 중국에 새로 설치되는 발전 시설 중 신에너지 비율이 56%, 2035년까지는 99%에 이를 것으로 보고 있다.

중국의 인터넷에서 돌고 있는 소문으로는 제14차 5개년 계획에서 신에너

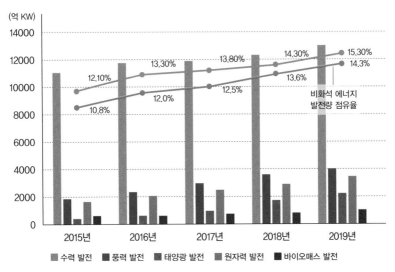

중국의 비화석 에너지 발전량 추이

(억 KW)

비화석 에너지
발전량 점유율

■ 수력 발전　■ 풍력 발전　■ 태양광 발전　■ 원자력 발전　■ 바이오매스 발전

출처: 중국 국가에너지국

지 분야에 정부의 돈 1천억 위안 이상이 투자될 것이라고 한다. 1천억 위안이면 한화로 17조 원이 넘는다. 이 숫자는 댐 건설 등 토목형 프로젝트는 포함되지 않은 숫자이다. 그중에서도 담당 부처인 국가에너지국이 '지속 가능 에너지 발전 제14차 5개년 계획 업무 관련 통지'를 이미 반포하여 가장 큰 영향을 받을 것임을 명시한 태양광 발전이 주력 산업이 될 것으로 보인다.

그리고 신에너지에 대해서도 선별적으로 추진할 것으로 보인다. 전통적인 수력 발전의 경우 2019년 발전량은 13,019억 킬로와트시kWh로 지난 4년 동안 복합 증가율은 4%였다. 기존 설치 용량(356기가와트)이 경제 개발 용량의 91%를 차지하여 이론적으로 발전 용량의 한계에 가까워지고 있어 후속 개발 가능성이 낮다.

풍력 발전의 경우 2019년을 기준으로 발전 용량은 25.7기가와트에 이른다. 발개위는 풍력 발전의 경우 이미 보조금 지급을 줄이거나 중지하고 있다. 제14차 5개년 기간 동안 신규 사업은 모두 타당성 검토를 신중하게 하도록 조치하고 있으므로 사실상 특별한 경우가 아니면 풍력 발전에 대한 투자는 대폭 감소할 것으로 전망된다.

원자력의 경우 2019년 발전량은 3,483억 킬로와트시로 지난 4년 동안 복합 성장률이 20%에 달했다. 후속 개발 잠재력은 평균으로 평가된다. 원자력 개발은 안전 및 지리적 제약을 받고 있으며 발전소의 건설 기간이 상대적으로 길다. 원래 계획상으로는 건설 중인 원전 11기의 12.18기가와트와 계획 중인 16.6기가와트를 감안하면 원자력 발전소의 건설 주기는 5~6년으로 14년 평균 발전량 증가율은 약 12%가 되어 소폭 감소할 것으로 예상했다. 그러나 미국의 전략적 억제가 지속되면 에너지 수입에 큰 타격을 받게 되므로 다시 원자력 발전에 대한 투자를 늘려야 하지 않느냐는 논의가 진행 중이어서 원자력 발전에 대한 투자가 증가할 가능성도 있다.

바이오매스 발전의 경우 2019년 발전량은 1,032억 킬로와트시로 지난 4년간 복합 성장률은 10%이다. 후속 발전 잠재력은 원자력과 유사한 평균 수준이다. 제한된 자원 조건과 높은 개발 비용이 들지만 환경 이슈, 농촌 이슈와 맞물려 중국 정부는 바이오매스 보조금 정책을 계속 진행할 것으로 예상된다. 5년 평균 발전 성장률은 10%를 유지했다.

향후 주력이 될 태양광 발전을 보면 태양의 빛을 이용하는 태양 전지 방식과 태양의 열을 이용하는 방식이 있다. 경제성 면에서는 태양 전지 방식이 앞서 나가고 있다. 태양열 발전은 태양광 발전에 비해 주목받지 못하고 있으며 제14차 5개년 계획에서는 몇 개의 시범 프로젝트 정도가 계획된 상태다.

반면 태양 전지는 중국 기업의 국제 경쟁력을 확보하면서 밝은 전망을 보이고 있다. 2020년 7월 중국의 태양 전지 수출량은 2.4억 개에 달하여 전년 동기 대비 8.04% 증가하였다고 한다. 1월부터 7월까지의 누적 수출량은 15.6억 개로 전년 동기 대비 25.72%가 증가했다. 이는 주재료인 실리콘의 가격 변화에 영향을 받은 것으로 보인다.

태양광 발전의 비용은 하락세가 뚜렷해 원가가 하락할 가능성이 충분하므로 2025년에는 각 성의 전력 소비액이 약 28% 감소할 것으로 예상된다. 그러므로 제14차 5개년 계획에서는 태양광 발전에 대한 집중 투자가 예상된다. 80기가와트 정도의 투자가 있을 것으로 보는 전문가도 있다.

태양광 발전은 대규모의 토지를 필요로 한다. 황무지, 사막 등을 이용하기도 하지만 대개는 농촌의 빈 땅이나 경작을 포기하는 밭들을 이용하고 있다. 국가가 장려하면서 태양광 발전은 뒤에 나올 '토지유전土地流转'의 주요 대상이 되었다. 농민들에게 넓은 땅을 제공받아 그 위에 태양광 발전을 설치하고 수익을 분배하는 방식이다. 태양광 발전은 한때 각 지방 정부의 지원을 받으면서 급속도로 확대되었다. 특히 별다른 산업이 없던 농촌 지역에서 그리고 촌이나 향 같은 말단 행정 조직에서 열심이었다. 별다른 호재가 없던 곳에 산업을 해 볼 기회가 생긴 것이기 때문이었다. 그러나 결정적인 구조적 문제가 있었다. 태양광 발전이 수익성을 얻기 위해서는 땅값이 싼 곳으로 가야만 했다. 그런데 땅값이 싼 곳에는 전력의 수요가 없다. 그래서 리총회이는 다음과 같이 말했다.

"집중이냐 분산이냐의 논의는 필요 없다. 가능한 방법을 취하면 된다. 중동부 지역이 타산이 안 맞으면 서부 지역은 시도할 필요도 없다. 신에너지 발전 공간은 넓으니 해결책을 찾아야 한다."

그는 매년 8천만 킬로와트[㎾] 이상 신재생 에너지가 늘어야 하며 경제성과 타당성을 주의해야 한다고 했다. 이전처럼 막무가내식 개발이 되는 것을 경계한 것이다.

그리고 발전량의 증가에 따라 저장 장치ESS 수요도 함께 증가할 것으로 보이는데 시장에서는 이 에너지 저장 장치 쪽의 전망을 더 크게 평가하는 듯하다. 현재 신장 위구르, 내몽고 등 10여 개의 성 정부에서 에너지 저장 장치 관련 문건들이 나오고 있는데 이미 발전 용량의 5%에서 20% 정도 규모의 ESS를 계획하고 있다고 한다. 신장 발전개혁위원회의 경우 2020년 3월 25일과 5월 6일에 '신장 전력망 발전측 에너지 저장 관리법'과 '2020년 풍력, 태양 전지 발전 사업에 관한 통지' 등을 잇달아 공포하여 참여 사업자들이 10메가와트, 20메가와트시 이상의 에너지 저장 장치를 설치할 것을 촉구하고 있다.

신에너지 영역에서 보다 더 큰 그림을 그리는 사람들은 전기 자동차 산업과 연계한 공급망 산업 사슬을 생각한다. 사모펀드 애널리스트인 류요우화刘有华는 전기 자동차 연관 분야가 제14차 5개년 계획에서 가장 확장될 산업이라고 언급했다. 3세대 반도체가 전기 자동차와 관련된 점을 고려할 때 이는 상당히 납득 가능한 논리라고 할 수 있다. 왜냐하면 중국 정부가 2035년까지 모든 자동차를 친환경 자동차로 전환하려 하고 있기 때문이다. 중국 공업 및 신식화 산업부의 지도하에 중국 자동차 엔지니어링 학회는 신에너지 자동차 기술 로드맵 2.0을 제정하였는데 이에 의하면 중국은 다음 표와 같이 자동차의 에너지 유형을 변경시킬 계획을 가지고 있다고 한다.

중국 정부의 신에너지 자동차 비율 목표

유형	2019년	2025년	2030년	2035년
가솔린	95%	40%	15%	0%
하이브리드		40%	45%	50%
신에너지	5%	20%	40%	50%

출처: 닛케이

국무원은 2020년 11월에 신에너지 자동차 시장 산업 발전 계획(2021~2035)의 통지를 발표하여 중국 정부가 신에너지 자동차의 효율을 100킬로미터당 12킬로와트 수준까지 끌어올릴 것이고 신차 판매량의 20%까지 비중을 높일 것이라고 했다. 이를 위하여 관련 인프라를 확충하고 오토 파일럿 기능과 각 세그먼트의 상용화를 추진하여 신에너지 자동차에 대한 서비스 및 편리성을 대폭 향상시키겠다고 하였다. 또한 신에너지 자동차에 대한 표준화를 추진, 기존의 표준화 프로젝트를 전면 재검토하고 향후 5개년 계획을 개편한다고 하니 중국의 자동차 업계로서는 완전히 새로운 국면에 진입하게 되는 셈이다.

2019년 중국의 신에너지 자동차 생산 판매는 보조금 제도가 점차 폐지되면서 124만 2천 대, 120만 6천 대로 전년 대비 각각 2.3%, 4.0% 감소했다. 2020년은 코로나19로 인해 신에너지 자동차 시장이 둔화될 것이라는 관측이 있었지만 하반기부터 다시 판매가 성장하고 있다. 제14차 5개년 동안의 신에너지 자동차 판매 규모는 총 1천만 대로 예상하고 있다. 이것은 단지 정부의 정책 의지만 보고 판단하는 것은 아니다. 신에너지 자동차에 대한 시장의 수요가 이미 변곡점에 도달했다고 보는 견해가 많기 때문이다.

내륙으로 내륙으로, 남수북조와 슝안 신구

정책적으로 선택하고 집중한 분야 외에도 중국이 놓칠 수 없는 것이 전 국토의 균형 발전이다. 중국의 도시화 수준은 높지 않아서 국제 표준과 큰 차이가 있다. 2018년 중국의 상주인구 도시화율은 59.6%인데, 이 속도라 면 9년 후에 중국의 도시화율은 70%에 달할 것으로 예상된다. 그러나 수 요를 충족하기에는 도시의 수용 능력이 따르지 못해 중국은 농민과 도시민 을 구별하는 호구 정책을 시행해 왔다. 그 결과 약 2억 명이 넘을 것으로 추 산되는 사람들이 도시에 정착하지 못했다고 한다. 국제적으로 보면 고소득 국가는 75% 이상의 도시화 비율을 가지고 있으며, 중국의 현대화는 70% 이상 되어야 한다는 것이니 중국의 도시화는 갈 길이 멀다.

개혁 개방 이후 중국의 국토 개발을 대표하는 도시화는 전국 600개 이상 의 도시와 함께 진행되어 왔지만 각 도시의 단기 수요에 각자 대응하다 보니 도시마다 시설 건설 수준이 고르지 않고 격차가 크다. 대도시는 인구가 집중 되고 중소 도시는 인구가 줄고 있다. 즉 도시 간에도 부익부 빈익빈의 현상 이 나타나고 있는 것이다. 도시화의 불균형은 도시 거주자의 주거 수요 개선 을 크게 제한하고, 부동산 및 자동차 산업의 발전을 제한하며, 산업화 속도 를 늦추고, 생산 도시의 통합 수준과 도시화 수준을 높이는 데 영향을 준다.

그리고 도·농을 엄격히 구분하는 정책은 주변과의 연관 효과 및 기타 시 스템과의 연계를 부족하게 만든다. 그러면 메가 시티가 주변 지역을 도시 화하는 현상이 억제되고 더 확장을 이룰 수 있는 능력이 제한된다. 베이징 등이 경량화 발전 전략을 채택한 것도 이러한 정책 환경 전략의 결과다.

시장 측면에서는 지역 분할, 산업 봉쇄 등 시장 환경의 발달 정도가 다르기 때문에 산업 융합 발전 수준의 남북 격차가 눈에 띄게 벌어졌다. 예를 들어 동북 지역의 도시들은 인구가 감소하고 경제 규모가 줄어드는 상황을 겪고 있다. 요약하자면 중국의 도시화는 큰 진전을 이루었지만 동시에 불균형의 모순이 심화된 것이다.

개혁 개방 이후 중국의 도시화는 급속한 발전을 이루었지만 도시 인구 역시 전례 없는 높은 속도로 증가했기 때문에 광범위하고 낮은 수준의 확장이 될 수밖에 없었다. 수요가 긴급하다 보니 도시 건설 및 개발은 졸속으로 이루어진 특성을 가지고 있다. 주택 건설의 질은 높지 않고 도시의 거버넌스* 능력도 일반적으로 낮다.

그래서 중국은 이제 새로운 방향의 지역 개발을 추진한다. 이제까지는 도시화를 통하여 부분적인 개발과 경제 성장을 도모하고 이를 통해 주변의 농촌을 연대하고 이끌어 가는 것이었다면 앞으로는 불균형을 해소하는 방향으로 진행하겠다는 것이다.

먼저 도시의 정책을 살펴보자. 우선 중앙 정부의 후원하에 전국 도·농의 장기 배치 계획을 수립한다. 토지 및 자원 환경 조건을 고려하여 국가의 장기 번영 요구와 가능한 조건에 따라, 국가 도시 장기 계획을 준비하여 장기 레이아웃 및 인프라, 공공 서비스 및 기타 공공복지 장기 역량 구축 목표를 명확히 할 계획이다. 그리고 국가 장기 도시 계획에 따라 도시 클러스터 조직을 계획하고, 지역 및 부문 간 이익의 장벽을 넘어서 전체적이고 장기적인 관점에서 개발한다.

그리고 도시 하부 구조 장기 계획에 따라 주요 건설 프로젝트를 선정한

---

* 공동의 목표를 달성하기 위하여, 주어진 자원 제약하에서 모든 이해 당사자들이 책임감을 가지고 투명하게 의사결정을 수행할 수 있게 하는 제반 장치.

다. 통합 교통 네트워크, 도시 그룹 간 및 도시 그룹 내 통합 교통망의 주요 허브 프로젝트, 높은 수준의 기본 농지를 포함한 국가 및 장기 수자원 보존 및 물 운송 시스템 구축, 도시 수원 보호 및 건설, 도시 배수 및 폭우로 인한 홍수 방지 및 제어 시스템 개선, 전력, 통신, 급수 및 배수, 난방 등이 주요 프로젝트이다. 또 도시 하수 처리 및 재활용 시설, 비오염 전환 및 침전물의 처리, 도시 생활 폐기물 처리, 가스와 같은 장기 안전 기능을 갖춘 도시 지하 통합 파이프 프로젝트 등이다.

이들 하부 구조 외에 도시 공공시설의 수준도 업그레이드한다. 학교, 유치원, 의료 및 보건 기관, 문화 시설, 스포츠 경기장 및 기타 공공 서비스 시설, 도시 주차장 및 입체 차고, 주거 지역 지하 주차장 등의 여러 측면에서 포괄적인 수준의 업그레이드 및 건설을 추진한다.

이러한 사회 인프라 투자를 위한 재원 조달을 위해 장기 건설 채권을 발행한다. 중앙 정부의 통일된 조정하에 지방 정부가 장기 건설 부채 및 특별 부채를 발행하는 것이다. 주로 50년 이상의 장기 건설 부채와 영구 부채*를 설계하여 발행할 예정이다. 그러나 이렇게 늘어만 가는 중국 지방 정부의 부채는 언젠가 큰 문제가 될 것이다.

국토 개발이 모두 균형화의 방향으로 가는 것은 아니다. 과거 중국은 개혁 개방을 추진하면서 가장 먼저 연안 개방 도시 제도를 도입했다. 그 목적은 외국의 기술과 자본을 유치하는 것으로 주로 인구가 많은 해안의 항구 도시들인 상하이, 다롄, 칭다오, 닝보, 선전, 산토우山头 등이 대상이 되었다.

그러나 내순환 경제로 돌입하면 연안 개방 도시보다 내륙 도시가 중요해

---

* 원금을 갚지 않고 이자를 계속 지급해 나가는 채권.

지며 특히 인구가 많은 도시와 성들이 상당한 비중을 차지하게 된다. 그래서 제14차 5개년 계획에서는 정부의 중점 개발 대상 지역이 더 이상 상하이나 선전이 아니고 내륙 도시인 우한, 충칭, 시안과 같은 지역이 될 전망이다. 내륙으로 정책의 중심이 이동하는 것이다.

직할시는 아니지만 시진핑 주석의 중점 프로젝트인 슝안 신구도 눈여겨볼 만한 곳이다. 슝안은 허베이성 바오딩保定시의 동쪽에 있으며 2017년 4월 징식으로 신도시 건설이 결정된 곳이다. 슝안 프로젝트의 성립 배경에는 여러 가지 요인이 있다.

먼저 베이징의 인구 집중이 심해지면서 공식적인 상주 인구가 3천만 명을 넘어서 인구 압력이 커진 것이 주요 원인이다. 이를 극복하기 위해 베이징을 다시 수도와 베이징시로 나누는 방안이 검토되었는데 행정 구역을 둘로 나누고 예산과 행정 기구도 나누는 방법이다.

또 다른 요인은 베이징-톈진-허베이 경제권 계획이다. 다른 성과는 달리 허베이성은 베이징과 톈진을 품고 있어서 외국 기업의 투자나 경제 발전에서 오히려 제외되는 현상을 겪었다.

1990년대에 필자가 허베이성의 스자좡石家庄시에서 열린 전시회에 간 적이 있었는데 성급 전시회라기보다는 시골 어느 마을의 전시회 같은 수준이어서 실망을 금할 수 없었다. 그때 옆에 서 있던 한 남자가 필자에게 외국인이냐고 물었다. 그렇다고 하자 갑자기 설명도 없이 필자를 끌고 발전개발위원회의 사무실로 데리고 들어가는 것이었다. 사연인즉 허베이는 정부 기관이 외국인이나 외국 기업을 만날 일이 없어 외국인을 한번 사무실에 데려오는 것이 자신의 소원이었다는 것이다. 알고 보니 이 사람은 발전개발위원회의 처장이었다. 필자가 나는 무슨 투자 같은 것을 할 수 있는 사람이 못 된다고 하는데도 괜찮다며 허베이성의 이모저모를 이야기해 주었다. 허베이성은 이렇게 항상 찬밥 신세였다. 베이징의 공기 오염이 문제가 되면서 그 원인인 공장들이 가까운 허베이성의 베이징 경계선 근처로 대부분 이전하는 바람에 베이징의 공해가 허베이로 옮겨간 꼴이 되었다.

베이징-텐진-허베이 경제권 프로젝트는 이렇게 오랜 기간 고통받은 허베이성을 지원한다는 의미가 있다. 하지만 구체적으로 도울 수 있는 뾰쪽한 방법이 별로 없었던 모양이다. 허베이성 바오딩의 근처에 슝안 신구를 만들게 된 것에는 이런 배경도 있다. 슝안 신구를 만들어 베이징의 행정 기관과 각종 국유 기업들을 이전시켜서 베이징의 압력을 줄이고 궁극적으로는 베이징을 행정 수도로 남게 하려는 것이다. 그리고 슝안에 국가의 투자가 집중되면서 허베이는 자연스럽게 낙수 효과를 얻게 된다. 앞서 소개한 자유무역시험구로 지정한 것은 물론이다.

슝안 신구는 지금까지 건설이 진행 중이다. 전체 면적은 1,576.6제곱킬로미터이고 인구는 105만 명 정도이다. 이곳은 원래 아무것도 없는 평범한 농촌이었지만 지금은 중국의 국유 기업 본사가 여기저기 지어지고 있다. 이 슝안의 난방을 책임지게 된 한 난방 회사에서 필자를 찾은 적이 있다. 슝안은 오염 제로를 표방하고 있어 열 발전소 같은 화석 연료 연소 시설을 지을 수 없다는 것이다. 그래서 약 200킬로미터 떨어진 곳에서 슝안까지 파이프라인을 통하여 수증기를 보내야 하는데 열효율 때문에 겨울철에는 냉각이 될까봐 걱정이라고 했다. 그래서 한국에 무슨 해결책이 없는지 물었다. 유감스럽게도 필자는 이런 경우를 처음 보았기 때문에 해결책을 찾지 못했다.

중요한 것은 중국이 이러한 슝안의 건설을 통해서 이상향에 가까운 중국의 미래 모습을 세계에 보이고 싶어 한다는 점이다. 그래서 다음과 같은 말을 한다.

"80년대는 선전을, 90년대에는 상하이 푸둥浦东을, 21세기에는 슝안을 보라."

자랑스러운 미래 도시 건설을 위하여 슝안에 최첨단 국제 공항도 지었다. 중국이 자랑하는 고속철도 빠질 수 없다. 인구도 1,500만 명 규모로 늘린다고 한다. 중국은 한다면 하는 국가이고 넘치는 것이 인구이니 별 무리 없이 달성할 수 있을 것이다. 그러다 보니 슝안의 부동산 가격이 천정부지로 치솟아서, 농촌 총각들은 장가를 못 가도 슝안의 농촌 총각이라고 하면 금방 신부를 구할 수 있다는 농담도 회자되고 있다.

제14차 5개년 계획 기간 안에 슝안의 대부분의 건물들이 준공될 예정이고, 그렇게 되면 대형 국유 기업들은 대부분 슝안으로 이전하게 된다. 이전에는 슝안의 입지가 너무 미개발된 곳이고 항구가 없어 개방 도시의 면모를 갖추기 어렵다는 평가가 있었다. 그러나 내순환 경제를 펼치게 된 현재 국면에선 오히려 현재의 슝안의 위치가 더 어울릴 수도 있다. 슝안이 내순환 경제의 중심지가 될 가능성도 없지 않은 것이다. 그렇게 되면 과거 상하이의 푸둥이 중국을 상징했던 것처럼 슝안이 중국을 상징하게 될 것이다.

슝안은 중국 전체에서 보면 내륙이기는 해도 다소 동쪽에 치우친 곳이다. 그리고 앞서 이야기한 우한, 충칭, 시안은 중부 지역이라고 할 수 있다. 전문가들 중에는 정책의 중심이 여기서 더 내륙으로 들어가야 한다는 의견도 있다. 최근 중국의 학자 왕카이용王开泳과 천티엔陈田은 제14차 5개년 계획에 4대 도시의 직할시 승격을 건의하였는데 그 대상은 선전, 다롄, 칭다오 그리고 신장 위구르 지역의 카슈가르이다. 중국에서의 직할시 승격은 해당 시에 더 큰 권한을 주는 것이고 대체로 주변의 농촌들을 시 구역으로 합병하여 개발한다. 이런 방식은 주로 낙후 지역이 넓을 경우 먼저 특정 지역을 도시화하고 발전시켜 주변 지역의 경제 발전을 자극하고 이끌려는 것이다. 직할시의 경우 정해진 자격 요건이 있다. 카슈가르는 그러한 자격에서는 거리가 먼데도 이들이 신장 위구르 지역의 소도시인 카슈가르를 직할시 승격 대상으로 삼은 것은 앞서 설명한 일대일로와 신장 위구르 민족 문제를 고려한 것으로 보인다.

도시 중심으로 개발을 하다 보면 도시 외부의 개발 문제도 있다. 예를 들어 수자원 문제다. 도시의 상하수도는 일상생활과 직결되고 도시 외부의 하천 관리는 홍수나 가뭄을 겪게 되는 조건을 결정한다. 특히 중국처럼 대부분의 도시가 내륙에 있는 경우 국토 수자원의 관리는 전략적인 성격을 갖게 된다.

중국은 전 세계에서 유일하게 모든 지형과 기후를 가지고 있는 국가로 만년설, 사막, 밀림, 맹그로브, 온대, 열대, 한대, 냉대 등 지구상의 모든 기후와 지형을 경험할 수 있다. 그러므로 자연 현상과 재해도 지구적 차원의 현상이 모두 일어난다. 예를 들면 중국 헤이룽장성의 일부 지역에서는 오로라도 볼 수 있다.

2020년에 중국에서 발생한 대홍수는 우리나라 사람들에게 중국의 수자원 관리에 대한 관심과 함께 싼샤 댐의 안전에 대한 분분한 의론을 불러왔다. 중국의 수자원 관리에 대한 우리의 국지적이고 임시적인 관심은 어떤 측면에서는 중국의 자연재해와 그 대책에 대한 전반적인 이해를 어렵게 하는 원인일지도 모른다.

2020년 10월 20일, 수리부 부장 웨이산충魏山忠의 발표에 따르면 중국 정부는 2020년 대홍수에 따른 홍수 방지의 취약성 그리고 새 시대 중앙의 발전 요구에 대응하여 화이허淮河 관리 방안을 모색하고 있다고 한다. 그는 새로운 방침이 축설겸주蓄泄兼筹*의 방침을 견지할 것이고 수리 공정의 단점을 보완하고 수리 산업에 대한 감독을 강화하는 기조를 지킬 것이라고 했다.

이는 향후 5년간의 중국 정부의 수자원 프로젝트가 화이허에 집중될 것임을 의미한다. 우리나라 사람들에게 유명해진 싼샤 댐은 장강에 위치해 있다. 싼샤 댐의 안전성에 대한 다들 의구심이 많은 모양인데 2022년에 상류에 중국에서 두 번째로 큰 수력 발전 댐인 바이허탄白鶴灘 댐이 완공될 예정이어서 더 이상 장강에 홍수가 날 가능성은 지극히 적다. 바이허탄 댐의 구조물은 이미 완성되었고 이번 장강 대홍수에 물을 가두어 싼샤 댐으로 가는 수량을 줄인 바 있다.

황허의 경우에는 2020년에 홍수가 나기는 했지만 상류의 신장 고원에 대규모의 댐 프로젝트가 진행 중이기 때문에 역시 홍수의 가능성은 대폭 줄어들 것이다. 중국 수자원의 근본적인 문제는 총량은 충분하나 분포가 불균형하다는 것이다. 이 구조를 바꾸는 대역사가 중국 최대의 수리 프로젝트 남수북조南水北调이다. 황허에서는 남수북조 서선西线 프로젝트를 추진 중이다. 칭장青藏 고원의 풍부한 물이 장강 쪽으로 흐르는데 이 물을 끌어 황허에 공급하는 대규모 토목 사업이다. 장강 상류의 칭장 고원 지역의 지류 야룽강雅砻江, 따두허大渡河 등의 수계에서 칭하이青海, 간쑤甘肃, 닝샤宁夏, 네

---

* 물을 가두는 것과 방출하는 것을 겸해서 추진한다는 뜻이다.

이멍구, 두 산시를 거치는 엄청난 프로젝트다. 이 서선 프로젝트가 완성되면 황허의 물 부족 현상은 근본적으로 해결되고 황허의 수심이 충분히 깊어지면서 1만 톤의 선박이 시안까지 통행할 수 있을 것이라고 한다. 또한 베이징과 톈진에서도 칭장 고원의 깨끗한 물을 정수해서 식용수로 사용할 수 있게 될 것이라고 한다.

이렇게 장강과 황허 두 강에 대한 수자원 관리 프로젝트가 완료되면 중국의 수자원은 90% 이상 해결된다. 그러면 이제 동북 지역의 송화강, 광둥의 주강 그리고 장강과 황허 사이의 화이허가 남게 되는데 가장 영향이 큰 화이허를 이번 중점 치수 대상으로 삼은 것으로 보인다. 화이허의 하류 허페이合肥 부근의 방홍구*는 자주 활용되고 있으므로 화이허의 치수는 중원 지역의 홍수 예방 능력을 보강할 것으로 예상된다.

그런가 하면 2020년의 대홍수는 관련 학자들로 하여금 대가뭄에 대한 우려를 가져오고 있는 모양이다. 한 산림 생태학자는 필자에게 생태학의 '팬들럼 현상'에 대해 설명을 해 주었다. 요지는 자연은 평형을 유지하려는 경향이 있어서 한 번 고온 기후가 오면 한 번은 저온 기후가 오고, 이번에 홍수가 오면 다음은 가뭄이 오는 경향이 있다는 것이다. 그래서 2020년 중국에 대홍수가 온 후에 이번에는 대가뭄이 닥칠지 모른다는 것이었다.

중국의 남수북조 프로젝트는 가뭄과 홍수를 모두 해결하려는 것인 만큼 이 프로젝트가 완공되면 중국은 가뭄이 와도 견딜 수 있을 것이다. 오히려 문제가 되는 것은 대가뭄이 오고 중국이 칭장 고원의 물을 가두면 인도차이나 반도로 흐르는 강들이 메마를 수 있다는 것이다. 중국이 이제부터는

---

* 자주 홍수가 나서 침수되는 지역에 미리 침수할 곳을 준비해 놓은 것을 말한다. 평소에는 농지로 이용되며 큰 곳은 수십만 명이 거주하는 곳도 있다.

인도차이나 반도로 흐르는 강들에 대한 정보를 제공하겠다고 했지만 정작 자국에 위험한 상황이 왔을 때 팔은 안으로 굽지 않겠는가?

관광, 체육, 문화로 일구는 내수와 소프트파워

2020년 11월, 리커창 총리는 RCEP와 관련하여 다음과 같이 지시하였다.

첫째, 자동차 소비를 확대한다. 베이징이나 상하이 같은 도시에서는 자동차 번호판을 제한해서 차량이 증가하는 것을 억제하고 있는데 이런 구매 제한 조치를 조정해서 번호판 지표를 늘리도록 장려한다. 농촌에서는 주민들이 3.5톤 이하의 트럭, 배기량 1.6리터 이하의 자동차를 구입하도록 장려하고, 새 배기가스 표준에 미달하는 자동차를 폐기하고 새로운 자동차를 구입하도록 장려한다. 주차장, 충전소 및 기타 시설의 건설을 강화한다.

둘째, 가전제품 가구 및 인테리어 소비를 촉진한다.

셋째, 외식 소비를 촉진한다. 외식 기업이 요리의 종류와 품질을 풍부하게 개선하고 온라인 및 오프라인 비즈니스 모델을 혁신하도록 장려한다.

넷째, 농촌 소비를 촉진하기 위해 농촌 마을의 소비를 확대한다. 마을 상업 시설 및 마을 물류 사이트를 건설하고, 농민의 생활 소비 서비스 단지의 건설을 지원한다.

자동차, 가전, 외식, 농촌 이 4가지가 중국 정부가 첨단 기술이나 신경제 외에 전통적 산업에서 내수를 확대하려는 것으로 볼 수 있다. 자동차는 전후방 연관 효과가 크기 때문에 내수 확대에서 빠질 수 없는 분야다. 앞에서 이야기한 신에너지와 3세대 반도체 개발이 시너지 효과를 낸다면 내수 중심의 경제를 꾸려가는 것이 꿈만은 아닐 것이다. 가전이나 인테리어 등도 당장 효과를 볼 수 있는 품목이다.

그런데 세 번째부터는 곧바로 고개가 끄덕여지는 분야가 아니다. 코로나19 사태로 인하여 요식업주들이 엄청난 고통을 겪고 있으니 외식 소비를 촉진하여 지원하고 싶은 것은 이해하지만 구체적으로 사람들이 외식을 하게 만들 유인 요인이 마땅치 않다.

네 번째도 마찬가지다. 리커창 총리는 중국 인구 중 6억 명의 한 달 소득이 1천 위안이 안 된다고 말한 바 있다. 6억 명의 절대다수가 농촌에 있을 터이다. 그런 농촌에 무슨 상업 시설과 물류 시설을 강화한단 말인가?

해결책은 관광과 농촌 주력 정책이다. 상당한 수준으로 코로나19를 통제하는 데 성공한 중국은 이제 어지간한 곳에서는 코로나19가 터지기 이전과 가까운 수준으로 사람들이 활동하기 시작했다. 하지만 아직은 주로 집과 직장 사이를 오가는 수준이다. 그래서 사람들이 널리 놀러 다니고 소비를 하게 만들고자 하는 것이다. 이를 위해서 중국은 관광, 문화, 스포츠를 새로 일구려 하고 있다.

앞에서 말한, 리커창 총리의 지시가 있었던 회의는 관광 소비의 잠재력이 크다고 지적했다. 질병의 정기적인 발발 예방 및 통제하에 관광의 건전한 발전을 촉진하기 위해, 회의는 '인터넷+관광'의 개발을 지원하기 위한 조치를 다음과 같이 내렸다.

첫째, 지능형 관광 명소의 건설을 지원하고, 전자 지도, 오디오 가이드 및 기타 서비스를 대중화하며, 독특한 관광 명소의 디지털 전시관을 만들고, 도로, 관광 화장실 및 기타 디지털 건설을 촉진한다.

둘째, 관광 명소의 온라인 마케팅을 강화하고, 클라우드 관광 및 기타 새로운 비즈니스 개발을 안내하고, '인터넷+관광 민박'의 개발을 표준화하기 위한 조치를 도입하도록 장려한다. 노인과 같은 특수 그룹을 위한 오프라인 서비스를 예약할 수 있도록 한다.

셋째, 관광 안전 모니터링 및 온라인 불만 처리를 강화한다.

관광을 통한 소비 진작과 동시에 인터넷과 결합하여 신경제의 자극을 함께 도모하는 것이다. 2018년의 경우 중국 국민들이 해외로 출국한 규모는 연 1억 4,900만 명에 달하고 해외 소비액은 1,300억 달러를 초과한 바 있다. 그러나 상대적으로 국내 관광업의 수준은 아직 미흡하다. 이에 중앙 정부는 지방 정부에 '4가지 보편적 과제'를 내렸는데 다음과 같다.

1. 문화를 어떻게 활용하여 관광객을 유치할 것인가?
2. 관광 방식을 어떻게 해야 확보된 문화 자산을 잘 활용할 수 있는가?
3. 문화·관광 기업을 정밀하게 이끌려면 어떻게 해야 하는가?
4. 문화·관광 발전을 위한 리듬, 순서, 계획 등을 어떻게 합리적으로 배치할 것인가?

중점 사업으로 관광을 선정해 놓기는 했지만 구체적인 실행 계획이 없다. 관련 문서들을 검색해 보면 지금까지와 같은 방식으로는 안 된다는 것, 타지의 관광객을 끌어오려 노력할 것이 아니라 현지의 문화 관광의 수준을 올려야 한다는 등 아직은 구체성이 없는 이야기들이 주로 오가고 있다.

관광과 함께 추진되는 것이 스포츠 산업이다. 2020년 9월 17일, 국가체육총국 경제사가 베이징에서 스포츠 산업 제14차 5개년 계획 편성 세미나를 여는 등 적극성을 보이고 있다. 실제로 최근 몇 년간 중국 내 스포츠 산업의 성장 가운데 스포츠 서비스업의 성장이 두드러졌다. 2018년 중국 체육 산업의 총 규모는 2조 4천억 위안으로 전년 대비 9.09% 증가했고, 증가분은 8,800억 위안으로 12.82% 증가했다. 그럼에도 불구하고 중국 스포츠 산업은 아직 초보 단계이고 국가가 강력히 추진하지 않으면 쉽게 산업화하기 어렵다. 예를 들면 제14차 5개년 계획 내용에 발표된 것이 전국에 1천 개 정도의 체육 공원을 건설하겠다는 수준이다. 그나마 다행인 것은 드디어 스포츠 산업에 정부가 중점을 두는 상황이 도래했다는 것이다.

지금까지 중국의 스포츠는 종목별로 협회가 만들어져 있고 이들 협회는 국가에 소속되어 있다. 협회가 해당 종목에 대한 모든 권한을 휘두르고 있기 때문에 민간 스포츠 산업은 발전하지 못하고 있었다. 우리나라가 종주국인 태권도의 경우 승단 시험이나 시합을 모두 국가에서 주관하기 때문에 태권도 교육자들은 국가의 허가를 받지 못하면 자기 도장을 내기도 어렵고 도장을 내도 인정을 받지 못한다. 당연히 승단이나 시합 출전도 못 한다. 이들은 수차례 우리나라 태권도 협회에 국가와는 별도로 승단 시험 등을 볼 수 있게 해달라고 건의했으나 중국 정부를 거스르기 어려운 태권도 협회는 이를 거절했다. 말하자면 중국의 스포츠 산업 전체를 관료주의가 발목을 잡고 있었던 것이다.

그러나 이제부터 본격적으로 스포츠 산업의 민영화, 시장화가 시작될 것으로 보인다. 심지어 미국의 프로 스포츠는 중국에서도 상당한 규모의 시장을 이미 형성하고 있다. 또한 중국 정부가 인터넷과 결합한 스포츠 등에 상당히 유연한 정책 태도를 보이고 있기 때문에 새롭거나 발전한 비즈니스 모델을 가진 스포츠 산업이 등장할 수 있을 것이다. 물론 중국 지방 정부의 미숙한 수준을 돌파할 수 있어야 하겠지만 말이다.

2020년 12월에 열린 중앙위원회 정치국 회의에서는 대재벌로 성장한 알리바바, 텐센트, 바이두 등 신경제 민영 기업들을 겨냥하는 내용이 논의되었다.

군수 산업

중국은 지난 제13차 5개년 계획에서는 무기 및 장비의 확충을 위해 노력해 왔다. 중국의 표현을 따르자면 '무기가 있고 없고'의 문제를 해결하려 노력해 왔다는 것이다. 그러나 제14차 5개년 계획에서는 '임전 능력의 구축'을 목표로 삼는다. 즉 빈손으로 있는 군인들에게 총을 준 것이 제13차 5개년 계획이었다면 제14차에서는 적과 맞서기에 손색이 없는 무기를 군에 주겠다는 것이다. 미국을 적국으로 설정했을 때 현재 인민해방군의 능력은 손색이 크다. 현대전은 더 이상 규모의 싸움이 아니라 전략과 하이테크의 싸움이기 때문이다. 이것은 5중전회의 건의에서 다음과 같이 명시한 것을 보아도 알 수 있다.

"무기 장비의 현대화, 국방 과학 기술의 자주 혁신, 창의와 혁신, 전략적이고 선도적이며 혁명적인 기술의 발전, 무기 및 장비 업그레이드와 스마트화를 가속화해야 한다."

중국 시장에서 미중 간의 군사 전략 싸움은 우주, 인터넷, 해양, 극지 등 새로운 분야와 원격, 정밀화, 지능화, 스텔스, 무인화 등 신기술로 확대되고 있다. 그래서 업계에서는 앞으로 군사 장비의 질적 상승과 차세대 급으로의 업데이트에 따른 장비 가격의 증가, 방산 업종의 발전으로 황금시대가 열릴 것이라고 전망하고 있다.

당연히 중국의 증권 분석가들은 너도나도 향후 군수 업종을 투자 유망 종목으로 꼽고 있다. 항공 산업, 미사일 산업, 드론 산업, 위성 산업, 신소재와 소형 기계 산업 등이 이 분야로 분류될 것으로 보인다. 그리고 중국의 증권가에서는 2021년부터 3년간은 폭발적인 성장, 그 후 7년은 업그레이드, 장기적으로는 군 산업의 민영화가 진행될 것으로 보고 있다. 이러한 추정은 인민해방군의 창군 100주년이 2027년이라는 점도 작용하고 있다. 상징적 의미를 갖는 해이기 때문에 그때까지는 미국에 대항할 수 있는 수준으로 군 장비와 시설이 확충될 것이라고 예상하는 것이다.

중국의 군수 산업은 2020년 3분기 기준 이익이 25.29%가 증가한 것으로 보아 이미 군으로부터의 주문이 2020년에 본격적으로 시작된 것으로 보인다. 중국의 국방 예산은 정확한 데이터는 알 수 없으나 군은 9% 인상을 주장하는 것으로 알려져 있고, 중국 증권가의 관측 데이터로는 2020년 대비 2021년에는 6.6% 정도 증가할 것으로 추정하고 있다. 제14차 5개년 계획 기간 동안 전체로는 6~9% 선을 유지할 것으로 보이고 그중에서도 장비 구매 예산이 41% 정도 증가할 것으로 추정된다. 성숙 기종인 J-11, J-15, J-16 전투기 등은 수량을 급히 증가할 필요가 있으며 최신 기종인 J-20이나 공격 헬리콥터 Z-20 같은 경우 양산 체제를 갖추어야 한다.

그뿐만 아니라 군은 방산 업체들에게 지급하던 선금 비율을 기존의 30%에서 40~50% 수준으로 올려 주었다고 한다. 2020년 11월, 12월부터 이미

중국에 상장한 군수 관련 기업의 2020년 3사분기 실적

블록	매출 (억 위안)	동비	모회사 기준 순익 (억 위안)	증가율
군수 기업군 Q1~Q3	1,910.92	13.61%	149.92	33.4%
군수 기업군 Q3	715.01	31.84%	54.67	44.13%
군수 업스트림 Q1~Q3	327.40	12.60%	49.60	29.32%
군수 업스트림 Q3	118.28	22.73%	18.62	62.32%
군수 다운스트림 Q1~Q3	948.50	15.64%	44.56	33.48%
군수 다운스트림 Q3	364.11	47.76%	15.87	42.14%

출처: 미래싱크탱크(未来智库)

2021년도 주문이 쏟아져 나오고 있다는 말도 중국 증권가에 파다했다. 게다가 기존의 순환식 구매*가 아닌 대규모 단독 주문 방식으로 계약을 전환하였다. 이것은 방산 업체들이 자금난을 겪지 않을 수 있게 해주는 큰 변화이다. 제품에 대해서도 5년간 구매 일정을 제시하여 업체들이 향후 안심하고 제품을 개발하고 생산할 수 있도록 하였다. 그리고 방산 업체에 중간 제품을 공급하거나 하청을 받는 업체들을 배려하여 주 계약자로 하여금 정해진 기간 내에 필히 협력 업체들에게 대금을 지불하도록 강제 규정을 만들었다.

모든 정황은 하나를 가리킨다. 중국이 2021년부터 본격적으로 미국에 상당하는 무기 체제를 개발하고 생산하고 보급할 것이라는 사실이다. 그리고 국방 예산에 포함되지 않은 예산들 중에도 상당 규모가 준국방 예산으로 사용될 것임을 주의해야 한다.

예를 들면 중국의 고속철은 이미 세계에서도 유례가 없는 스케일로 발전

---

* 순환식 구매는 예를 들어 '3년' 이렇게 일정 기간을 정해 놓고 계약 및 지불 관계를 계속 진행하는 방식으로 지불이 장기간 지연되는 경우가 많다.

했지만 베이징-상하이 구간을 제외하면 수익을 내는 구간이 거의 없다는 것이 정설이다. 그럼에도 불구하고 중국은 지속적으로 국토에 고속철을 포설하고 있다. 그 이유에 대하여 일부 전문가들은 "돈을 벌고 싶으면 길부터 닦아라(想致富, 先修路)"의 의미라고 말하기도 하지만 이는 타당성 없는 이야기이다.

실제 목적은 역시 중국의 국가 전략, 안보 전략에 있다고 보는 것이 옳을 것이다. 중국의 인민해방군은 세계에서도 보기 드문 규모이지만 국가의 규모를 생각할 때 그렇게 많은 것이 아니다. 약 240만 명의 병력은 실제로는 북한군이나 우리 대한민국의 예비군 동원 태세만도 못한 규모다. 그리고 만일 타이완을 공격하려면 타이완의 병력보다 적어도 5~7배 정도가 필요하다. 타이완의 평상시 병력은 20만 명 정도인데 예비군까지 동원하면 그 배인 40만 명 정도가 될 것이다. 40만 명의 6배가 현재 인민해방군 전체 규모 수준인 240만 명이다.

그리고 후방에서는 국경을 수비해야 한다. 중국의 경우 국경 수비는 군이 아닌 공안의 국경 수비대가 맡고 있다. 그러나 전시가 되면 적이 언제 어디서 공격해 올지 모른다. 그때는 광활한 국토 면적을 소수의 병력으로 지켜야 한다. 그래서 중국이 전략적으로 전 국토를 횡단하는 고속철을 깔고 있다는 이야기가 나오는 것이다.

역사적으로도 중국의 철도부는 민간 조직이라기보다는 군사 조직에 가까웠다. 혁명 시절부터 철도부는 군수를 맡아 왔고 전쟁터에 물자를 공급하며 실제 전투를 해온 조직이다. 그 문화가 지금도 남아 있다. 철도부 외에도 중국의 각 부처에서는 이렇게 준국방 예산을 투입하고 있을 것이다. 민용으로 사용될 수 있는 기술 분야의 투자야 말할 나위 없다.

중국의 명운이 걸린 도시화 농촌 정책

중국 국무원은 2020년 3월 30일 반포한 '보다 완전한 요소의 시장화 배치 메커니즘 구축에 관한 의견'에서 토지 요소의 시장화 배치를 추진한다고 하였다. 그리고는 도시와 농촌에 대해 통일된 건설 용지 시장을 수립하겠다고 하였는데 이는 제14차 5개년 건의에 명시된 도시화 농촌과 일맥상통한다. 이는 중국 전역에 전무후무한 변동을 초래할 가능성이 있다. 농촌에 대한 여러 정책이 있지만 가장 근본적이고 중요한 정책인 토지 정책에 대해서 먼저 설명을 하도록 하겠다.

앞에서 중국의 사상과 이념이 마오쩌둥의 토지 개혁에서 출발하였다는 이야기를 했다. 많은 사람들이 중국의 땅은 모두 중국 정부의 것이라고 생각하고 있는데 사실은 그렇지 않다. 중국의 땅은 도시와 농촌으로 나뉘며 도시의 땅은 국가의 것이지만 농촌의 땅은 농민의 것이다. 다시 말해 중국 영토의 대부분을 차지하는 농촌의 토지는 정부의 소유가 아니며 농민들의 집체 소유이다. 이는 혁명 당시 지주의 땅을 빼앗아 해당 농지를 경작하던 소작인들, 농노들에게 분배하기 위하여 만들어진 제도이다. 이를 위하여 중국의 인민들이 모두 일어나서 공산당과 함께 투쟁했던 것이다.

그런데 시간이 지나면서 문제가 생기기 시작했다. 먼저 개혁 개방이 심화되면서 농촌의 많은 젊은이들이 대도시로 돈을 벌러 떠났다. 이들은 대개 아이들을 조부모에게 맡기고 도시의 농민공이 되었는데 보통 1년에 한 번 고향집으로 오는 것이 고작이었다. 그래서 나이가 많은 노인들이 농사를 짓다 보니 농업 생산성이 지속적으로 하락하였다. 그리고 경제 성장이 폭발하던 시기에는 많은 농민공들이 도시에 유입되어도 공장과 산업체들이 고용해 주었지만 경제 성장 속도가 줄어들면서 고용이 멈추기 시작하였다. 특히 코로나19 사태가 결정적이었다.

농민공들이 돈을 제대로 벌지도 못하고 고향으로 귀향하면 사회 불만 세력이 되는 경우가 많다. 혹은 남은 가족들까지 도시로 데려간 경우에는 전 가족이 도시 빈민으로 전락하는 현상까지 일어나고 있다. 농민들을 보살펴야 할 중국의 지방 정부들은 고질적인 누적 재정 적자와 세수 부족에 시달리고 있다. 중국 지방 정부들의 실제 채무 규모는 아무도 모른다. 발표되는 통계는 신뢰받지 못하고 있으며 단지 천문학적인 숫자일 것이라는 추측들만 무성할 뿐이다.

그간 지방 정부들은 도시의 토지를 기업을 비롯한 산업체에 제공하여 재정 수입의 대부분을 충당해 왔다. 그러나 이제는 상품성 있는 토지가 별로 남지 않았고 남아 있는 토지들은 설령 제공을 한다고 하더라도 과거와 같은 가격을 받기 어려워졌다. 그래서 중국 전역의 지방 정부들의 농촌 토지를 활용하고자 하는 욕구가 매우 급박한 상태이다. 농촌의 토지를 활용하려는 정책적 시도는 전부터 있어 왔는데 대표적인 정책 중의 하나가 토지 유전이다. 토지를 '유전流转'한다는 이 정책은 우리 말로 용도 전환에 해당된다. 즉 농민들이 함께 상의하고 결정해서 공동 소유인 농촌의 토지 중 일부를 전용한다는 뜻이다.

이렇게 이야기하면 농민들이 주도적으로 토지를 활용하는 것처럼 들리지만 실제는 땅을 이용하고 싶은 사업가들이 해당 지역에 찾아와서 농민들을 설득한다. 농민은 땅을 제공하고 사업가는 설비를 투자해서 간단한 경공업 공장이나 태양광 발전소 같은 시설을 만들어 영업을 하게 된다. 이때 토지 유전 정책은 농민들의 땅을 사용하는 대신 사업가는 인력이 필요한 경우 농민들을 우선적 또는 의무적으로 고용해야 하고 수익은 농민들과 나누어야 하며 계약 기간 도중에 파산하게 될 경우 남은 자산은 농민의 것이 되도록 규정하고 있다.

수년 전 한 한국 기업인이 필자를 찾아와 계약서 하나를 불쑥 내밀며 보아달라고 해서 들여다보니 바로 토지 유전에 의한 토지 위에 태양광 발전 사업을 하겠다는 내용이었다. 그런데 그가 알고 있기로는 땅을 공짜로 제공받고 아무런 의무도 없는 특혜라는 것이다. 하지만 계약서에는 농민에 대한 고용의무, 보험 제공 의무, 해고 제한, 수익 분배 의무, 짧은 계약 기간 그리고 계약이 끝나면 모든 자산은 농민들에게 귀속된다고 적혀 있었다. 이에 대해 설명을 해 주어도 자신이 이미 MOU(업무 협약)를 체결했으며 현지 신문에도 보도되어 틀림없는 건이라고 하였다. 그럼 왜 필자에게 자문을 구하는가 물으니 필자가 중국을 좀 안다니까 혹시나 해서 물어본다고 하였다. 계약 내용에 있는 리스크를 하나하나 설명해주자 그는 기분 나빠하며 자리를 떠났다. 이런 한국 기업인들을 만난 것이 한두 번이 아니다.

토지 유전 제도는 사업가들에게는 저렴한 비용으로 토지를 이용하게 해주고 농민들에게는 소득을 올려주는 윈윈 방식으로서 상당한 효과를 볼 것으로 예상되었지만 실제 활용은 극히 미미하였다. 방금 소개한 기업인의 경우는 중국 현지의 지방 정부 입장에서 매우 유리한 MOU를 체결했기 때문에 언론을 끌어들여 홍보한 것으로 생각된다.

토지 유전이 어려운 가장 큰 이유는 농촌이 잘 개발된 상태가 아니기 때문이다. 농촌은 대부분 필수적인 상하수도, 전력, 도로 등 기본적인 인프라가 부족하다. 그나마 여건이 좋은 지역은 도시와 가까운 곳이고 농민들도 이해관계에 민감해서 내세우는 조건이 까다롭기 때문에 여간해서는 합의에 이르기가 어렵다.

그래서 중국 공산당은 2019년 8월에 토지관리법을 개정하였다. 이 법은 여러 제도를 정비하는 내용인데 가장 중요한 변화는 도시와 인접한 농촌 토지를 상업 용지나 공업 용지로 전용할 수 있게 한 것이다. 그리고 농민과의 합의를 이루기 쉽도록 구체적인 3단계 설득 과정을 명시하였다. 토지 유전 등 과거의 제도들은 사실상 농민 전원의 합의를 얻어야 했는데 이것은 거의 불가능한 조건이었다. 그래서 이 법에서는 일정 비율 이상의 농민들이 동의하면 집단의 동의를 얻은 것으로 규정하였다. 사업가 입장에서 이 제도는 토지 유전과 비교해 크게 2가지 장점이 있다.

하나는 대상 토지가 도시와 인접한 곳이므로 활용 가치가 크다는 것이다. 충분히 투자를 할 만한 가치가 있는 땅들이 많고 해당 지역 농민들도 부동산 개발에 대한 기대감이 커서 호응도 높을 것으로 예상된다. 다른 하나는 농민들의 동의를 얻기가 쉬워진 것이다. 중국의 농민들은 중국 공산당도 함부로 못 건드리는 존재다. 중국의 시골에 차를 몰고 가 보면 한적한 시골길에 갑자기 나무 기둥으로 길을 막아 놓은 곳을 발견할 수 있는데, 그곳 농민들이 무턱대고 통행료를 받아내는 곳이다. 어떤 곳은 그럴싸한 시설물을 세워 놓기도 한다. 토지 유전 같은 프로젝트를 추진할 때도 농민들 중 한두 사람이 떼를 쓰면 당해낼 길이 없다. 코로나19가 발생했을 때에도 시골 마을의 길목을 막고 농민들이 청룡도를 들고 나와 외지인들의 출입을 막는 것을 심심찮게 볼 수 있었다. 이처럼 농민과의 협상은 너무나 어려운 일이다. 오죽하면 중국 정부조차 농지를 잘 건드리지 못하겠는가 말이다. 그러나 개정된 토지관리법으로 인해 이제는 다수 농민의 동의를 얻으면 승인을 얻을 수 있게 되었다.

중국의 부동산을 사는 한국인들이 많다.
하지만 그 부동산에 대한 권리는 한국과는 많이 다르다.
중국의 새 토지 관리법을 설명하였다.

이 정책이 잘 진행되고 있는지 아직 판단하기엔 이르다. 아마도 만만치 않을 것이다. 그런데 중국 공산당이 제14차 5개년 계획에서 이제는 도시와 농촌에 대해 통일된 건설 용지 시장을 수립하겠다고 발표하였다. 농촌도 도시와 마찬가지로 건설을 하겠다는 것이다. 이는 지방 정부가 농촌의 토지를 활용할 수 있도록 길을 열어 주는 것이며 일단 한번 열리면 중국 각지에서 지방 정부의 땅장사가 다시 타오를 것이 틀림없다.

중국 공산당은 이를 위해 토지관리법 시행 조례의 개정을 서두르고, 관련 조합 제도를 보완하며, 농촌의 집단 경영성 건설 용지 입지에 대한 가이드라인을 만들기로 했다. 농촌 토지 징수 제도를 전면적으로 개혁하여 국유지의 유상 사용 범위를 확대한다고 한다. 그리고 공정하고 합리적인 집단 경영성 건설 용지의 시장 참여 및 부가가치 수익 분배 제도를 수립한다고 했는데 이 '집단 경영성 건설 용지'라는 말은 '집체 소유의 농촌 토지'임에 틀림없다. 만약 농민들이 반대할 경우 공공 이익의 토지 정비에 관한 제도 규정을 세운다고 하니 '공공 이익'을 들어 처리할 모양이다.

공공 이익에 대한 정책의 방향성은 2020년 9월 23일 국무원이 발표한 '농촌 활성화를 위한 토지 양도 소득 사용 범위 조정 및 개선'에 잘 나타나 있다. 그 내용은 농촌의 토지를 어떻게 양도할 것인지가 핵심으로 지방 정부의 재정을 돕기 위한 것이다. 농촌의 여러 문제를 거론하고 농촌 체제를 개혁하는 것이 명분이지만 내용은 '어떻게 농촌의 땅을 팔아서 지방 정부의 재정 문제를 해결하느냐'에 집중되어 있다.

농촌의 토지에서 얻는 수익을 농촌과 농민들에게 나누어 주는 것은 토지 정책의 성공과 지속성을 위해서 매우 중요하다. 이 정책에서 중국 당국은 수익의 일정 비율 이상을 농민들에게 돌려주는 정책을 시행한다. 이번 정책의 내용은 아마도 제14차 5개년 기간 동안 진행될 예정으로 주 내용은 다음과 같다.

- 토지 양도 소득을 다시 농촌에 사용하는 비율을 높인다(전반적, 점진적으로 농촌 투자율을 50% 이상으로 높인다).
- 관련 정책과 잘 연계한다.
- 지방 시급 및 현급에서 자금을 주로 사용하게 하고, 중앙과 성급에는 적절한 자금 조달 메커니즘을 만든다(하급 지방 정부가 많은 돈을 가져갈 수 있도록 한다).
- 토지 양도 소득을 농업·농촌 자금으로 일괄적으로 사용하도록 강화한다(다른 용도로 사용하지 않는다).
- 토지의 양도 소득이 농업·농촌 자금의 핵심이 되도록 한다(농촌에 필요한 돈은 토지 양도로 충당한다).

이제 농촌 토지 제공의 범위는 국토의 전 면적이 될 전망이다. 왜냐하면 산업 용지의 시장화 배치 개혁을 심화하여 장기 임대차, 선임대차, 탄력적 연간 공급, 토지 출자 방식 등 공업 용지 시장 공급 체계를 갖추려 하기 때문이다. 말하자면 농촌에 대규모의 공장을 건설하는 정책을 추진하는 것이다. 그래서 국토의 공간 계획과 용도 규제에 적합하다는 전제하에 산업 용지의 공급 증대를 모색하기 위해 산업 용지의 정책을 조정하고, 사용 방식을 혁신적으로 조정하고, 산업 용지를 유형별로 합리적으로 전환하였다고 한다. 한마디로 농촌 토지를 대규모로 산업 용지화하는 것이다.

물론 농민들을 위한다는 명분이 빠질 수 없다. 도·농 건설 용지의 증감 연계 정책을 보완하고, 농촌 진흥과 도·농의 융합 발전을 위한 토지 요소도 보장한다고 한다. 하지만 토지 이용 계획 관리를 보완하고 '연도별 건설 용지 총량 조정'을 실시해 토지 관리의 유연성을 높이고, 토지 계획 지표를 합리화하며, 도·농 건설 용지 지표 사용을 더 많이 '성급 정부가 담당하도록' 하였다. 즉 성 정부가 도·농 건설 용지에 제일 큰 권한을 행사할 수 있게 해준 것이다.

이어서 국토 공간 계획 편성, 농촌 가옥 일체의 부동산 등기 기간이 거의 완료되었다는 전제하에, 도시와 농촌을 위한 건설 용지의 공급 3년 롤링 계획을 수립하였으며 전국적으로 건설 부지를 모색하고, 경지 지표를 보완하며, 지역 간 교역 체제를 구축한다고 한다.

이러한 일련의 토지 정책은 새 시대 중국 농촌 정책의 핵심이다. 내순환 경제에서 국민 소득을 두 배로 만들기 위해서는 가장 많은 인구 비중을 차지하는 농촌의 소득이 늘어야 한다. 그리고 농민이 잘 살 수 있도록 중국 공산당은 농촌의 농지를 산업 용지로 바꾸어 농촌이 도시처럼 변하도록 하겠다는 방향을 설정한 것이다.

이 정책도 어느 날 갑자기 나온 것은 아니다. 이미 성공 사례가 있었다. 2016년 12월, 중앙선전부가 '저수지 약속의 길塘约道路'라는 농촌 개혁 사례에 대한 연구회를 열었는데 성공 사례를 참고한다고 했다. 그 내용은 농촌에 토지주식제 합작사를 만들어 산권产权(토지 재산권)을 소유하게 하여 땅을 활용하겠다는 것이다. 이는 앞서 소개한 토지 유전과 유사하지만 집체 소유가 회사 소유로 변한다는 점이 다르다. 농민이 주주가 되지만 회사의 의사결정이 누구에 의해 어떤 식으로 이루어질지 예상이 가능하지 않은가?

중국 정부의 정책은 이것만이 아니다. 토지 유전 외에도 신형 농업 경영 주체新型农业经营主体, 향촌치리乡村治理, 집체 산권제 개혁集体产权制度改革, 집체 경제 박약촌 전화转化集体经济薄弱村, 장대 집체 경제壮大集体经济 등 수 없는 정책이 시도되어 왔다. 이 모두 어떻게든 농촌의 토지를 활용하려는 노력이다.

이러한 정책이 우리나라의 새마을 운동처럼 성공한다면 좋겠지만 도시의 자본이 농촌을 유린하는 결과를 초래할 가능성도 배제할 수는 없다. 지방 정부는 토지를 공급해서 재정을 충당하고 자본이 농촌으로 들어가 세수가 늘어서 좋아할지 모르나 정작 농민들의 삶이 좋아지는 것인지 아니면 농민들이 새로운 자본에 종속되는, 일부 농민공들이 도시 빈민으로 전락하듯이 농촌의 농민공들로 전락하는 것은 아닌지 우려된다.

만일 어느 순간 중국의 농민들이 자신들의 땅을 빼앗기고 있다고 인식하게 된다면 이는 엄청난 결과를 초래할 수 있다. 과거 마오쩌둥이 토지 개혁을 핵심으로 하는 정책으로 중국을 얻었듯이 농민들로부터 토지를 가져가 활용하겠다는 정책은 자칫 7억 중국 농민들의 반발을 부를 수 있기 때문이다.

게다가 새로운 토지 정책과 함께 진행되는 도시화는 자칫 중국의 농지를 축소시켜 농촌의 토지 문제 외에도 식량 안보라는 또 다른 문제를 일으킬 수 있다. 중국사회과학원은 2020년 8월 17일에 〈중국 농촌 발전 보고 2020〉이라는 보고서를 발간하였는데 2025년에 1억 3천만 톤 정도의 식량 부족이 예상된다고 하였고 이 중 3대 곡물을 의미하는 양곡의 부족량이 대략 2,500만 톤에 달할 것으로 보았다. 내순환 경제 체제하에서 식량 부족은 국가의 존망이 걸린 문제이다. 앞서 거론한 에너지, 반도체 등 첨단 기술과 함께 식량 또한 국가 전략 물자이기 때문이다.

토지 정책과 함께 시행되는 중요 정책은 농촌의 도시화 정책이다. 중국은 그간 지속적으로 농촌 인구를 줄이기 위한 도시화 프로젝트를 장기간 추진해 왔는데 제13차 5개년 기간 동안의 성과에 대한 보도를 보면 호적 인구의 도시화율은 2013년의 35.93%에서 2019년에는 44.3%에 달했다. 이를 위해 전국에서 발행된 도시 거주증*은 1억 장이 넘는다. 2025년에 중국의 도시화율이 65.5%에 달할 것으로 예측하고, 새로 추가된 농촌 이동 인구는 8천만 명으로 보수적으로 추정했다. 농업 취업자 비중은 20%대로, 농촌은 60세 이상 인구 비율이 25.3%인 1억 2.400만 명에 이를 것으로 전망했다. 보고서는 "현재 농촌이 발전하는 과정에서 여전히 많은 모순과 문제가 있는데, 예를 들어 농민의 식량 재배 적극성이 떨어지고 농민의 지속적인 증수가 어려워지고 있다"라고 밝혔다. 또 "농촌의 고령화가 심각해지고 농촌 민생의 어려움이 증가하고 마을의 분화가 심해지는 등의 현상을 중시해야 한다"라고도 했다.

중국의 경우 농민들의 도시 이동을 막기 위하여 도시와 농촌을 구분하는 호구제를 실시하여 왔기에 도시화는 인접 지역의 농촌을 경제 파급 효과를 통해 발전되는 정도에 따라 도시에 편입시키는 것이었다. 이것은 농민이 도시민으로 전환된다는 것을 의미한다. 동시에 이는 빈곤 인구의 감소를

---

* 농민이 도시 지역에 와서 상당 기간 거주하려면 거주증을 발급받아야 한다. 대부분 거주를 잠정 허용하는 것이어서 잠시 거주증. 줄여서 잠주증이라고 한다.

동반하는 것이기에 중국의 도시화는 경제 발전의 지표임과 동시에 균형 발전을 나타내는 지표로 여겨져 왔다.

중국은 이 도시화 정책을 위하여 호적 제도도 개편한다. 중국은 농민이 도시민이 되기 위해서는 여러 가지를 평가받은 후 일정 점수 이상이 되어야 도시민이 될 수 있는 제도를 운영해 왔다. 일반적으로 베이징이나 상하이 같은 도시에서는 농민의 점수가 높아도 아예 시민이 될 기회가 사실상 없다. 그런데 이제는 초대형 도시에도 승점을 부여하도록 보완하고, 장삼각長三角*, 주삼각珠三角** 등 도시에서 먼저 시험 적용한다는 것이다. 개별 거대 도시를 제외한 일반 도시는 제한을 아예 풀어주어 호구를 자유롭게 등록하는 제도를 시행한다. 이는 중국 사회로서는 혁명적인 일이다.

그리고 지난 수십 년간 추진되었던 농촌의 도시화는 이제 방향이 바뀔 것으로 보인다. 이제까지의 도시화는 도시 주변의 농촌 지역이 도시로 편입되는 것이었다. 그러면서 해당 지역의 농민들은 시민으로 신분이 전환되었다. 이 과정에서 농민들의 집체 소유 토지는 그 가치가 폭등하고 그 이익은 지방 정부, 부동산 개발 업체 그리고 농민들에게 분배되었다. 예를 들면 인구 2천만이었던 충칭시가 직할시로 승격할 때 주변의 현들이 함께 편입되면서 충칭시의 인구는 일약 3천만 명을 넘어섰다. 하지만 이제부터 농촌 정책은 도시의 확대가 아닐 것으로 보인다. 제14차 5개년 계획에서 새로 등장한 단어 중의 하나가 '농촌의 도시화'다. 이것은 앞서 말한 것처럼 도시가 확대되면서 농촌이 도시로 편입되는 것이 아니라 농촌 자체가 도시와 유사

---

* 경제가 발달한 장강 하류인 상하이, 저장, 지앙쑤 지역을 말한다.
** 경제가 발달한 주강 하류인 광둥, 선전, 홍콩, 마카오 지역을 말한다.

한 생활 수준을 영위하도록 하겠다는 정책이다. 물론 그렇게 된다면 좋은 일이지만 이런 정책이 나오게 된 구체적인 이유가 무엇인지를 생각해 보면 2가지 가능성이 있다.

하나는 지금까지 설명해 왔던 토지 정책, 농촌의 집체 소유 토지를 개발하겠다는 정책들이 국지적이었던 것에 비해 이제부터는 전국적으로 농촌 토지를 개발하겠다는 것이다. 내순환 경제에서 내수를 두 배 이상 확대하려면 지금까지의 경제 정책의 연장선상에서는 결실을 이루기 어렵다. 반면 전국 농촌의 소득 수준을 향상시킬 수 있다면 그 효과는 이루 말할 수 없는 규모가 된다. 동시에 소득 불균형, 도·농 불균형을 향상시켜 사회의 불안정 요소도 완화할 수 있게 된다. 가능하기만 하다면 이렇게 좋은 정책도 없다.

또 하나는 전쟁을 대비한 인구 분산이다. 미국과의 전쟁이 시나리오의 하나라면 미국으로부터 공격을 받을 경우를 상정하지 않으면 안 된다. 그리고 꼭 미국이 아니더라도 타이완의 장거리 미사일도 있다. 2020년 장강에 대홍수가 났을 때 우리나라에서도 심심찮게 싼샤 댐이 붕괴될 것이라는 괴담이 많이 유포되었다. 중국에서는 타이완이 중국의 공격을 받으면 장거리 미사일로 대륙의 핵 발전소들과 함께 싼샤 댐을 공격할 것이라는 괴담이 많이 돌았다. 그래서 대륙 쪽에서도 싼샤 댐에 핵폭탄이 터졌을 경우를

2020년 중국의 대홍수는 싼샤댐의 붕괴 가능성과 함께 우리나라에도 큰 관심을 불러일으켰다.

시뮬레이션했으며 분석 결과 3개의 핵폭탄을 맞아도 괜찮았다는 전설 같은 이야기가 돌아다니기도 했다.

꼭 핵폭탄까지 가지 않아도 중국의 경우 어지간한 도시는 모두 수백만 명이 살고 대도시에는 수천만 명의 인구가 밀집되어 있다. 이러한 중국의 인구 분포는 전쟁을 가상한다면 끔찍한 상황이 아닐 수 없다. 우리나라의 경우에도 수십 년간 북한의 서울 대규모 포격, 서울 불바다 이야기가 항상 전쟁 시나리오로 오르내리지 않았는가? 미국과 같은 나라가 중국의 대도시에 미사일이나 포격을 한다면 전 세계의 비난을 받겠지만 타이완이 공격을 받았을 때 방어 차원에서 중국 본토를 공격한다면 이를 비난하는 것도 쉬운 일이 아니다.

이렇게 국가 보안 차원에서도 농촌으로 도시의 인구가 유입되어 도시의 인구 밀도가 희석될 수 있다면 그처럼 좋은 일은 없을 것이다. 그러나 어찌 도시민들이 도시의 번영과 사업 기회, 높은 교육 수준, 풍부한 문화생활을 버리고 농촌으로 가겠는가 말이다.

아무튼 중국 공산당은 농촌의 생활 환경 개선을 위한 구체적인 작업을 시작하였다. 그리고 이 과정에서 지난 시대의 유물로 여겨졌던 국가 조직을 되살렸다. 바로 공소사다. 정식 명칭은 중화전국공소합작총사로, 약칭 공소사는 중국 중앙 정부인 국무원 산하의 전국 공소사의 연합 조직이다. 행정 급수로는 장관급 기관으로 계획경제 시절 주로 농촌을 대상으로 제품들을 유통 및 공급하던 조직이다. 즉 우리나라의 농협과 탄생 배경이 유사하다. 공소사의 4대 업무는 주로 화학 비료와 농약 같은 농업에 필요한 제품 판매, 농촌이 생산한 부산품의 판매 유통 농촌 지역의 소비품 유통 그리고 재생 자원 등이다.

우리나라의 농협 못지않게 중국의 공소사도 대단한 규모다. 2020년 3월 16일 기준으로 총공사 산하에 성급 합작사 연합사가 32개, 시급 342개, 현급 2,408개 그리고 최하 단위가 3만 1천 개*이다. 그 외 농민 전업 합작사가 20만 개, 농촌 종합 서비스사가 42만 개, 사유社有 기업** 2만 3천 개, 연쇄점 95만 개, 기타 사업 단위가 249개, 사단社團 조직*** 1만 7천 개의 방대한 조직이다. 2019년도 매출은 1조 8천억 위안, 총이익이 466억 6천만 위안에 달한다고 한다. 2019년 총공사가 중국 농촌 전체에 기본적으로 네트워크 건설을 완성하였다고 발표한 걸 보면 중국 전국 농촌을 경영하는 최대의 조직임을 알 수 있다.

공소사가 구시대의 유물이라는 것은 이 조직이 중국의 건국 초기에 조직된 것이고 개혁 개방 이후에는 시대에 뒤처진 것으로 여겨졌기 때문이다. 1949년에 농촌 지역의 물류 배급 조직을 준비한 후 1950년에 중화 전국 합작사 일군 제1차 대표회의가 열리고 합작사법, 약관 등이 통과되면서 공소사는 정식으로 시작되었다. 1958년 대약진 시기에는 현급 이상의 공소 합작사와 국영 상업이 합병을 하였고 그 이하 조직은 인민공사로 귀속되었다.

그 후 개혁 개방으로 인해 독점권을 상실한 공소사는 관료주의와 비효율 등으로 경쟁에서 밀려나기 시작한다. 1997년부터 2003년까지 공소사의 매출은 40% 감소하였다고 한다. 한마디로 공소사는 계획경제 시대의 유물로서 덩샤오핑의 개혁 개방 이후에는 퇴색했다고 할 수 있다.

그런데 이 공소사가 최근 개편 및 강화되고 있으며 앞으로 내순환 경제에

---

* 이 최하 단위는 2015년에는 2만 5천 개였다고 하며 2020년 9월 언론 보도에서는 3만 2천 개로 발표되었다.

** 공소사의 여러 기업 중 한 유형이다. 설립 당시 기준으로 사유 기업이라는 명칭을 받은 기업들을 말한다.

*** 우리나라의 사단 법인 또는 협동조합에 가까운 영리 또는 비영리 조직이다.

서 매우 중요한 역할을 담당할 것으로 보인다. 중국 정부 입장에서 농촌 경제를 일으키고 통제하려면 정책 수단으로 공소사를 활용하는 것이 당연하다. 이에 따라 공소사는 최근 몇 년간 재구축 및 재강화되어 지금은 1억 위안 이상의 농산물 도매 시장이 237개에 달하며 전국의 유통 시장에서 15% 정도를 차지하고 있다. 게다가 중국 정부는 2020년 9월 공소사 종합 개혁에 관한 결정을 발표하고 그간 정부인지 기업인지 분간이 어려웠던 조직 구조를 정돈하고 그에 따른 인사를 정리하도록 했음은 물론 공소사의 신농촌 현대 유통서비스 유통망의 건설을 재정으로 지원하겠다고 했다. 동시에 공소사로 하여금 비료, 농약 그리고 대규모 농산물 등을 비축하라고 지시하였다.

더욱 의미심장한 것은 공소사의 법률적 지위를 확립하고* 각급 공소사가 수익이 발생하면 20% 이상의 비율을 해당 급 공소사의 발전 기금에 납입하도록 의무화한 점이다. 그러면서 공소사가 법정 절차에 따라 중소형 은행을 설립할 수 있도록 장려하고 있다. 단순 은행뿐만 아니라 조건을 갖춘 공소사의 융자 리스 회사, 소액 대출 회사, 담보 회사, 상호 부금, 심지어 보험 회사의 설립까지 장려한다. 이러한 금융 기관들의 설립은 현재 중국의 상황에서 매우 큰 이권이다. 중국이 새 은행법에서 금융 기관의 설립 요건을 강화했음에도 불구하고 이러한 조치를 하는 것은 부실이 심각한 지방의 금융 기관들이 도산할 것을 대비하여 대체 기관들을 마련하고 농촌 토지 개발에 따른 자금 수요에 대응하려는 것으로 생각된다.

원래 공소사는 한국의 농협과 비슷했지만 농협과 달리 금융 기능은 없었

---

* 최근 중국에서 나오는 '법치', '법률적 지위' 등은 누적된 관료 및 권력자들의 이권을 박탈하는 의미로 자주 사용된다.

느데 위와 같이 되면 농협보다 훨씬 강력하고 광범위한 금융 기능을 갖춘 조직이 될 것이다. 우리 농협은 기본적으로 협동조합인 데 비해 중국은 지분 확보를 통해 각지의 공소사들을 하나의 기업으로 만들어 나간다. 이것 또한 농촌의 토지 개발을 더 용이하게 만들려는 의도일 것이다.

이제 공소사가 농촌에서 크게 개편되면 농민들에게 핵심인 농약, 비료 그리고 자금을 장악하게 되고 동시에 농민의 소출을 구입해 주는 입장이 된다. 다시 말해 이제까지와는 달리 정부가 농민들에 대해 '갑'의 입장이 되는 것이다. 일단 갑이 되고 나면 나머지는 무슨 일이든 처리하기가 매우 수월해질 것이다.

중국의 공소사는 앞으로 중국 시장에 진출하는 데 있어
매우 중요한 요소가 될 것이다.
공소사가 어떻게 구조조정이 되고 있는지 설명한다.

8장

적은 언제나
내부에 있다

이 세상에서 중국을 침략하여 정복한 이민족 왕조는 있어도 지킬 수 있었던 왕조는 없었다. 사실 냉정하게 말하면 중국의 역대 왕조 중 절반 정도는 이민족의 정복 왕조였다고 할 수 있다. 중국은 이들 이민족 왕조 또한 중국이라는 논리를 펼치고 있다. 예를 들어 칭기즈칸이 세운 몽고 제국도 원나라라고 부르며 몽고 역사가 아니라 중국 역사라고 하는 것이다.

하지만 필자는 어느 정도 중국을 이해할 수 있을 것 같다. 이민족의 정복 왕조를 중국 역사에서 제외한다면 중국 역사책이 너무나 참혹하다. 예를 들어 당나라만 해도 선비족이던 이세민이 세운 것이다. 이세민과 그 아버지 태조 이연은 자신들이 오랑캐라고 거부하는 세력들이 많아서 중국 이름으로 바꾼 것이다. 5호 16국 시대이면 문자 그대로 5호胡, 다섯 오랑캐 나라가 아닌가? 원나라, 청나라야 말할 필요도 없다. 그러니 중국 사람이라면 이민족 왕조 또한 중국의 역사로 삼을 수밖에 없을 것이다.

중국이 외부의 침략으로 무너진다지만 중국보다 강한 국력을 가진 이민족이 몇이나 될까? 이민족의 공격은 언제나 있었다. 다만 중국의 수비가 버텨 내느냐 버텨 내지 못하느냐가 관건이었을 것이다. 그리고 중국이 단결하지 못하고 내부가 무너져 내리면 이민족이든 지방의 호족이든 지금의 왕조를 무너뜨리고 새 왕조를 세워 온 것이다.

그렇다면 지금의 중국은 내부의 갈등이 있는가? 사실 우리 같은 외부인이 중국 내부의 갈등을 들여다보고 이해하기란 쉽지 않은 일이다. 그리고 사회주의 일당 전제 체제에서 정치적 반대 세력을 파악하기란 정말 어렵다. 그러나 특정 인물이나 세력이 아니더라도 우리는 중국의 체제에 위기를 가져올 수 있는 구조적 요인들을 찾을 수 있다. 미국의 전략적 억제, 실업률, 지방 정부 재정, 부동산 버블 붕괴, 금융 문제 등이다. 이런 위기 요인들은 비록 그 자체로 충분히 위협적이지만 중국 공산당과 중국 정부가 손 놓고 가만히 있는 것이 아니다. 그래서 일방적으로 중국이 위험하다거나 또는 일방적으로 중국은 아무런 문제가 없다고 주장하는 것은 모두 객관성을 잃기 쉽다.

역사적으로 외적의 침입보다도 내부의 모순으로 나라가 망하듯이 오늘날의 경제 전쟁에서도 외적의 침입보다 내부의 분열과 갈등이 나라를 더 멍들게 하는 법이다. 우리는 중국을 위협하는 요인들을 살펴보면서 이에 대한 중국 정부의 대응도 고려하여 그 균형점이 어디에서 이루어지는지를 파악해야 할 것이다. 지금부터 중국에 어떤 위기 요인과 갈등이 있는지 하나씩 짚어 보도록 하겠다.

중국 경제를 위협하는 수출, 실업, 부채, 외환, 부동산, 금융의 고리

미국의 트럼프 전 대통령이 중국 제품에 대하여 관세를 부과하기 시작했을 때 많은 사람들은 중국의 수출이 심각한 타격을 입을 것이라고 생각했다. 관세가 인상될 때마다 세계는 충격을 받았다. 그런데 중국의 수출은 사실 그렇게 큰 영향을 받지 않았다.

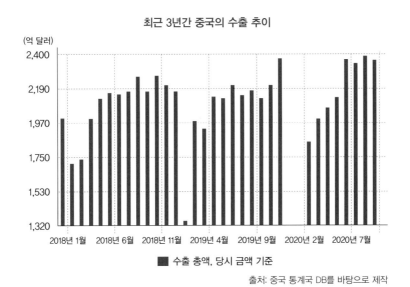

최근 3년간 중국의 수출 추이

출처: 중국 통계국 DB를 바탕으로 제작

위 그래프에서 2020년 초 코로나19 사태에 의한 영향은 있었지만 그 후 완전히 회복된 것을 볼 수 있다. 중국은 왜 미국의 관세에도 불구하고 수출에 영향을 받지 않은 것일까? 2019년도에 잠시 위안화 절하를 한 적은 있지만 미국의 압박에 의해 곧바로 원상을 회복했으며 오히려 위안화 강세를 보이고 있는 상황인데도 말이다.

여기에는 2~3가지 설명이 있다. 먼저 중국 내 공장들이 완전히 중국에서 철수하여 타국에서 생산을 하기까지는 적지 않은 시간이 걸린다는 것이다. 애플의 아이폰을 하청 생산하는 폭스콘의 경우도 생산 공장을 인도로 이전하고 있지만 아직도 인도에서 제대로 생산을 하지 못하고 있다. 폭스콘이 중국에서 공장을 지을 때는 지방 정부가 철야 작업을 하며 지반 공사를 해 주고 산을 깎아 주었으며 대형 설비가 들어올 때에는 고속도로의 톨 게이트를 잠시 철거하면서까지 협조를 하였다. 그 결과 1년도 안 되는 시간에 공장을 세우고 생산을 시작하는 기록을 냈다. 하지만 인도 같은 나라에 가서 공장을 세우고 생산이 정상화되려면 얼마나 긴 시간이 걸릴지 알 수 없다. 이런 상황에서 기업들이 2019년에 중국 철수를 결정했다고 해도 최종적으로 중국 공장이 문을 닫기까지는 수년의 시간이 필요할 것이다. 그러니 지금까지 대부분의 기업들이 아직도 중국의 공장을 가동하고 있다고 보는 설명이다. 오른쪽의 도표는 지난 25년간 중국의 고정 자산에 대한 투자 변화 수치를 보여준다. 만일 기업들이 미중 관계 악화로 이전을 많이 했다면 이 그래프는 2019년 상당 폭으로 내려갔어야 했으나 지난 2004년 이래 지속적인 감소 경향에서 크게 벗어나지 않았다. 반면 코로나19 발생으로 인한 영향은 즉각적이고 컸음을 보여준다.

다른 하나는 국내와 국제 공급망의 영향이다. 세트 업체 하나가 제3국으로 이동하려면 중간재, 부품 등을 공급하는 공급망 사슬 전부 또는 일부가 함께 이전을 해야 한다. 세트 업체 자신은 쉽게 제3국으로 이전할 수 있을지 몰라도 수많은 협력 업체들의 사정은 제각기 다른 법이다. 특히 중국의 경우 하청군이 잘 형성되어 있는데 이들 하청군이 없으면 생산 공장 단독으로 이전을 했을 때 생산성과 효율성이 매우 떨어지게 된다.

최근 25년간 중국의 고정자산 투자 증가율 추이

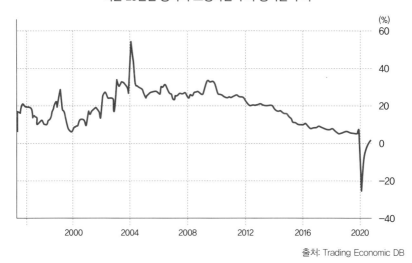

출처: Trading Economic DB

이 하청군은 우리나라에는 찾아보기 어려워서 간단히 설명을 하겠다. 하청군은 하청을 받아 일하는 중소기업 내지 가내 수공업들을 말한다. 이들은 원래 한 촌락에 사는 주민들이었는데 경제가 발전되면서 몇몇 집이 집에 일감을 가져와 가내 수공업을 하기 시작하였다. 왕 씨가 일감을 많이 받아오면 다 같이 나누어서 일하고, 장 씨가 일감을 많이 받아 와도 다 같이 나누어 일한다. 그리고 이들 중 일부는 기업의 형태를 갖추며 성장한다. 하지만 한번 형성된 협력 관계는 계속 이어지며 급한 일감이 오면 다시 온 마을이 낮밤을 함께 일하는 풍경이 펼쳐진다. 이런 하청군은 우리나라와 같은 수직적 관계라기보다는 앞에서 말한 꽌시의 서클이라는 공동체 의식이 있어서 기업 문화가 많이 다르다. 만일 어떤 기업이 제3국으로 간다 하더라도 이들 하청군을 데리고 갈 수는 없다. 따라서 긴급한 오더가 오거나 급히 부자재 등을 구해야 하는 경우 중국에 있을 때처럼 민첩하게 대응하기가 어렵다. 공장을 이전했을 때, 사소해 보이지만 없으면 불편한 것들이 산더미처럼 나오는 법이다.

게다가 제3국으로 이전하면 이들 하청군뿐만 아니라 경쟁력 있는 원자재, 부품, 도구류 등을 즉각 확보하기가 어렵다. 심지어 폭스콘의 경우 미국에서도 공장을 설립했지만 인력을 구하지 못하고 있다. 공장 하나에 10만 명 이상을 고용하는 폭스콘의 방식은 미국 공장에서 고용할 충분한 인구 자체가 주변에 없다는 점을 간과한 것이다.

물론 적지 않은 기업들이 베트남과 인도 등지로 이전을 완료한 것도 분명한 사실이다. 타이완 기업들의 경우 타이완으로 되돌아간 기업들도 많다. 그리고 베트남과 인도 기업들은 중국으로 가던 오더를 받게 된 기업들이 많아 대박이 났다. 그런데 이들 베트남이나 인도 기업 중에 상당수가 폭주하는 오더 증가를 처리할 능력이 없었다. 그래서 이들은 무리하게 오더를 받은 후 이를 다시 몰래 중국 기업들에게 하청을 주었다. 중국 기업들 중에서도 베트남이나 인도에 현지 공장을 만든 후 사실상 중국에서 생산한 제품을 메이드 인 베트남이나 메이드 인 인디아로 탈바꿈하여 미국으로 수출하기도 하였다. 아직 중국에서 제3국으로 생산 기능이 완전히 이전하지 않은 것이다. 그러다 보니 중국의 수출은 그다지 줄지 않았다. 그뿐 아니라 코로나19가 맹위를 떨치면서 세계 각국의 경제 활동이 크게 마비되어 오히려 코로나19를 딛고 제대로 생산을 할 수 있는 국가로 중국이 다시 부상하였다. 결국 유럽이나 남미 등 원래 중국에 오더를 주지 않던 국가나 기업들마저도 중국으로 오더를 주게 되면서 중국은 수출 수준을 유지하거나 오히려 늘리고 있다.

따라서 중국의 위기 요인으로 지목되었던 수출 위기는 급박한 원인이

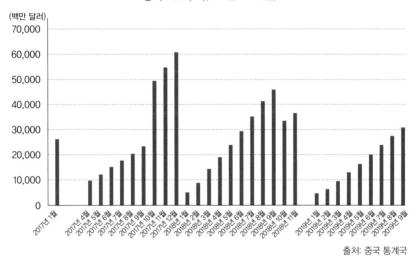

중국 FDI 추이(2017년~2019년)

(백만 달러)

출처: 중국 통계국

아닌 것으로 판명되었다. 위의 그래프에서 중국에 대한 FDIForeign Direct Investment(외국인 직접 투자)가 감소하고 있어 외국 기업의 탈중국 현상을 확인할 수 있지만, 전쟁이라도 일어나지 않는 한 수년간에 걸쳐 조금씩 일어날 일이고 한두 해 만에 대규모로 이전할 일로는 보이지 않는다.

물론 미국의 중국 압박이 다음 행정부에서도 계속될 것이고 기업들이 이전과 같이 중국에 공장을 만드는 것을 당연시하는 일은 이제 없을 것이다. 그리고 판매 부진이나 불공평한 일을 겪을수록 기업들은 중국에서 철수할 것이다.

중국의 수출 부진과 함께 항상 지적되는 것이 중국의 외환 위기이다. 중국의 외환 보유고는 사실과 다르며 실제로는 외화가 거의 없다든가 중국의 외환 보유고보다 더 많은 대외 부채가 있기 때문에 어느 순간 외화가 부족해져서 디폴트(채무 불이행) 사태가 올 것이라는 내용이다. 마치 우리나라의

IMF 때와 같은 상황을 말하는 것이다.

하지만 중국 정부가 발표하는 외환 보유고를 보면 큰 문제 없이 잘 유지되고 있다. 여기에는 앞에서 지적한 무역 수지 흑자와 월 스트리트의 자본 유입 등이 매우 큰 역할을 하고 있을 것이다. 게다가 중국 인민들의 해외 여행을 엄격히 통제하고 있기 때문에 여행 수지 적자도 대폭 줄어들어 외환 보유고가 내려갈 이유가 없다.

오히려 현재 상황은 응당 올라가야 하는 수준만큼 외환 보유고가 올라가고 있지 않은 것을 지적해야 한다. 중국의 외환 보유고는 조금 부자연스럽다. 특히 2020년 초, 미국의 요구에 따라 중국의 외환관리국은 외환 보유고를 투명한 방법으로 계산하도록 관련 규정을 정비했다. 어느 정도 변화가 일어났는지 모르지만 일단 미국이 이의를 제기하지 않고 있는 것으로 보아 미 재무부가 중국의 외환 보유고 관리 방법을 인정했다고 볼 수 있다. 그러

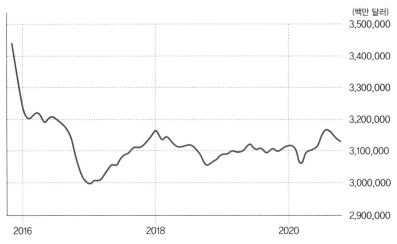

중국의 외환 보유고 추이(2016년~2020년)

출처: Trading Economics DB

므로 2020년 관광 수지가 대폭 축소된 상태에서 이어지는 무역 수지 흑자의 증가에도 불구하고 외환 보유고가 상응하는 정도로 증가하지 않고 있는 것은 이상한 일이다. 자본 수지에서도 증가하고 있다고 발표하고 있고 특히 외국 기업의 수가 엄청나게 증가하지 않았는가? 과거의 외환 보유고에 과장이 있었다면 어쩌면 이제는 외환 보유고가 증가할 때 실제 상황에 맞추고 있을지도 모를 일이다.

기업의 철수 등으로 중국 내부에서 가장 큰 위기 요인으로 삼고 있는 것은 의외로 실업이다. 중국 정부가 발표하고 있는 도시 실업률을 2018년부터 확인해 보면 다음 그래프와 같다.

중국 정부가 발표하는 실업률의 신뢰성에 대해서는 많은 논란이 있다. 허나 설령 그렇다 하더라도 추세를 거스르는 데이터가 나오기는 어렵다. 따

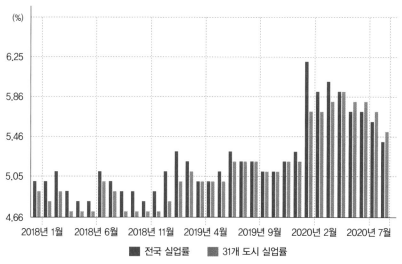

중국의 실업률 추이(2018년~2020년)

출처: 중국 통계국

라서 큰 국면의 추세를 살펴보는 것이 적당할 것이다. 먼저 미중 무역 전쟁이 발발한 2018년의 실업률 수준을 보라. 중국의 경우 춘절에 귀성한 인력들이 직장을 바꾸려 하는 경우가 많아 전통적으로 1, 2월의 실업률은 상대적으로 높아지는 계절 요인이 있다. 이를 감안하고 관찰하면 2018년에서 2019년으로 오면서 실업률이 상당히 증가했으며 2020년에 들어서 엄청나게 증가한 것을 볼 수 있다. 그리고 31개 대도시 실업률이 기타 도시 지역의 실업률보다 올라간 것은 매우 이례적인 일이다. 어쩌면 코로나19 발생으로 대도시일수록 통제가 심해 취업에 영향이 큰 것일지도 모르겠다.

경제적 영향뿐만 아니라 사회적 영향 측면에서 필자는 대학 졸업생들이 취업을 하지 못하는 현상을 주의한다. 중국은 매년 800만 명 정도의 대학 졸업생을 배출한다. 이들은 외동딸, 외동아들이며 두 사람의 부모와 네 사람의 조부모를 짊어지고 있다. 누군가는 이들이 응석받이로 자라 이기심이 많고 자기만 안다는 말들을 하기도 하지만 다른 한편 이들은 매일매일 여섯 사람의 어른들에게 잔소리와 압력을 받으며 자라온 사람들이다. 중국의 한 심리학자는 중국의 청소년 중 3천만 명 정도가 우울증으로 고통받고 있다고 추정하기도 하였다. 청소년 자살률도 매우 높다. 그런 이들이 천신만고 끝에 대학까지 졸업한 후 취업을 못 한다는 것은 당사자뿐만 아니라 집안 전체에 절망을 가져온다. 이미 오토바이 배달 기사 중 상당수가 대졸자라는 것은 일상적인 일이 되었고 광둥 지역의 공장은 농민공이 필요해서 월 3천 위안 보수의 노동자를 뽑으면 대졸자들이 먼저 달려온다고 한다.

리커창 총리는 이런 현상을 진작부터 경계해 대졸자들을 취업시키기 위해 많은 노력을 해 왔다. 그러나 중국 정부가 관련 데이터를 발표하지 않는 것을 보면 상황을 알 만하다. 리커창 총리는 2020년 전인대에서도 여러 경제 지표와 목표를 묻는 사람들에게 이렇게 말했다고 한다.

"대량 실업을 막는 것이 가장 중요하다. 그것만 이룰 수 있다면 GDP 성장률 목표 같은 것은 어떻게 되도 좋다."

리커창 총리는 그 후의 행보에서도 도시와 농촌 등을 시찰하며 항상 취업과 소득에 대해 현지 사람들에게 묻고 확인했다. 유감스러운 것은 현지 관료들이 책임을 두려워하여 항상 정해진 대답을 하도록 현지 주민들을 사전에 교육시킨다는 점이다.

중국 정부가 발표하는 PMIPurchasing Managers' Index(구매관리자지수) 내용에 종업원 지수라는 것이 있다. 종업원 수의 변화를 이를 통해 파악할 수 있으므로 취업 현황을 확인해 볼 수 있다. 2018년도부터 제조업과 비제조업으로 나누어 통계를 확인해 보면 다음과 같다.

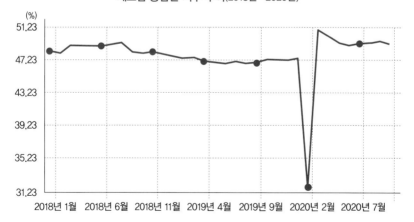

제조업 종업원 지수 추이(2018년~2020년)

출처: 중국 통계국

제조업의 경우 미중 갈등이 시작되던 시점부터 지속적으로 완만하게 종업원 지수가 하강하다가 코로나19가 발생하면서 절벽이 출현한다. 그 후에는 임계치인 50 이상을 회복하여 대체로 전월과 유사하거나 조금은 증가한 종업원 수를 보이고 있다. 그러나 2월의 절벽이 얼마나 심한지를 알아야 실제 예년 수준을 회복했는지 여부를 판단할 수 있다. 그렇게 낙관적이라고 볼 수가 없는 것이 비제조업 종업원 지수를 보면 알 수 있다.

비제조업 종업원 지수도 제조업 종업원 지수와 유사한 움직임을 보이지만 2020년 코로나19 절벽 이후 좀처럼 50에 도달하지 못하고 있다. 이 말은 코로나19로 취업 절벽 사태가 발생한 후 비제조업종에서는 지속적으로 종업원 수가 줄어들고 있다는 뜻이다. 제조업의 경우도 중국 정부가 복공復工이라며 강제로 공장들을 돌리고 해고를 막지 않았더라면 어떻게 되었을지 알 수 없는 일이다.

중국 정부가 대학 졸업 예정자들에 대해서 만일의 사태의 경우 '군 입대'

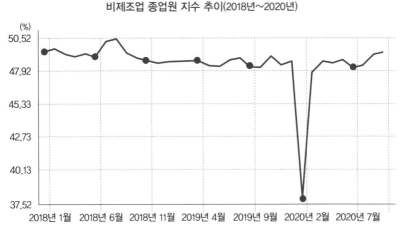

비제조업 종업원 지수 추이(2018년~2020년)

출처: 중국 통계국

를 하는 것에 대해 조사한 것도 이러한 상황을 시사한다. 삼지일부三支一扶 프로젝트*가 다시 부각되고 있으며, 대학생들이 인민해방군에 입대하면 여러 가지 경제적 혜택을 주는 정책도 시행되고 있다. 그럼에도 불구하고 대학생들이 배달 기사나 농민공 자리를 찾아다닌다는 것은 누가 보든 심상치 않은 징조다. 여기서 한발 더 사태가 진전된다면 과연 어떤 상황이 올 것인지 말이다. 중국의 농민을 정부가 함부로 대하지 못하는 것은 이미 앞에서 말한 바 있다. 만일 도시의 젊은이들까지 절망하게 만든다면 중국은 내부로부터 무너질 수도 있다. 그것은 우리 대한민국이라고 해서 다르지 않을 것이다. 중국은 효과 여부는 차치하고 이렇게 여러 가지 정책을 통해 실업률을 해소하려 애를 쓰고 있다. 우리나라의 상황이나 정부의 노력은 과연 얼마나 중국보다 낫다고 할 수 있을까?

실업은 실업으로 끝나지 않는다. 실업은 소득의 감소를 의미하고 소득이 감소하면 중국의 경우 부동산에서 큰 문제가 발생한다. 다음 그래프에서 볼 수 있듯이 중국의 부동산 가격은 엄청난 속도로 상승해 왔다. 그 결과 대부분의 중국 인민들은 능력이 닿는 최대 규모의 부동산을 매입했고 그 과정에서 부동산 융자 담보 역시 최대한으로 끌어 썼음이 당연하다. 그런데 부동산 가격이 하락하면 재산상의 손실이 발생하고 실업이 겹치면 융자금을 낼 수 없게 된다.

얼마나 많은 사람들이 융자 이자를 갚지 못하고 있는지 확인할 수 있는 공식 정보는 찾을 수 없었다. 중국에서 정보를 찾지 못한다는 것은 결코 즐

---

* 대학 졸업생들을 농촌이나 산골 등으로 보내서 2년간 일하게 하는 것이다. 적은 급여와 수당만 받으며 해당 지역 사회에 봉사하는 운동으로 지난 5년간 지속되어 왔다. 문화 대혁명 당시의 하방（下放）을 연상케 하는 이 정책은 사회주의 실현을 위한 청년들의 애국심을 고취시켜 구현하고 있다. 2년 후에 해당 지방 정부나 기타 정부 부처에서 고용을 할 때 우선적으로 채용하도록 배려하고 있다.

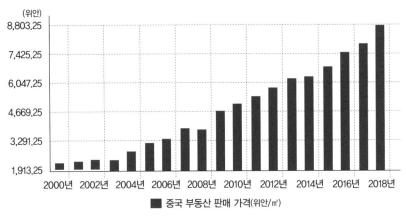

중국의 부동산 가격 추이(2000년~2018년)

■ 중국 부동산 판매 가격(위안/㎡)

출처: 중국 통계국

거운 상황이 아니라는 의미이다. 신뢰도의 문제가 다소 있으나 2020년 9월 중국의 왕이网易에 올라온 한 글의 내용에 따르면, 알리바바의 상거래 사이트 타오바오淘宝에서 거래된 주택 중에 융자금을 갚지 못해 몰수당한 주택이 125만 채에 달한다고 한다. 과거 이 플랫폼에서 거래된 후 몰수된 주택 수는 2017년에 18만 채, 2019년에는 30만 채였으며, 지역적으로는 광둥성이 가장 많아 3만 3천 채 정도라고 한다. 그러니 융자를 갚지 못하는 사람의 수가 적어도 네 배는 늘었다고 볼 수 있다.

중국의 부동산 불패 신화가 흔들리고 있다.
지방 일부에서만 부동산 가격이 하락하는가 싶더니
베이징 외곽까지 부동산 가격이 하락하고 있다.

이미 집이 팔리지 않아 새 집을 만들어 파는 부동산 개발 회사들은 심각한 경영 위기에 빠져 있다. 중국 정부는 3가지 기준을 만들어 부동산 개발사들에 대한 금융 제공 조건을 강화하고 엄격히 모니터링하기 시작했다. 부동산 회사가 도산해 인민들의 대량 피해로 확산되는 것을 막기 위해서다. 앞서 거론한 중국 TOP 3의 부동산 기업 헝다도 도산 위기에 처했다. 비록 중국 정부가 나서서 일단 구해 주었지만 헝다발 부실 금융 확산설이 돌고 있는 형편이고, 회계 부정으로 중국 정부가 헝다를 조사한다는 관측도 있다. 사태는 헝다에서 끝나지 않고 헝다에게 200억 위안에 달하는 거액을 전환 사채로 제공한 쑤닝 그룹도 돈을 받기 어려워지면서 부실에 몰리고 있다는 소문이 돈다. 이렇게 미중 갈등으로 촉발된 사태는 중국 인민들의 실업으로, 다시 부동산으로 그리고 수건돌리기처럼 금융으로 영향이 전파되고 있다.

중국 TOP 3의 **부동산 기업 헝다 그룹이 위기에 몰렸다.**
그 원인은 한 장의 괴문서 때문이었다.

이렇게 금융 위기감이 높아지는 가운데 2018년도 2사분기에 중국 정부가 발표한 상업 은행의 불량 채권 비율은 1%를 넘는 수준이었으나 실상은 아마도 5~10%에 달할 것이라고 자유아시아 방송이 보도한 바 있다. 은행의 채권 불량률이 5%를 넘는다는 것은 보통 일이 아니다. 그리고 앞서 지적한 것처럼 지방의 중소 은행들은 이미 흔들리고 있는 중이다. 이런 은행들의 부실 문제, 은행의 불량 채권을 해결하기 위해 최근 중국에 나타난 것이 자산관리 회사들이다. 보통 은행이나 금융 기관에서 직접 혹은 다른 자본과 함께 설립하고, 이들 자산 관리 회사들은 은행이 보유하고 있는 불량 채권을 은행의 장부에 문제가 일어나지 않는 방식으로 가져간다. 적어도 은행 장부만은 깨끗하게 처리를 하는 것이다. 그리고는 가져온 부실을 이런저런 편법과 회계 부정 등을 통하여 어떻게든 녹여내는 것이다. 동팡 자산관리, 신다 자산관리, 장청 자산관리, 화룽 자산관리 등이 1997년 금융 위기 때 1조 4천억 위안의 장부 조작을 한 것이 대표적인 예이다. 바로 '채무'를 '채권'으로 변환하는 방법이다.

금융이 흔들리면서 자금 경색 현상도 나타나고 있다. 금융 기관에 돈이 없다. 중국의 대형 국가 은행들은 대부분 홍콩 증시에 상장하였는데, 이를 통해 유입된 자금은 다 어디로 갔을까? 전문가들에 의하면 아마도 '채무'가 '주권'으로 변환되었을 것이라고 한다. 바로 유입된 자금이 이런 불량 채권을 처리하는 데 사용되었을 것이라는 의미이다. 사실이라면 이는 홍콩 증시에서 유입된 외국인 투자자들의 돈을 빌려 중국 은행들의 불량 채권을 처분한, 일종의 '국가가 자행한 사기'라고 해야 할 것이다.

은행이 외부의 자산 관리 회사를 이용하여 장부를 청소하는 방법은 지방 정부들도 배워서 이용하고 있다. 지방 정부가 설립한 발전 은행들을 통하기도 했지만 이런 금융 기관들에게 떠넘긴 지방 정부의 부실도 중앙에서 관리하기 시작했다. 그러자 등장한 것이 '그림자 은행'이다. 그림자 은행이란 은행은 아니지만 사실상 은행의 역할을 하는 기업 또는 기구를 말한다.

작년까지 중국 전역에서 수많은 P2P 파이낸싱 회사들이 설립되었다. 이들은 비교적 작은 규모의 회사채를 인터넷을 통해서 일반 인민들에게 판매한다. 일부 지방 정부는 이를 이용해서 정부의 부실 금융 자산을 떼어 내어 듣기 좋은 이름을 붙여 회사를 만든다. 예를 들면 '×× 인터넷 5G AI 울트라 슈퍼 회사'라는 회사를 만드는 것이다. 그리고 지방 정부가 매우 특별한 혜택을 이 회사에 주었으며 앞으로도 열렬하게 지원할 것이라고 선전을 한다. 인민들은 자신들의 정부가 특별히 지원하겠다고 하니 믿을 수밖에 없다. 그러고는 P2P 플랫폼에서 판매하는 이들의 채권이나 펀드를 구매한다. 이 돈은 지방 정부로 돌아가서 지방 정부의 부실을 없애거나 줄인다. 그리고 부실은 '×× 인터넷 5G AI 울트라 슈퍼 회사'에 남게 된다. 그러다 상황을 봐서 회사를 도산시키고 지방 정부의 부실은 말끔히 청소된다. 반면 상품을 구매한 인민들은 졸지에 돈을 날리게 된다. 얼마나 많은 지방 정부가 이러한 일들을 벌였는지 알 도리는 없다.

은행감독위원회의 궈수칭郭树清 주석은 2019년 6월 상하이에서 열린 한 회의에서 다음과 같이 말했다.

"고수익률은 고위험을 의미한다. 연 수익률 6% 이상이면 의문을 가져야 한다. 8%를 넘으면 위험하다고 생각해야 한다. 10%를 넘으면 원금도 건지기 어려울 수 있다는 것을 고려해야 한다."

하지만 집값은 날로 치솟고 누구든 평생 월세살이를 하며 어렵게 살고 싶지 않다. 리스크가 있더라도 목돈을 놀리지 않으면 안 되는 것이다. 결국 수백만 위안에서 수천만 위안에 이르는 소위 '금융 난민'이 전국에서 발생하였다. 전 재산 26만 위안을 날린 항저우의 한 여성이 자살을 택했다는 이야기도 있다. 중국 당국은 P2P 회사들을 대대적으로 단속했지만 이미 전 재산을 날린 사람들은 보상받을 길이 없다. 마윈이 장쑤성에서 소액 대출 회사의 설립 허가를 받지 못해 충칭에 가서 당시 부시장이었던 황치판에게 부탁해 단 3일 만에 설립 허가를 받은 것도 바로 이 P2P의 영향이었다.

지금까지 거론한 수출, 외환, 실업, 부동산, 금융 등은 모두 중국의 체제 붕괴를 가져올 수 있다고 제기된 이슈들이다. 그렇지만 필자가 보기에는 어느 하나가 문제가 돼서 체제가 무너지는 것이 아니다. 이들은 상호 영향을 주고받는 관계다. 현상이 한 이슈에 나타난다고 해서 원인도 이 이슈라고 할 수는 없다. 그리고 결정적이고 절대적인 요인이 있는데 그것은 민간의 자율, 시장의 힘에 경제를 맡기는 우리 사회와는 달리 중국은 절대적인 영향력을 가지고 있는 중국 공산당 일당 전제 체제가 존재하고 있다는 것이다. 중국 공산당과 정부가 내놓는 대책은 우리나라의 시각에서는 상상할 수 없는 범위이므로 우리가 그동안 익숙해진 생활의 연장선상에서 이들을 판단하는 것은 비합리적이다. 무소불위의 중국 공산당 일당 전제가 제대로 대응하면 위의 이슈들은 문제가 되지 않을 것이고 제대로 대응하지 못하면 참혹한 결과가 나올 것이다. 우리가 중국 공산당의 정책과 그 효과를 진지하게 그리고 보다 깊은 이해를 가지고 관찰해야 하는 이유다.

중국의 민영 경제는 살아남을 것인가?

시진핑 주석은 마오쩌둥 사상의 영향을 크게 받은 것으로 알려져 있다.

그래서 중화권 전문가들은 시진핑 주석의 사상 경향을 '좌경 사회주의'라는 말로 정의하기도 한다. 이런 시진핑 주석 체계에서 민영 기업들이 압박을 받았다는 인식이 광범위하게 퍼져 있는데 필자는 최후의 판단을 유보하고 있다. 수년에 걸친 시진핑 주석의 반부패 척결은 결과적으로 많은 기업주들을 감옥으로 보내는 결과를 가져왔지만 기업주들이 목표였기보다는 그들과 결탁한 관료들이 진정한 타깃이었을 것으로 생각되기 때문이다. 그리고 앞에서 이야기한 1조 달러 유출 사건처럼 국가 경제가 위기에 빠졌을 때 개인의 이익을 위해 자산을 유출하는 기업인이 있다면 어느 국가의 정부라도 이를 막으려 하지 않을까? 과연 시진핑 체제하에서 고난을 겪고 있는 민영 기업들이 받지 않아도 될 고난을 억울하게 받는 것인지 의문도 든다. 민간 기업인, 다시 말해 중국의 재벌들이 최근 수년간 조사를 당하고 재판정에 서게 되는 모습을 보면서 필자는 개개의 기업인 사건에 기초하여 판단하기보다는 구조적인 모순과 상호 영향을 파악하여 판단해야 한다는 생각을 하게 되었다.

시진핑 체제하에서 전통적 사회주의가 강조되어 온 것은 사실이고 그로 인하여 대형 민영 기업들이 권력과 손잡고 특혜를 받는 방식의 기업 운영을 하기 어려워진 것도 사실이다. 그리고 국진민퇴나 공사합영, 혼합소유제 등의 정책은 민영 기업의 기반을 근본부터 흔들 수 있는 정책 방향이다. 게다가 미중 갈등은 중국의 민영 기업을 보다 자유로운 상태로 만들기보다는 중국 공산당이 다음과 같이 민영 기업들을 더욱 옥죄게 하는 결과를 초래하였다.

중국 중앙 정부에서 발표한 '민영 경제 통전 공작에 관한 의견'에는 민영 기업을 쌍순환 경제에 어떻게 편입시킬지 짐작이 가는 구절이 있다.

"민영 경제인들이 새로운 발전 이념에 따라 기업 개혁 발전을 계획 및 추진하고, 정부가 준비한 각종 산학 연구 매칭 플랫폼을 충분히 활용하게 한다. 심도 있는 조사 및 연구를 실시하여 민간 기업이 업그레이드 개조 및 시스템 기제성 장애를 즉각 반영하고 해결하도록 한다."

　중국 정부는 앞으로 만들어질 여러 기술 개발 플랫폼에 민영 기업들이 적극적이고 즉각적으로 협력할 것을 촉구하고 있다. 중국이 극복해야 할 첨단 기술은 결코 쉬운 일이 아닌 데다 시간이 오래 걸려도 곤란하다. 중국 공산당이 이런 총력전을 펼치는 것도 결코 이상하지 않다. 다만 이런 식의 통일 전선 전략이 창의성을 요구하는 분야에 통할 것인지가 큰 의문이다.

　과거 일본에서도 소위 괴짜 양성 계획이라는 것이 있었다. 일본이 잘나가던 시절에 재계의 지도급 인물들이 일본의 앞날을 걱정했다는 이야기가 그 시작이다. 그들은 '과장, 부장이 될 만한 인물은 많은데 사장, 부사장이 될 만한 인물은 없는 일본 기업의 현실'을 걱정하여 위로부터의 명령만 기다리는 샐러리맨이 아닌 자기 자신의 독자적인 시각과 생각을 가지는 괴짜들을 키워야 한다고 생각했다. 그런데 그 후가 문제다. 이 생각에 동의한 몇몇의 최고 기업인들이 너희 회사는 괴짜 3명, 우리는 5명, 이런 식으로 수량을 할당하고 자사의 인사 관리 시스템에 반영했다는 것이다. 그래서 1천 명 중에 괴짜로 양성할 인재를 여러 명 선발하여 교육을 하였는데 그 결과는 실패였다고 한다.

　스티브 잡스나 일론 머스크 같은 인물들이 대기업 과장 100명을 선발해서 교육을 시키고 시험을 치면 나올 수 있는 것인가? 창의력 있는 아이디어 제출하도록 명령해서 1만 명의 아이디어를 추리고 추려서 3명의 아이디어를 압축하면 그것이 세상을 놀라게 하는 아이디어가 될까?

절대 그럴 리 없다. 다만 중국이 단기간에 개발하고자 하는 첨단 기술들이 민영 기업들의 참여 없이는 불가능해 보인다는 것 또한 부정할 수 없다. 하지만 민영 기업은 자유롭고 구속받지 않으며 다소 황당해 보이는 생각이라도 허용되기 때문에 창의력을 발휘할 수 있다. 중국의 통일 전선 정책이 그런 조건을 제공할 수 있을지 정말 궁금하다.

중국의 민영 기업인들에게 회자되는 이야기 중 민영 기업인은 너무 성공하면 안 된다는 말이 있다. 중국의 체제에서 민영 기업이 너무 커지면 체제보다 영향력이 커지는 순간이나 영역이 생기기 마련이다. 중앙 정부에서 이러한 상황을 결코 좌시할 리 없다. 더구나 중국처럼 밀실에서 정책과 정보가 만들어지고 가공되며 제한적으로 유통되는 체제에서 정부보다도 더 큰 빅 데이터를 소유하고 이를 처리하여 그 의미를 분석해 낼 수 있는 능력을 가지게 되면 그 자체로서 권력에 위협이 된다.

그러면 중국에서 일정 규모 이상으로 성장한 민영 기업이 잘 생존해 나갈 방법은 없는 것일까? 필자가 보기에 그런 방법은 없다. 경제를 완전히 장악해 운영해야 하는 체제에 민영 기업이 일정 수준 이상 성장한 그 자체가 이미 방해가 되기 때문이다. 그리고 그 기업이 경제의 흐름이나 인민 생활의 실태를 잘 파악하게 되어도 곤란하다. 그래서 중국 공산당은 성장한 민영 기업에 공산당 조직을 만들게 하고 공산당의 의견을 의사결정에 반영하도록 한다. 하지만 당의 통제를 따르는 기업이 어떻게 창의력을 발휘하고 기업가 정신을 발휘하겠는가?

우리나라에서도 너무 큰 기업보다는 수익성 좋은 중소기업을 하는 편이 대기업 총수보다 더 좋다는 말이 있다. 이 말은 앞으로 중국에도 통하는 말이 될 것이다. 민영 기업을 한다면 알리바바나 텐센트처럼 커지지 말고 적당한 규모의 중소기업 또는 중견기업 수준을 유지하는 편이 좋을 것이다. 중국에서 민영 경제는 살아남을 것이다. 다만 이전처럼 거대 기업은 당분간 나타나기 어려울 것이다.

4대 외세 민족 위구르, 티베트, 몽고, 조선족에 대한 대책

중국의 내부를 흔드는 요인 중에는 경제뿐만 아니라 종교와 민족도 있다. 서양의 파티에 참석해 보면 기본적인 에티켓이 있는데 바로 국적, 성별, 연령, 인종, 종교 등은 화제로 삼지 않는다는 것이다. 이러한 이슈들은 개인의 선택보다는 출생과 함께 필연적으로 주어지는 것이기 때문에 자칫 말을 잘못 꺼냈다가는 논쟁으로 이어지기 쉽다.

현재 전 세계적으로 불고 있는 혐중 감정이나 한국의 반일 감정도 마찬가지다. 아무리 일본이 과거에 한국에게 잘못했다 하더라도 '일본인은 어쩌구' 하는 식으로 비난을 하면 한국을 옹호하고 한국을 지원해 온 일본인도 그 비난의 대상이 된다. '조선족은 어쩌구'라며 비판을 하면 조선족 아저씨, 조카가 있는 사람은 받아들이기 어려울 것이다. 그래서 파티와 같이 교제를 하는 장소에서 이런 단어들을 입에 올리는 것은 에티켓이 아니다. 역사 속에서도 이로 인한 충돌과 전쟁이 끊이지 않았고 지금 이 순간에도 계속되고 있다.

중국 안에도 인종과 종교 갈등이 내재한다. 중국은 56개의 민족으로 이루어져 있으며 이는 종교 문제와도 겹친다. 중국 당국의 입장에서 규모가 적은 소수 민족들은 큰 문제가 되지 않는다. 그러나 상당한 인구가 있고 여차할 경우 부응할 외세가 있다면 주의를 기울이지 않을 수 없다. 미국과 중국은 이렇게 외세가 존재하는 중국 내 민족을 통해 유사시 중국에 내분이나 내란이 일어날 가능성을 주시하고 있는데, 그 대상은 주로 위구르족, 티베트족, 몽고족 그리고 조선족이다.

중국 입장에서 가장 문제가 되고 있는 것은 신장 위구르족이다. 인종적으로 한눈에 구별되는 외모, 심한 경제적 차이, 공산주의라는 유물론과 이슬람 종교의 차이, 갈등을 빚어 온 역사 등이 언제든 인종 분규를 일으킬 수 있는 상태이다. 실제로 위구르족은 수차례의 폭동을 일으킨 바 있고 위난 지역 등에서 묻지 마 칼부림을 하는 사건도 여러 차례 있었다. 중국 당국은 이들을 테러리스트로 단정하고 강력한 조치를 취하고 있다. 특히 신장 위구르 서기인 천첸궈陳全国는 위구르족에게 강제로 집단 교육을 실시하는 등 강경한 조치로 일관하여 시진핑 주석의 마음을 샀다고 한다. 위구르족의 집단 수용 및 교육은 확실히 전체주의 정권에서나 볼 수 있던 행태이다. 반중 단체들은 이 수용소에서 더 끔찍한 일들, 강제 불임 수술이나 장기 적출 같은 반인륜적인 일이 일어나고 있다고 주장하고 있지만 아직 확실한 증거는 나오지 않았다.

필자는 수년 전 위구르 지역을 여행한 적이 있는데 위구르의 상태는 민란이 일어나지 않으면 이상한 곳이라는 생각이 들었다. 우선 우루무치 같은 대도시를 보면 여느 중국의 대도시 못지않은 모습이다. 특히 눈에 띄는 것은 세계적인 명품 브랜드 매장들이 즐비하다는 것이다. 거리의 여성들은 미모가 빼어나고 입고 있는 의상이나 장식품들도 고급 제품을 착용한 사람들이 많다. 하지만 그런 사람들은 모두 한족이라고 한다.

반면 위구르족은 길바닥에 모포를 깔아 놓고 색깔이 있는 돌이나 보잘것 없는 잡동사니를 팔고 있다. 위구르족과 같이 이슬람교를 믿는 회족들은 택시 기사 같은 서비스 업종에서 주로 일하고 있다. 상류층은 한족, 한족에게 서비스를 제공하는 소시민 계층은 회족 그리고 하류층은 위구르족으로 인종 별로 사회 신분이 극명하게 나뉘어 살고 있는 것이다.

필자가 목적지인 투르판 역에서 내리자 관광 가이드를 겸하는 택시 기사들이 손님을 잡기 위해 난리였다. 필자는 그중 한 기사를 택하여 투르판으로 들어갔는데 투르판이 분지라는 것을 한눈에 알 수 있었다. 끝이 없는 황무지에 도로가 아래로 나선을 그리며 내려갔고 그 끝에는 아스라이 시가지가 보였기 때문이다. 투르판으로 가는 길에서 택시 기사는 신장 위구르 지역에서 있었던 위구르족의 저항, 테러 그리고 자신의 무용담을 들려 주었고 이야기는 우리가 투르판에 있는 며칠 동안 끝없이 계속되었다.

필자가 놀랐던 것은 한족인 줄만 알았던 택시 기사가 회족이었다는 것이고, 위구르족은 정말로 《아라비안나이트》에 나오는 캐릭터들과 똑같이 생겼다는 점이다. 회족들은 서로 알아본다고 하는데 필자는 회족과 한족을 구분하기 어려웠다. 하지만 위구르족은 서양인처럼 보였기 때문에 구분하기가 쉬웠다.

택시 기사의 무용담 중 하나는 과거에 있었던 위구르족의 버스 테러 사건이다. 그에 따르면 그가 타고 가던 버스에 세 사람의 위구르족이 올라타더니 위구르 말로 "내 말을 알아들은 사람들은 모두 내려라. 아니면 변을 당할 것이다"라고 하더라는 것이다. 그래서 황급히 내리고 보니 세 사람의 위구르족은 버스가 출발하자 모두 칼을 꺼내어 승객들에게 휘둘렀다고 한다.

위구르 지역은 한족에게 이렇게 위험한 곳이기 때문에 거리의 치안 경계가 매우 삼엄하다. 위구르 지역에 부임하는 공무원들은 위험수당과 승진

가점 등의 인센티브를 받고 온다고 한다. 당국이 의도적으로 위구르 지역에 한족들을 이주시키고 있고 정부가 돈을 푸는 대부분의 프로젝트들은 이들 공무원들과 이주 한족들의 손으로 들어간다고 한다.

위구르족에 대한 유화 정책으로 위구르 부족을 이끄는 족장과 원로들에게도 중국 정부는 상당한 혜택을 제공하고 있는데 경제적 혜택은 이들에게까지만 전달되고 대부분의 위구르족에게는 돌아가지 않는다고 한다. 그러니 위구르족의 눈에는 이들 부족장이나 원로들이 중국 공산당의 앞잡이로 보일 수밖에 없다. 결국 현 상태를 참지 못한 위구르 사람들이 거리로 뛰쳐나가 과격한 방법으로 혁명을 추구하려는 것이다. 이는 구조적인 문제이며 몇 사람을 구속한다고 끝날 일이 아니다. 지금처럼 중국 당국이 강경한 자세로 일관한다면 더 많은 위구르족을 반중으로 몰아세울 가능성이 크다.

다만 위구르족이 같은 이슬람교를 믿는 주변 국가들과의 관계가 밀접하지 않고, 외부 이슬람 국가들의 국력도 남의 혁명을 지원할 수 있는 수준이 못 되기 때문에 중국은 이 점을 다행으로 생각한다. 비록 미국 의회가 신장 위구르의 인권 문제를 들어 중국의 몇몇 관료들을 제재했지만 그것은 중국에 별다른 타격을 주지 못했다.

위구르가 중국 내부의 반체제 운동은 격렬하지만 외부의 지원이 없다는 특징이 있다면 티베트의 경우는 그 반대로 내부의 반체제 운동은 보이지 않지만 외부 세계에서의 이슈화는 엄청나다. 그리고 그 중심에는 달라이 라마가 있다.

달라이 라마는 티베트의 정신적 지주이다. 불교의 세 갈래인 현종, 선종, 밀종 중 밀종에 속하는 티베트 불교는 다시 다섯 교파로 나뉘는데 교파의 이름을 발음하기 어려워 중화권에서는 라마들이 입는 가사의 색깔로 이름

을 붙여 구별한다. 각기 황교, 홍교, 백교, 흑교, 화화교이다. 이 중 화화교
는 여러 색의 옷감을 이어서 사용하기 때문에 붙은 이름이다. 달라이 라마
는 가장 세력이 큰 황교의 법왕으로 관세음보살의 현신으로 전해지는데 티
베트 사람들에게는 절대적인 영향력을 행사한다. 그는 티베트인들에게 무
력 투쟁을 금하고, 중국에게는 국가로서의 독립을 주장하지 않으며 티베트
고유의 문화, 전통, 종교를 보장해 준다면 반중 운동을 하지 않겠다고 제시
했다. 즉 평화 투쟁을 하고 있는 것이다.

　그러나 중국 당국은 이를 수용하지 않는 상황이다. 티베트 불교의 세력권
은 티베트뿐만 아니라 칭하이, 윈난, 간쑤, 닝샤 일대에 이르며, 중국 영토
의 4분의 1에 달하는 광대한 지역에 영향을 미치고 있다. 그리고 해외에서
는 타이완, 홍콩, 싱가포르에 깊은 세력이 있으며 미국과 서방에도 무시하
지 못할 정도의 영향력을 가지고 있다. 그러니 중국 당국으로서는 견제할
수밖에 없다.

　티베트의 독립을 직접적으로 지원하는 국가는 없지만 종교가 다른 인도
가 중국을 견제할 목적으로 티베트를 지원하고 있다. 2020년에 발생한 인
도와 중국의 충돌 사태에서 인도 군의 편에 서서 싸웠던 티베트 사람들이
있는 것을 보면 아무리 달라이 라마가 평화 투쟁을 제시해도 젊은이들의
참을 수 없이 끓는 피는 어쩔 수 없는가 보다. 군사 전략적으로 만일 티베
트에서 소요 사태가 발생하면 곧바로 신장 위구르까지 점화될 가능성이 크
며 동시에 인도가 악사이친 지역의 회복을 위해 진격할 가능성이 있다. 그
러므로 소위 4대 외세 중 실제 가장 큰 위협은 티베트라고 할 수 있다.

　반면 몽고족의 경우 지금까지 중앙 정부와 큰 갈등 없이 지내왔다. 비록
내외 몽고로 분리되기는 하였어도 모두 공산주의 일당 전제 국가이다. 공

산주의에서는 국가보다 당이 우선시된다. 그런데 2020년에 뜬금없이 교육 기관에서 몽고어 교과서를 한어 교과서로 바꾸라는 조치가 내려져 사단이 났다. 이 조치의 근본 원인은 시진핑 주석이 사상 교육을 강화한 데서 비롯되었다. 당의 영도와 시진핑 주석을 핵심으로 하는 당의 운영을 강조하는 방법으로 통일적 사상과 이념이 강조되었고, 이것이 각 부처로 전파되면서 소수 민족의 교과서가 표준 교과서로 통일되는 결과를 가져온 것이다. 조선족에게도 동일한 조치가 이루어졌지만 별다른 반발은 없었다. 이미 한국의 각종 미디어와 콘텐츠를 대량으로 소비하고 있는 조선족의 경우 교과서에 한글을 사용하지 않는다고 해서 큰 일은 아니었던 모양이다.

하지만 몽고족은 다르다. 몽고족은 칭기즈칸의 후예이며 전 세계를 정복했던 민족이라는 자존심이 하늘을 찌른다. 게다가 몽고족은 한때 중국의 한족을 노예로 부렸던 역사가 있다. 또 부러질지언정 굽히지 않는 불굴의 자세를 미덕으로 삼는다. 이런 몽고족에게 민족의 문자를 교과서에서 제외하는 것은 수용하기 어려운 처사였던 것이다. 이제 결과는 상대적으로 안정되었던 몽고족을 긁어 부스럼을 만든 상태가 되었다. 여러 원인이 있겠지만 시진핑 주석이 이끄는 그룹의 일 처리 방식은 어딘지 모르게 세련되지 못하고 투박하다. 그렇지만 몽고족의 불만이 체제를 흔드는 정도로 영향을 주지는 못할 것이다.

조선족의 경우는 우리와 직접적으로 관련이 있다. 4대 외세 민족 중에서 가장 강력한 외세가 우리나라이기 때문이다. 대한민국은 경제적으로 세계 10위의 국가이며 군사적으로는 세계 6위의 국가이다. 한국인들은 주변의 국가들이 모두 강대국이다 보니 우리나라를 중소 국가로 생각하는 경향이 있는데 절대 그렇지 않다. 만일 유럽 대륙의 한가운데에 우리나라가 있다면 프랑스, 독일, 영국, 이탈리아와 어깨를 나란히 할 국가이다. 누가 영국이나 프랑스를 중소 국가라고 하겠는가?

게다가 한국은 예비군까지 합쳐 4백만에 육박하는 병력을 가지고 있고 거의 모든 종류의 무기를 자체 개발해 생산하는 국가이다. 1990년대에 필자가 중국의 공직자들을 만났을 때만 해도 이들은 유사시 한국의 중국 침략을 걱정하고 있었다. 북한이 있는데 우리가 어떻게 중국을 침공할 수 있겠느냐고 필자가 묻자 한국이 북한을 점령하는 것은 간단하다는 것을 자신들은 잘 안다는 것이다. 북한은 보유 무기 중 사용 가능한 무기의 비율이 극히 낮고 비축한 탄약이나 포탄도 90%는 사용이 불가능한 상태라고 하였다. 따라서 한국이 마음만 먹으면 북한은 간단히 점령할 것이고 그다음에는 동북으로 진격할 것을 우려하고 있었다. 다시 한번 강조하지만 필자에게 이 이야기를 들려준 사람들은 국방 및 정보 분야의 사람들이었다.

중국의 군사 전략 구상에 있어서 한국이라는 존재는 예나 지금이나 분명히 대응 조치를 준비하지 않으면 안 되는 나라다. 인도에 대해서도 경계를 하는데 하물며 한국은 오죽하랴. 필자는 중국의 동북공정도 중국 지도부의 이러한 경계심에서 나온 것이라고 본다. 중국을 여행하는 한국 사람들은 누구나 중국 인민들에게 만주는 우리 땅이라고 말한다. 고구려의 광활한 옛 땅이며 우리 것이라고 말이다. 한두 번이면 몰라도 오는 사람마다 어린이부터 노인까지 만주가 우리 땅이라는데 중국이 경계하지 않을 수가 있을까?

하지만 이제 중국은 과거처럼 유사시 조선족이 한국에 호응할까 걱정하지 않는다. 걱정할 필요가 없어진 것이다. 그것은 동북공정이나 중국이 부강해진 것도 원인이겠지만 가장 큰 이유는 조선족에 대한 한국인의 차별로 조선족들의 마음이 변했기 때문이다. 한국에서 일하고 생활하는 조선족들은 초기에는 한국인과 조선족은 같은 민족이며 자신도 한국 국적을 가지고 싶다는 열망이 있었다. 한국이 그들에게는 기회의 땅이기도 하고 그에 못지않게 중국 내에서 조선족이 소수의 비주류 집단이라는 것도 영향을 주었을 것이다. 그러나 정작 중국 내에서의 조선족의 위상은 날이 갈수록 올라가는 데 비하여 한국 내에서 조선족에 대한 차별은 딱히 개선되지 않고 있다. 그러니 조선족은 자신의 정체성에 대해 자연스럽게 중국인이라는 인식이 자리 잡게 된 것이다.

이렇게 조선족의 마음이 한국을 떠나면서 중국 지도부는 걱정할 필요가 줄어들었다. 조선족 문제는 사실 역사적으로 중국에게 쉽지 않은 문제였다. 중국은 과거 혁명 과정에서 북한과 조선인에게 적지 않은 신세를 졌다. 그런데 중국 공산당이 상대적으로 취약할 때 북한에게 약속했던 것들이 적지 않았던 모양이다. 타이허즈쿠太和智庫의 선지화沈志華 교수는 여러 강연에서 그 내용을 제기한 바 있다. 더 이상 과거의 상황에 따른 말들에 구애받고 싶지 않은 현재의 중국 지도부는 앞으로 북한과 일정 거리를 둘 것이다. 중국은 이제 북한보다는 첨단 기술의 파트너로서 한국과 일본 그리고 독일을 중요하게 여기며 한국을 포용하는 정책을 취할 것으로 생각된다.

전반적으로 중국의 내부 민족 문제를 평가하자면 조선족은 안정적, 몽고족은 소폭의 소요 가능성, 위구르족은 심각, 티베트족은 위협적이라고 볼 수 있다. 만일 미국이 무력 충돌 등으로 중국의 분란을 도모한다면 티베트가 일 순위이겠으나 달라이 라마를 거스르며 진행하기는 어렵다. 따라서 현실적으로는 위구르족이 가장 적절한 미국의 협력자가 될 것이다. 그것이 중국이 위구르족을 가장 경계하는 이유이기도 하다.

변증법이 적용되지 않는 중국 공산당

인류의 역사를 계급 간의 투쟁으로 보는 공산당의 시각에서는 공산 혁명이 완성되면 계급 간의 모순이 소멸하기 때문에 영원한 평화가 온다고 본다. 그러나 우리는 그렇지 않다는 것을 알고 있다.

중국의 현재 모습을 바라보는 시각은 여러 가지가 있다. 중국 공산당이 말하는 것처럼 수천 년간의 봉건 체제가 무너지고 공산 혁명이 완성된 상태가 그 하나이다. 계급 갈등이 해소되었으니 화계라는 말도 사용하지 않는가? 그러나 다른 시각에서는 수천 년간의 봉건 체제에서 제왕의 역할을 공산당 집단 지도 체제가 대체했을 뿐 근본적인 변화는 크지 않다고 보기도 한다.

공산 혁명으로 기득권을 가진 계급을 분쇄한 후에는 계급이 사라지는 것인가? 그렇다면 어째서 태자당이니 홍얼다이니 하는 특권층이 생기는 것일까? 계급 혁명을 주창하는 세력이 다시 권력과 이권을 장악하면 그들에게 무슨 이름을 붙이든 이 또한 특권 계급이 아닐 수 없다. 그리고 이들이 특권 계급이라면 공산주의 시각으로는 역시 타도의 대상이 되어야 마땅하다. 즉 공산화의 가장 이상적인 단계에 다다르지 않은 이상, 설령 정치적인 혁명이 성공하여 나라를 세웠다 하더라도 국가 내부에는 계급 분화적 요소가 존재할 것이며 이를 계속 타파해야 한다.

현실적으로 권력과 금력이 밀착한 과거의 권력을 특권 계급으로 모는 것은 쉬운 일이다. 사상과 이념은 과거의 권력을 사냥하는 사람들에게 좋은 도구가 될 것이다. 그러나 사냥꾼 그룹이 사냥 후에 또다시 권력을 쥐고 흔든다면 이 또한 특권 계급이며 이들 또한 사냥되어야 하지 않겠는가? 그래서 필자는 공산주의에는 통치 이념이 없다고 지적한 것이다. 인류의 역사는 계속될 것이고 사상과 이념의 발전도 계속될 것이다. '정'으로 표현되는 개념에 '반'하는 모순이 일어나 새롭게 '정'과 '반'을 아우르는 '합'으로 발전한다는 변증법은 공산주의의 기반이 되는 철학이다. 하지만 공산주의는 공산 혁명을 이루면 이상적인 상태를 이루었기 때문에 더 이상 변증법의 진행은 일어나지 않는다고 말한다. 하지만 공산주의 또한 변증법적 발전을 계속해야 하지 않겠는가? 변증법을 이상적 상태에 도달하기 전에 멈추는 공산당의 모순은 극복되어야 마땅하다.

현재의 중국 공산당은 사상과 이념의 측면에서 매우 혼란스럽다. 변화하는 시대에 사상이 따라가지 못하고 있다. 시대의 변화를 따라간다는 것은 현재 사상의 모순을 인정한다는 것이다. 중국이 유토피아를 이루지 못한 이상 변증법은 계속되어야 한다. 특히 세계 속의 거대 국가로 성장한 중국이라면 마땅히 소련과 동유럽의 몰락을 교훈 삼아 사회주의 국가의 이념과 사상을, 혁명이나 투쟁이 아니라 평화로운 통치와 화합의 이념으로 만들어 내지 않으면 안 될 것이다. 그것이 중국은 물론 전 세계가 더 나은 미래로 나아갈 수 있는 길이라고 본다. 왜냐하면 평화의 길을 수단으로 하는 한, 공산 국가와 민주 국가도 서로 공감하며 발전하는 공존공영의 길이 있을 것이기 때문이다.

시진핑의 후계 구도는 언제쯤 나타날 것인가?

제19차 5중전회에서 시진핑 주석의 입지와 위상은 강화되었거나 적어도 유지된 것으로 보인다. 게다가 위기라고도 할 수 있는 현재 상황을 책임질 수 있는 대안을 가진 인물이 없기에 향후 2035년까지의 집권 가능성이 높아졌다고 볼 수 있다. 그리고 5중전회에서 기존 관례와는 달리 일체의 인사 이동이 없었던 것은 5중전회 이전까지 대부분의 반대 파벌 인사에 대한 조치가 선제적으로 이루어졌기 때문으로도 해석된다. 이는 당시 후계자에 대한 일체의 기사를 내지 못하도록 강력한 기사 통제 지시가 있었던 것과도 통한다.

5중전회에서 제14차 5개년 계획과 함께 2035년의 비전을 제시하는 병행 계획을 내놓자 세계는 시진핑 주석이 사실상 2035년까지의 장기 집권을 도모한다는 평가를 내놓았다. 돌이켜 보면 지난 19대에서 국가급의 정년을 없앴을 때에도 세계 언론은 시진핑 주석이 영구 집권을 도모한다고 평가했다. 과연 시진핑 주석이 장기 집권을 도모하는 것일까? 우선 중국 공직자들의 정년을 확인해 보자.

중국 공직자의 정년 규정

직급	정년	대상 직위	기타
국가급	규정이 없으며 대체로 70세를 넘지 않으나 75세까지 가능	국가 주석, 총리, 전인대 위원장, 정협 주석, 군위 주석 및 중앙정치국 상무위원	중앙, 인대, 국무원, 정협의 임기는 당 중앙이 결정
부국가급	70세	국가 부주석, 중앙 정치국 위원, 후보 위원, 중앙 서기처 서기, 중앙 기율 위원회 서기, 부총리, 국무위원, 인대 부위원장, 정협 부주석, 최고 법원 원장, 최고 검찰원 검찰장	
정 성부급	65세 단 임기 미만 시 3년 연기할 수 있어 68세까지 가능	각 성의 서기, 성장, 부성장 중앙 부처의 장관급 부장, 부부장	60세부터는 인대, 정협 등 2선 직무만 가능
간부 (청국급, 처과급)	남성 60세, 여성 55세	청장, 국장, 부청장, 부국장, 사장, 부사장, 처장, 부처장, 과장	여성 전문직은 60세에 퇴직 신청 가능

국가급은 이제 정년 규정이 없어졌다. 하지만 기본적으로 70세까지를 정상적인 퇴직 연령으로 보고 사유가 인정될 경우 75세까지 가능하도록 했다. 시진핑 주석은 1953년 6월생이니 70세까지라면 2023년, 75세까지라면 2028년이 정년이다. 만약 2035년까지 집권할 경우 82세이다. 시진핑 주석이 만일 82세까지 주석직을 유지한다면 집단 지도 체제인 현 상황에서 다른 상무위원들을 퇴직하게 할 수 있을까? 상무위원들의 연령은 다음과 같다.

시진핑	1953년 6월생	왕후닝	1955년 10월생
리커창	1955년 7월생	자오러지	1957년 3월생
리잔수	1950년 8월생	한정	1954년 4월생
왕양	1955년 3월생	-	-

만일 2035년까지 이들이 계속 상무위원회 자리를 지킨다면 나중에는 전원이 동시에 퇴진을 하는 사태가 발생한다. 후임을 고려해 보면 우선 정년이 있는 부국가급이 국가급보다 먼저 퇴직하게 된다. 차기로 거명되고 있는 부총리인 후춘화가 1963년 4월생으로 2033년 초 정년이고, 천민얼陈敏儿 충칭 서기의 경우 1960년 9월생이니 부총리로 승진할 경우 2030년에 정년이며 못할 경우 2025년에 정년이 도래한다. 대부분 성급이나 부급이 먼저 정년이 도래한다. 그렇다고 더 아래인 지금의 국장급에서 다음 지도자를 선정한다는 것도 생각하기 어렵다. 그러므로 합리적인 가정은 다음과 같다.

– 시진핑 주석이 다음 20대 연임을 하지 않는 경우

  – 시진핑 주석이 다음 20대 이상 연임을 하는 동시에 후계자 지정을 하는 경우

  – 시진핑 주석이 후계자 지정 없이 장기 집권하는 경우

2020년의 5중전회가 후계자에 대한 일체의 언급을 못 하게 한 것은 시진핑 그룹이 연임을 원한다는 의미이다. 그리고 미국과의 결전이 있을지 모르는 현재로서는 시진핑 주석이 후계자를 공개 지명하여 본인의 권력에 누수 현상을 일으키지는 않을 가능성이 높다.

그리고 비공개 지명을 한다면 시진핑 주석 유고 시에 대권을 이어받을 수 있는 인물이어야 할 것이다. 그렇다면 후계자는 현재의 직위가 아무리 낮아도 성급 이상은 되어야 한다. 그러나 현재의 성급 인물들은 연령이 높은 편이다. 60세 이하의 인물이 거의 없다.

시진핑 주석이 후계자 지정 없이 장기 집권을 도모할 경우 현재의 상무위원회는 그대로 유지될 수 없다. 시진핑 주석을 제외한 6인의 경우 상당한 물갈이를 해야 한다. 그것은 격렬한 내부 권력 투쟁을 일으킬 가능성이 높다.

그런데 이렇게 5중전회에서 고위직의 인사에 관한 아무런 논의 결과가 발표되지 않은 상황에서 2020년 11월 한꺼번에 네 사람의 성 서기, 성 장급 인사가 승진 발령을 포함해서 있었다. 12월에도 대규모의 성 서기, 성 장급 인사가 이어졌다. 만일 성급 인사가 2021년 상반기에도 계속 일어난다면 이것은 다음 후계자를 고려한 세대 교체일 가능성이 있다. 20대 출범 전에 상대 파벌을 각개 격파하고 자파의 후계자를 계승 가능한 포스트에 가져다 놓는다는 의미이다. 시진핑 그룹이 반대파를 물리치면서 동시에 젊은 피를

수혈하고, 이들이 후계자 자리를 노리고 충성의 경쟁과 성과 경쟁을 하도록 유도하는 전략일 수 있다. 필자가 보기에는 시진핑 주석은 이들의 노력과 충성 그리고 본인의 안전을 평가하면서 용퇴의 시점을 결정할 것 같다. 지금 미리 퇴직 시점을 결정할 이유가 없다.

중국 공산당 최대의 적은 미국이 아니라 인민이다

중국, 미국, 인도, 러시아 모두 핵 보유국이며 대국이다. 이들은 서로 싸울 수 없다. 설령 싸운다 하더라도 제한적이다. 또한 모두 방대한 국토와 인구를 가지고 있어 상대 국가에 쳐들어가도 수렁이 될 뿐이다. 1962년 중인 전쟁에서 중국이 승리하고도 인도로 쳐들어가지 않은 것도 이 때문이다. 게다가 어설프게 중국 본토를 침략했다가는 수천 년의 역사를 되풀이하여 자신의 영토와 민족을 상실할 가능성마저 있다.

그래서 중국은 미국을 두려워하지 않는다. 시간은 중국의 편에 있다고 믿으며 느긋하게 지구전을 펴고 있다. 중국 시장의 맛을 본 월 스트리트와 세계 각국의 자본과 기업은 미국 기업이 중국 시장을 떠난다면 그 자리를 차지하려 호시탐탐 기회를 노리고 있다. 비록 하이테크 제재로 고통을 겪겠지만 견딜 수 있다. 그리고 중국 시장을 잃게 되면 미국도 괴롭다. 정치가들은 견딜지 모르나 미국 기업들은 견디기 어렵다. 이번 미국 대통령이 정책을 완화하지 않는다면 다음 대통령, 그래도 안 되면 그다음 대통령을 기다리면 된다. 중국의 일당 전제는 시간이 갈수록 우위를 보이는 것 같다.

중국은 외부 세력에 의해 무너지지 않는다. 그러기에는 외부 세력이 감당해야 할 피해가 너무나 크다. 그래서 중국을 무너뜨릴 수 있는 것은 중국 내부의 힘이다. 그리고 중국 공산당을 무너뜨릴 수 있는 것은 중국 인민뿐이다. 과거 중국 공산당에게 중국을 준 것이 인민이었고 중국 공산당으로부터 중국을 가져갈 수 있는 것도 인민뿐이다.

중국은 외부로부터 어려운 압박을 당해도 견딜 수 있다. 내순환 경제가 생각대로 잘 풀리지 않아 어려운 살림을 해야 한다고 해도 중국은 견딜 수 있다. 중국의 인민은 내부로부터 불만이 있어도 잘 드러내지 않는다. 천안문 시위가 일어났을 때 중국 인민들이 정부나 인민해방군에 저항한 것은 인민들이 대학생들의 주장에 동조해서가 아니다. 민주화나 정치 구호 같은 것은 당시 인민들의 귀에 들어오지도 않았다. 전체주의 정권 시절 우리나라의 대학에서 그렇게도 많은 시위가 발생했지만 당시 사회 일반에서 동조하고 지원했는가? 그렇지 않다. 철없는 대학생들의 치기 어린 행동으로 치부되었을 뿐이다. 중국의 천안문 사태도 마찬가지였다. 인민이 진군하는 탱크의 앞에 서서 길을 막을 수 있었던 것은 인민해방군이 자국 인민을 공격했다고 생각해서였다. 그리고 천안문 사태는 중국의 지도부에 깊은 인식을 남겼다. 중국의 지도부는 민주화 운동이 한번 일반 인민들에게 퍼지기 시작하면 어떤 결과가 오는지 잘 인식하고 있다. 즉 중국 공산당이 가장 두려워하는 것은 인민들의 봉기다.

이 점을 아주 잘 이해하고 있는 것이 트럼프 행정부의 대중 전략가, 위마오춘余茂春 교수이다. 그는 2020년 9월 열린 캐나다의 싱크탱크 맥도널드로리어 연구소Macdonald-Laurier Institute가 주최한 홍콩에 관한 온라인 토론에 참가한 자리에서 미중 갈등은 국가 간의 갈등이 아니라 가치관의 갈등이라고 설명하였다. 미국은 일본, 호주, 영국, 캐나다, EU, NATO, ASEAN

등 여러 국가와 민주주의라는 공동의 가치를 공유하고 있다고 전제하였고 반면 중국은 믿을 나라가 없다고 강조하였다. 그는 또 현재의 상황을 미중 냉전이 아니라 중국 공산당이 중국 인민과 자유세계에 대립한 사건이라고 설명하였다. 여기서 중국 인민을 자유세계와 동일시하고 중국 공산당의 대척점에 세웠다는 점이 매우 중요한 인식이다. 그의 이런 시각은 미국의 대중 정책에 큰 영향을 준 것으로 보인다. 트럼프 행정부 폼페이오 국무장관은 '중국'이라는 표현을 '중국 공산당'으로 대상을 바꾸었고 중국 인민은 미국의 적이 아니라는 발언도 하였다.

미국의 이런 시도에 시진핑 주석은 민감하게 반응했다. 그는 즉시 회의 석상에서 중국 공산당과 중국 인민을 이간질하고 분리하려는 미국의 의도는 중국 인민들이 절대 받아들이지 않을 것이라고 격분해서 강조했다. 필자는 시진핑 주석의 이러한 반응을 중국 인민과 중국 공산당을 분리하는 프레임이 가져올 결과를 너무나 잘 이해한 데서 오는 것이라고 생각한다. 그런 의미에서 미국이 중국의 공산당원은 미국에 오지 못하도록 한 조치는 상징적인 조치가 아니라 매우 본질적인 조치이다. 그렇기에 이 조치에 대한 중국의 반응도 격했을 것이다. 충분한 효과를 볼 수 있도록 장기간 유지되어야 될 정책으로 본다.

반면 우리나라를 포함하여 세계 각지에서 일고 있는 반중, 혐중 정서는 일반 중국 인민들에게 향하고 있다. 이는 중국 인민들이 자신을 중국 공산당과 일체화하여 생각하도록 만드는 것이고 중국 공산당을 도와 그들의 일당 전제 정치를 돕는 일이다. 만일 중국 공산당을 싫어한다면 어째서 문제를 해결할 수 있는 유일한 친구를 미워하고 상대방의 편이 되도록 만들 수 있단 말인가? 우리는 중국 인민을 친구로서 지지해야 한다.

9장

미중의
신동북아 전략

미중은 무력 충돌할 것인가? 이는 우리 모두가 우려하고 걱정하는 일이다. 남중국해에서 벌어지고 있는 두 나라의 무력 시위는 세계 각국이 걱정을 하기에 충분할 만큼 갈수록 빈도가 잦아지고 규모도 커져 갔다. 하버드 대학의 그레이엄 앨리슨Graham Allison은 미중이 진주만 사건이 일어나기 전의 미일 관계와 유사한 상황이 될 수 있다고 걱정했다. 반면 전 싱가포르 외무부 장관 조지 예George Ye는 그러기에는 미중 두 나라 모두 충분한 이성을 갖추고 있어서 양국이 냉전과 냉화(차가운 평화) 사이를 오갈 것이라고 했다. 저명한 학자인 칭화대학의 옌쉐통閻学通 교수처럼 중국과 동일한 이념 체계를 가진 국가는 소수라며 타국과의 이념 투쟁은 하지 말아야 한다고 중국 당국을 만류하는 중국의 지식인도 있다. 이런 엇갈리는 전망 가운데 중국이 2020년 하반기에 미중 1단계 합의를 지키려는 노력을 보여준 것은 비록 결과적으로는 합의와 차이가 대단히 컸지만 중국이 성의를 보이고 있다는 평판은 얻을 수 있었다. 적어도 중국이 미국의 분노를 걱정하고 있다는 인식을 보였다고 할 수 있다. 하지만 모두 임시방편일 뿐이다.

필자는 이미 미중의 이해관계는 장기적으로 서로 충돌할 수밖에 없다는 인식을 표명했다. 동시에 두 나라가 전쟁을 할 수 없는 이유도 설명했다. 그러니 이제부터는 두 나라가 앞으로 전개될 상황에서 어떤 수단과 방법을 택할 것인지 알아보려 한다. 미중의 선택의 폭은 너무나 넓다. 조지 예가 제시한 냉전부터 냉화가 아니라 냉전, 온전, 냉화, 열화가 모두 가능할 것이다. 두 나라는 상상 가능한 모든 전략과 전술을 시전할 터이고 세계 각국은 이에 따른 이해타산이 복잡해질 것이다.

21세기 합종연횡

미중 관계의 주도권은 지금까지 미국의 손안에 있었고 앞으로도 당분간 그럴 것이다. 그래서 미국의 다음 행정부의 전략과 전술이 무척 중요하다. 트럼프 행정부의 외교 안보팀은 밖으로는 강경한 모습을 보였지만 안으로는 단결하지 못했다. 단결하지 못하면 일관되고 장기적인 전략을 펴기 어렵다. 다행히 미국의 전략을 구사하는 사람들은 트럼프 전 대통령의 예측 불가능한 리더십하에서도 침착하고 신중하게 중국에 대한 시각과 전략을 공유하며 차분히 대중 압박을 추진해 왔다. 그리고 미국의 안보 외교팀은 중국의 지구전을 의식하고 있다. 장기 전략가인 데이비드 헬비David Helvey 가 미국이 중국과의 라이벌전이 장기간에 걸쳐 일어날 것임을 인식하고 핵심 원칙을 지속해야 한다고 말한 것과 같은 맥락이다.

바이든 대통령은 오랜 기간 상원의 외교위원회에서 경험을 쌓은 사람이다. 그는 외교 정책에 있어서 트럼프와 같이 동맹을 압박하고 이익을 취하는 방법을 지양하고 동맹과의 관계를 회복하겠다고 했다. 그리고 중국 정책에 있어서 동맹과 함께 대처하겠다고 수차례 공언하였다. 바이든의 이 발언에 대해서 중국 내에서는 2가지의 반응이 있다. 바이든은 트럼프와는 달리 중국에 대한 압박보다는 협상을 통한 문제 해결을 지향할 것이라는 희망적인 의견과 바이든의 전략은 실제로는 동맹과의 전략을 조율하여 통일 전선을 형성해서 더욱 교묘하게 중국을 압박할 것이라는 비관적인 의견이다. 바이든이 어느 쪽으로 노선을 정할지 알 수 없지만 과격한 행동은 하지 않을 것이며, 무슨 일을 진행하기 전에 동맹과의 조율을 거칠 것임에 틀림없다. 그러므로 어떤 조치를 취하든 점진적이고 단계적인 조치가 될 것이다.

바이든은 〈뉴욕타임스〉와 가진 인터뷰에서 미국이 중국을 다루려면 유효한 영향력이 있어야 하는데 자신의 관점으로 볼 때에는 미국이 아직 그 영향력을 확보한 것 같지 않다고 했다. 이 말은 바이든이 중국 문제보다 미국 내 코로나19 문제 해결을 우선시할 것이며 동시에 중국에 대해서는 동맹들과 협력하여 유력한 무기를 준비해서 대할 것이라는 시사이기도 하다.

바이든의 외교 보좌관을 오래 지낸 제프리 프레스콧Jeffrey Prescott도 미국이 중국과 대립하는 것을 반대하지 않는다. 그가 트럼프의 정책을 비판한 이유는 트럼프가 구사하는 방법이 원하는 결과를 가져올 수 있는 유효한 전략과 전술이 아니라 어설픈 자기 홍보에나 이용하고 실제로는 중국이 별 지장을 받지 않는 방법을 사용했다는 점 때문이다. 국무부 장관 지명자 앤

서니 블링켄이나 제프리 프레스콧은 모두 바이든과 오랜 기간 함께한 사이이며, 바이든 역시 외교 위원회에서 오래 활동한 외교 전문가이다. 따라서 이들이 외교 문제에 대한 시각을 공유하고 있다고 가정해도 크게 틀리지 않을 것이다.

미중 갈등의 진행 상황을 앞에서 제시한 중국의 예측에 따라 분석해 보자. 타이완 시나리오에 비추어 생각해 보면 미국이 중국의 타이완 합병을 묵인하는 경우는 현재의 양상을 볼 때 가능하지 않아 보인다. 시나리오 3, 4의 무력 충돌도 당장 발생할 것으로 보기 어렵다. 그래서 시나리오 2, 즉 미국이 중국의 타이완 합병을 반대하여 경제 제재를 하는 경우가 현재 상황에 가장 들어맞는다. 만약 중국 공산당의 예상대로 진행된다면 미국은 다음과 같이 행동할 것으로 예상해 볼 수 있다.

- 하이테크 제품과 전략 물자에 대한 제재
- 전반적인 무역 제재
- 금융을 포함한 전면적인 경제 봉쇄
- 말라카 해협을 포함한 전면적인 물자 통행 봉쇄

가만히 생각해 보면 이 모든 조치들은 미국 혼자서 내리거나 또는 중국 혼자서 해결할 수 없다는 것을 알 수 있다. 그렇기 때문에 두 초강대국은 자국에 협조해 줄 국가와의 동맹을 강화해 나갈 것이 틀림없다. 동맹의 협조를 구해야 하고 동맹과의 관계를 강화해야 한다는 바이든의 시각은 그런 면에서 옳다고 본다.

물론 중국 또한 이런 점을 잘 인식하고 있으며 외교면에서 미국에 비해

열세이고 군사적 충돌을 피해야만 하는 입장이므로 더욱 외교전에 주력할 것으로 보인다. 중국은 중동, 아프리카, 남미 지역에 수십 년에 걸친 외교 관계를 잘 유지해 왔으므로 미국 입장에서도 녹록치 않은 셈이다.

현재 진행 중인 중국에 대한 전략 물자 제재를 보면 크게 식량, 에너지 그리고 첨단 기술을 들 수 있다. 이 중 식량과 에너지의 경우는 미국이 중국에 판매하려는 것이지만 중국의 전략적 입장에서는 식량이나 에너지를 미국에 의존할 수는 없는 노릇이다. 식량의 경우는 중국이 미국이 농산물을 대량으로 수입하고 있지만 중국이 동시에 대량의 식량 비축을 하고 있다는 것을 잊어서는 안 된다. 즉 목전의 정세를 볼 때 중국은 미국에서 대규모의 농산물을 수입하고 있지만 식량은 결코 미국의 무기가 되기 어렵다는 뜻이다. 반면 에너지의 경우는 중국에게 분명한 위협이다. 그래서 이후에도 지속적으로 에너지는 미국의 압박 중점 중의 하나가 될 것이다.

첨단 기술의 경우는 미국이 중국에게 공급하지 않으려 하는 것이다. 그러나 미국만 중국에게 공급하지 않는다면 제재 효과가 없기 때문에 선진국들의 협력을 얻어 모두가 함께 중국을 제재해야 한다. 문제는 이런 제재를 하게 되면 그 나라들이 해당 중국 시장을 잃는 불이익을 받는다는 것이다. 트럼프 전 대통령처럼 동맹을 압박하여 중국에 대한 기술 제재를 하는 것은 일시적으로는 가능하겠지만 주는 것 없이 빼앗기만 하는 이런 방식이 오래 갈 수는 없는 법이다. 그러므로 첨단 기술의 제재는 그 범위를 좁히고 동맹의 이익은 보상해 줄 수 있는 방법을 찾아야만 유효할 것이다.

전반적인 무역 제재를 하는 방법은 중국과 기타 세계와의 결합이 현재와 같이 방대한 규모로 이루어져 있는 상황에서는 시행도 어렵고 효과를 보기도 어렵다. 중국은 이미 세계의 공장이 되어 있지 않은가.

그래서 필자는 결국 금융이 중국 제재의 가장 유효한 수단이 될 수 있다고 본다. 하지만 그러려면 월 스트리트의 이익에 손해를 주게 되므로 월 스트리트와 싸워 이길 수 있는 정책이 나오거나 월 스트리트에게 더 큰 이익을 줄 수 있는 정책이 나와야 가능한 일이다. 그것이 지금의 미국 사회에서 가능하겠는가? 대통령 선거 비용을 월 스트리트에서 충당하는 사람들이 말이다.

이도 저도 안 되면 미국은 결국 중국에 대한 봉쇄를 할 것이고, 그것은 곧바로 무력 충돌로 이어질 것이다. 미중이 새로운 돌파구를 찾지 못하면 두 나라는 그렇게 충돌의 방향으로 달려갈 것이다. 게다가 지난 수십 년간 신중하고 정중하며 장기적인 전략적 사고하에 크고 긴 외교를 구사하던 중국조차 이제는 소위 전랑 외교로 바뀌어 격렬한 발언을 쏟아붓기 일쑤이고 심지어 전투적인 태도까지 자주 보이고 있다. 그 원인은 치위赳玉 외교부 서기와 같은 시진핑 주석 그룹의 경향과도 관계가 있고, 중국의 권력층과 해외의 이권 사이의 일이 많아지면서 중국 외교부의 위상이 변한 것도 관련이 있겠지만 중요한 것은 이런 태도가 충돌의 가능성을 높인다는 것이다.

미국이라고 다르지 않다. 트럼프 행정부의 대중 강경 태도야 모두가 아는 일이다. 바이든의 경우 기존의 동맹 외교를 재가동할 것이지만 트럼프 전 대통령이 거론하지 않던 중국의 인권 문제 등 도덕적인 이슈를 이미 거론한 바 있다. 미국의 상원에는 중국에 강경한 마르코 루비오 의원 같은 사람이 승승장구하고 있으며, 하원은 20대에 천안문 사태에 대한 중국 당국의 진압에 항의하러 베이징까지 날아가 시위를 하다 구류 생활을 했던 대중 강경파 낸시 펠로시 의장이 장악하고 있다. 이렇게 두 나라의 정권은 모두 나라의 안팎에서 압력을 받는 형국이다.

이런 상황 속에서 양국은 국제적인 통일 전선을 만들기 위해 분주하다. 중국은 미국에게 제재를 받고 있는 이란, 러시아, 북한 등을 기반으로 약한 나라가 뭉치자는 합종의 동맹을 구성하고 있고, 미국은 강력한 미국을 배신하면 안 된다는 연횡의 책략을 구사하고 있다. 그리고 세계 각국과 우리나라는 이 두 책략의 한가운데에서 자국에게 가장 유리한 길을 찾으려 하고 있다. 이제 미중 두 나라가 각기 어떤 국제 전략을 구사할지 알아보자.

미국의 새로운 대중 정책

미국의 새로운 대통령으로 선출된 바이든과 그 행정부가 어떤 외교 정책을 펼칠지 세계 각국은 열심히 예상을 하고 있고, 동맹을 중시하는 정책을 펴겠다는 그의 말에 희망적인 관측을 하고 있기도 하다. 다만 바이든에게 중국과의 결탁설, 뇌물 수수설이 있었던 만큼 중국에 대해 결벽을 증명하기 위해 오히려 강경 노선을 채택할 가능성도 있어 중국은 이를 우려하고 있다.

미국의 정세는 어지럽지만 미국의 외교 정책은 어느 정당이 집권하든 미 의회의 견제와 균형 속에 일관성을 가지고 추진되어 왔다. 특히 대중 정책의 경우 민주당과 공화당을 통틀어 공통된 인식을 가지고 있다고 할 수 있다. 공통 인식은 바로 중국이 정치적으로는 인권을 유린하는 독재 국가, 전체주의 국가이며 경제적으로는 불공정 행위를 일삼고 미국의 기술을 도둑질하는 국가라는 것이다.

또 다른 공통된 인식은 바이든 대통령의 역할이 제한적이라는 것이다. 본인 스스로 공언했듯이 심상치 않은 미국의 코로나19 상황부터 처리해야 한다. 당분간 바이든 행정부는 내정에 집중할 수밖에 없거니와 고령인 바이든이 재선에 나서기는 어려워 장기 정책을 추진하기 어렵다는 평가이다.

그리고 바이든은 아들 헌터 바이든을 통한 중국과의 유착설로 공격을 받은 적도 있어 그의 대중 정책에 어떤 형태로든 영향을 줄 것이라는 견해도 있다. 필자는 개인적으로 헌터 바이든이 중국의 에너지 기업과 손을 잡고 일한 것을 알고 있기 때문에 그가 중국과 밀접한 관계라는 것에는 의심이 없다. 그러나 바이든 같은 정치인에게 그런 관계가 어디 한둘이겠는가. 언제든 바람의 방향이 바뀌면 손바닥 뒤집듯 바뀌는 것이 정치인이다. 바이든이 중국에 대해 상대적으로 유화적인 제스처를 취할 것은 틀림없어 보이지만 실제로는 바이든 행정부의 중국에 대한 압박은 트럼프 시절과 같거나 더 강력할 수도 있다. 이스라엘의 싱크탱크 베긴-사다트 센터의 알렉스 조페 박사도 이와 비슷한 관망을 하고 있다.

전반적으로 바이든 행정부의 외교 정책은 몇 가지 예상이 가능하다. 우선 전문가와 실무자 위주의 외교가 될 것이라는 점이다. 다시 말해 트럼프 전 대통령이 파괴한 '규범에 의한 외교 정책'으로 회귀할 전망이다. 중국과 관련해서는 트럼프가 거론하지 않은 인권 이슈가 등장할 가능성이 크다. 그리고 선거 공약으로 동맹과의 협력 강화가 있다. 그러니 기존의 무역 전쟁, 기술 전쟁에 인권 문제와 동맹들까지 동원하는 중국과의 전선 확대가 될 공산이 크다. 중국에 대해 부드럽지만 은근하게 압박의 수위를 올리는 양상이 될 가능성이 높아 보인다.

반면 이제부터는 중국의 지구전 전략이 본격적으로 힘을 발휘할 것으로 보인다. 미국의 외교 정책은 트럼프의 정책에 대한 반동으로 상당 기간 조정 기간을 거칠 것이고 동맹들을 재조직해야 한다. 그리고 중국에 대한 명확한 전략을 세워 집행해야 한다. 하지만 이에 걸리는 시간이 1~2년 이상 소요될 수 있다. 중국도 시간을 끌기 위한 갖은 전략과 전술을 구사할 것이다. 그렇게 되면 바이든 대통령의 임기가 소진될 것이고 다음 대선이 시작되면 더 이상 중국을 상대로 집중하기가 어려울 것이다.

다음 행정부가 임기 개시와 동시에 발동할 수 있는 명확한 중국 전략이 없는 상태에서 미국의 다음 대통령이 가장 먼저 중국에 대해 대응해야 하는 일은 미중 1단계 합의안에 대한 후속 조치이다. 1단계 합의를 이끌어 낸 라이트하이저조차 무역 협상의 끝에 무엇이 있을지 알 수 없다고 했다. 트럼프 전 대통령은 이미 2단계 합의는 있을 것 같지 않다고 포기성 선언을 한 상태이니 1단계 합의안은 만신창이다. 그리고 2020년에 중국은 1단계 합의를 지키지 못했다. 그러나 합의안의 기간은 2년이다. 2021년 말까지 기다려야 최종 결과를 문제 삼을 수 있다.

미국은 이제 입장이 묘해졌다. 중국이 합의를 지키지 않았어도 별다른 피해를 입지 않는다면 미국의 압박은 효과가 없다는 것을 전 세계에 증명하는 꼴이 된다. 만일 이에 반발하여 더 강력한 대중 조치를 취할 경우 중국과의 갈등이 불거지고 해당 조치가 중국에게 효과가 있어야 함은 물론 동맹이나 미국 자신에게 피해와 영향이 최소화되어야 한다.

워싱턴 브루킹스 연구소의 선임연구원인 청 리Cheng Li 교수는 바이든 행정부가 트럼프 행정부 시절 매파들이 주창한, 두 나라를 분리하는 전략을 재고해야 한다고 말했다. 그는 차기 정부가 피해야 할 3가지 함정 즉, 중국으로부터 공산당을 수사적으로 분리하는 것, 중국 일당 전제를 포기하라고 요구하는 것, 중국의 총체적 위협을 억제하려는 것 등을 지적했다. 그의 제언은 다음과 같다.

"어떤 전략적 접근법이든 외도적이든 아니든 중국에 대해 원칙적으로 공격적인 관계를 시전하여 미국을 누구도 승자가 될 수 없는 전쟁 속으로, 돌이킬 수 없는 길로 몰아넣어서는 안 된다."

즉 미국과 중국이 전쟁을 하면 결과는 두 나라 모두에게 재앙이기 때문에 중국에 공격적인 태도를 보여 전쟁에서 빠져나올 수 없게 만들어서는 안 된다는 것이다. 그렇다면 그가 말한 3가지 함정도 해석이 가능하다. 중국에게 공산당을 포기하라는 것, 민주적인 다당제를 요구하는 것, 중국을 전면 억제하려는 것은 모두 불가능한 요구, 다시 말해 중국 입장에서는 전쟁도 불사할 요구라는 뜻이다. 필자도 그의 이런 견해에 동의한다. 청 리 교수는 이어서 다음과 같이 말했다.

"대신 미국은 두 나라의 힘과 약점을 신중히 재평가하고, 중국과의 전면적인 분리가 일으킬 비용과 리스크를 재검토하여, 소프트 파워의 영향력과 사람 대 사람의 외교를 시전하기 위한 장기적인 외교 정책을 재확인해야 한다."

두 나라의 분리가 일으킬 비용과 리스크를 재검토하면 서로에게 피해가 엄청나고, 중국의 문제를 해결하는 것은 단기간에는 불가능하다는 것이 청 리 교수의 의견이다. 중국이 지구전을 펴듯이 미국도 장기 전략을 세우고 미국이 우위를 점한 소프트 파워와 사람 대 사람 외교를 펴 나가야 한다는 의미이다. 필자는 청 리 교수와 기본적으로 공통된 관점을 가지고 있다. 그리고 그의 사람 대 사람 외교에 대해서는 보다 적극적인 생각을 가지고 있다. 이는 이 책의 결론 부분에서 밝히겠거니와 이런 사고는 비단 청 리 교수나 필자뿐만이 아닌 위마오춘 교수의 생각과도 근저는 모두 일치한다.

중국의 방패, 한중일 삼국 경제권

이제 중국은 바이든 대통령과의 협력을 모색할 것이다. 물론 자신들의 입장에서 말이다. 특히 새로운 대통령이 출현한다면 새로운 관계를 모색할 좋은 명분과 기회가 생긴다. 중국의 외교관 위엔난성袁南生은 중국은 미국이 쇠퇴했다고 믿어서는 안 되며 극단적인 민족주의나 인기주의의 부상을 억제해야 한다고 말했다. 미중이 분리할 가능성은 적지만 아예 없는 것도 아니니 조심해야 한다는 것이다. 그는 중국의 민족주의와 인기주의로 인해 세계 각국으로 하여금 '아메리카 퍼스트'에 이은 '차이나 퍼스트' 주의가 도래하고 있다고 믿게 해서는 안 된다고 하였다. 하지만 그의 외침에도 불구하고 매일 뉴스에서 들리는 것은 중국 전랑 외교관들의 하울링이다. 시진핑 주석은 뒤늦게 바이든에게 대통령 당선 축하 인사를 보내며 두 나라가 평화롭기를 바랐지만 같은 날 군사위원회를 열어 전쟁에 철저히 대비해야 한다고 강조했다. 이는 모순이 아니다. 중국은 미국과의 전쟁을 원하지 않지만 그들이 원하는 목적을 달성하려면 미국과의 전쟁도 불사해야 한다. 그러니 전쟁과 평화 2가지 모드를 동시에 추진할 수밖에 없다. 이것이 쌍순환 경제의 본질이다.

미중 갈등에 대해 중국은 일단 수비의 입장이다. 본토가 공격당할 가능성은 적기도 하지만 무섭지도 않다. 전략 시설은 잘 보호되고 있으며 대도시가 폭격이라도 당한다면 국제 사회의 여론은 당장 미국을 지탄할 것이다. 문제는 중국의 밖, 전략 물자이다.

20세기의 전쟁이 석유 등 에너지를 두고 벌인 갈등이었다면 21세기의 전쟁은 반도체를 두고 싸우는 형상이 될 것이라는 말이 있다. 최근 반도체 기업들의 상황을 보면 세트 업체로는 미국, 한국, 타이완, 설비 및 재료 측면에서는 일본, 유럽, 미국이 주요 참여자임을 알 수 있다.

에너지와 관련해 중국에 있어서의 이란의 중요성을 앞에서 거론한 바 있다. 이스라엘의 정보기관 IDF의 군사 정보 분석가 대니 쇼햄Dany Shoham 박사는 중국이 서쪽으로는 파키스탄 및 이란과 결맹하고 동쪽으로는 북한과 동맹을 강화하여 자국의 전략적 위치를 강화할 것이라고 예상하고 있다. 이 포진이 이란과 러시아로부터의 에너지 수입 루트를 품고 보호하는 모습임을 볼 수 있다.

미국의 위협에서 가장 중요한 이란으로부터의 에너지 자원을 확보하기 위하여 중국과 이란은 서로의 결속을 더욱 공고히 하고 있다. 트럼프의 중국과 이란 압박은 결과적으로 이 두 나라가 더욱 결속하는 결과를 초래하였다. 두 나라는 2016년부터 JCPOAJoint Comprehensive Plan of Action(포괄적공동행동계획)를 맺고 전략적으로 협력하였으며, 미중 갈등이 발발한 2019년 2월 시진핑 주석은 테헤란의 자바드 자리프 석유 장관과 알리 라리자니 의회 의장이 포함된 이란 대표단을 초청하여 포괄적인 전략적 동반자 관계를 개발하겠다는 베이징의 의지가 변하지 않았다고 말했다. 이어서 8월에는 자리프 장관이 JCPOA를 확대 발전시켜 중국의 4천억 달러 규모의 이란

중국의 대미 동맹 국가

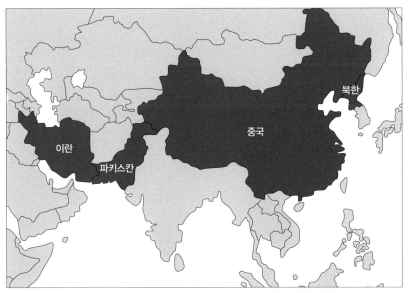

투자를 포함한 25년 계약을 통해 중국과 이란의 포괄적 전략적 동반자 관계를 업데이트하는 로드맵을 중국 측에 제시했다. 그 내용에 대해 당시 중국은 부인했고 외부에는 알려지지 않았지만, 골자는 중국이 이란의 석유와 가스 및 석유 화학 부문에 2,800억 달러를 투자하고 이란의 운송 및 제조 인프라를 업그레이드하는 데 1,200억 달러를 추가로 투자할 것이며, 이는 향후 5년마다 다시 추가될 수 있다는 것이다. 테헤란에 따르면, 4년 동안 진행된 로드맵 초안은 2020년 6월 이란 정권의 승인을 받았다.

중국은 이외에도 은행, 공항, 5G, 항구, 철도 등 이란에 대한 수십여 개 투자 프로젝트를 일대일로에 포함시키고 있다. 아스켈론 대학의 중국 전문가 모더차이 차지자Mordechai Chaziza 박사는 중국이 이렇게 대규모로 이란에 투자하는 대가로 이란의 가스, 석유, 석유화학 제품을 최근 6개월 가격의 최소 12% 이상 할인된 가격에서 다시 6~8% 추가 할인된 가격으로 구매할 권리를 확보했다고 전했다.

이란으로부터 안전하게 에너지를 수송해 오기 위해서는 파키스탄의 협력이 필수적이다. 인도라는 공통의 적이 있기 때문에 중국과 파키스탄의 결속은 단단하다. 파키스탄과 중국은 2013년 중국 파키스탄 경제 회랑CPEC을 발표하고 과다르 항구의 건설 운영을 중국에 부여한 후 2016 CPEC 장기 계획을 발표하였으며, 2018년에는 2단계로 본격화 및 FTA를 체결하였다. 그리고 파키스탄의 원격 탐지 위성(PRSS-1)을 중국의 지우추안酒泉 우주 발사장에서 쏘아 올리는 전략적 협력을 보여 주었다.

미국의 중국 압박이 시작된 2018년부터 중국과 파키스탄의 관계는 더욱 공고해져 CPEC 2단계, FTA 2단계로 협력이 강화되면서 라샤카이 경제특구, 파이살라바드 경제특구, 알라마 이크발 공업 도시가 착착 진행되었다. 2020년에는 FTA의 실질적 운영이 시작되었으며 코로나19 사태가 발생하자 중국은 전력을 다해 파키스탄을 지원하였다.

중국은 이제 파키스탄을 티에거먼铁哥们이라고 부르고 있다. 정부에서만 사용하는 말이 아니라 중국 인민들 사이에도 널리 퍼진 말이 되었다. 절친한 친구 사이를 의미하는 중국어 거먼哥们에 강철이라는 뜻의 티에铁를 붙여 밀접하고 강력한 친구 사이를 의미한다. 중국은 각종 군사적·경제적 혜택을 파키스탄에 제공하여 파키스탄을 '우리'로 만든 것이다.

파키스탄과는 다른 의미로 중국에게 있어 북한의 전략적 중요성은 대폭 증가하였다. 비상시 발생할 수 있는 러시아로부터의 가스 수입선을 지키기 위해서도 중요하거니와 미국과 중국이 직접 충돌하지 않게 만드는 완충의 역할을 하고 한국의 4백만 병력을 붙잡아 놓는 역할도 빼놓을 수 없다. 더구나 북한 때문에 한국이 중국의 협력을 필요로 하니 중국으로서는 북한의 몸값이 매우 높다. 그러니 아무리 미국이 압박을 한들 중국이 어찌 북한을 제재해서 적으로 만들겠는가 말이다.

필자가 수년 전 한국의 제조실행시스템(MES)을 판매하기 위하여 중국의 여러 제조 업체들을 상대로 영업을 할 때의 일이다. 산시성의 한 철강 제품 회사를 방문했는데 이 회사는 중국의 고속철에 들어가는 쇠바퀴와 차축을 만드는 공장을 가지고 있었다. 필자가 한국인임을 알게 되자 여러 이야기를 나누게 되었는데 그들은 다음과 같이 말했다.

"북조선에서 장거리 미사일을 쏘는 것을 보고 우린 깜짝 놀랐소이다."
"그렇죠? 우리야 말할 것도 없지요."
"그게 아니라 북한의 로켓 발사대를 보니 우리 제품이더란 말이요."
"당신들이 북한에 로켓 발사대를 팔았단 말이요?"
"우린 판 적이 없소. 그런데 TV를 보니 발사대는 우리 제품이 확실해 보입디다."

북한이 어떻게 이 회사의 발사대를 입수했는지는 알 수 없다. 제작 회사에서 팔지 않았다면 사간 사람이 주었을 것이다. 중국에서 로켓 발사대를 사갈 수 있는 사람은 누구겠는가? 북한은 마오쩌둥이 말한 대로 중국과는 순망치한脣亡齒寒의 관계인 것이다.

중국이 이렇게 이란-파키스탄-북한과의 결속을 강화하는 것은 수비 차원의 일이다. 중국으로서는 결국 남중국해로 진출해야만 타이완을 공격할 수 있다. 현재의 중국이 적어도 타이완 주변으로 물자와 대규모 병력을 보내려면 최소한 주변 두 나라의 개입을 예상할 수 있다. 일본과 필리핀이다. 특히 일본이 까다롭다.

중국은 일본과 국경 분쟁을 벌이고 있다. 바로 센카쿠 열도 분쟁이다. 센카쿠 열도는 타이완의 동북쪽 섬들과 거의 연결되다시피 위치해 있다. 타이완을 공격하려는 중국 입장에서는 이곳을 점령해 타이완의 동북부에서 접근하는 일본과 미국의 무력을 정찰 및 요격의 거점으로 삼으려 할 것이다. 일본의 입장은 당연히 그 반대다. 중국으로서는 타이완의 동쪽 해안선으로 접근하기가 매우 어려운데 센카쿠 열도는 바로 타이완이 동과 서의 분계선상에 있다. 게다가 역사적으로 자국의 영토임을 주장할 수 있는 근거도 있다.

중국의 포털 사이트 바이두에서 센카쿠 열도를 검색해 보면 현재의 중국 명칭인 댜오위다오(조어도) 또는 적미서赤尾屿의 이름이 기재된 최초의 책은 1403년 명나라 영락제 원년의 《순풍상송顺风相送》이라고 한다. 그 외에 중국이 센카쿠 열도가 자국 영토라고 주장하는 근거는 다음과 같다.

- 1171년 푸젠의 장령인 왕대유汪大猷가 둔루다오屯各島라고 한 것
- 1532년 명나라의 천칸陈侃이 사류구록使琉球录에서 조어도라 칭한 것
- 1561년 명나라 해도에 조어도가 표기된 것
- 1605년 해도에 표기된 것
- 1762년 포르투갈의 해도에 조어도가 타이완의 영토로 표기된 것
- 1786년 일본의 센다이 번에 사는 하야시 시헤에林子平가 류큐 지도에서 조어도를 명나라에서 일본으로 오는 항로라고 한 점

- 1809년 프랑스 해도에서 타이완과 같은 색으로 칠한 점
- 1871년 중찬복건통지重纂福建通志에서 타이완의 부속 도서라고 한 점
- 1884년 일본 후쿠오카 사람인 코가 타츠시로오古賀辰四郎가 조어도를 '발견'했으니 등록해달라고 신청한 점
- 1895년에 일본이 조어도를 류큐 현에 등록시켜 시모노세키 조약에서 타이완을 식민지로 점령할 때 같이 점령했던 점

이런 흐름을 보면 대체로 중국의 주장은 센카쿠 열도가 늦어도 1171년부터 중국의 영토였다가 청일 전쟁의 패배로 일본에게 할양된 타이완의 부속 도서이므로 전후 처리에 따라 원래 중국에 속한 영토이니 돌려주어야 한다는 것임을 알 수 있다.

일본 측은 옛 기록은 인정하지 않는다. 일본의 주장은 센카쿠 열도를 항로라고 한 것은 영토라는 의미가 아니며, 타이완 식민지가 결정된 시모노세키 조약이 이루어진 1895년 4월보다 3개월 전인 1895년 1월에 센카쿠 열도를 영토로 편입했으므로 중국의 영토가 아니라는 주장이다.

어느 쪽이 맞느냐는 문제는 두 나라가 알아서 할 일이다. 중요한 것은 국력이 충분히 커졌다고 믿는 중국이 센카쿠 열도를 포기하는 일은 없다는 것이다. 게다가 이 내용이 이미 충분히 자국 내 인민들에게 알려져 있기 때문에 그 누구도 센카쿠 열도를 양보한다는 말은 꺼낼 수 없다.

일본의 입장도 마찬가지이다. 스가 총리는 영토 문제 해결을 선거 공약으로 내세웠던 아베 정권의 외교 노선을 이어받는다는 점을 분명히 했거니와 전쟁을 할 수 있는 정상 국가를 기치로 꺼내든 자민당이 물러날 수는 없는 노릇이다.

그렇다면 두 나라가 군사적으로 충돌할 가능성은 있는가? 필자가 보기에는 충분히 가능하다. 중국의 해군력은 원래 일본에 비해 매우 취약했다. 그러나 최근 수년간 항공모함을 건조하고 대량으로 국산 이지스함과 구축함을 건조하면서 이제 일본 자위대의 해군력과 대등한 수준에 이르렀다. 특히 센카쿠 열도가 일본 본토로부터 상당히 멀리 떨어져 있기 때문에 일본이 여러모로 불리하다. 하지만 일본에게는 미국이 있다. 미국과 함께 중국에 대항하는 진영의 선봉장 위치를 자처하고 있지 않은가. 심지어 자국에 대한 공격을 '징후'만으로 판단하여 선제공격할 수 있어야 한다고 주장하고 있으니 일본은 센카쿠 열도에서 군사 분쟁이 발생할 경우 충돌을 감행할 가능성이 크다. 그리고 군사 분쟁이 발생하면 이를 이용하여 단숨에 개헌을 하고 자위대를 정규군으로 전환하려 할 것이다.

　그러므로 무력 충돌이 발생할 상황을 피해야 하는 것은 중국이 될 것이다. 일본은 두렵지 않지만 미국의 개입이 두려운 것이다. 미국 입장에서는 중국과 직접 정면충돌하기보다는 일본과 중국의 무력 충돌에 개입하는 편이 언제든지 철수할 수 있기 때문에 모든 면에서 수월하다. 미국이 군사적으로 편리하고 유리해지는 것은 중국 입장에서는 반대다.

　중국의 관영 매체 〈환구시보〉에서 사회과학원의 뤼후이동呂耀东과 씨에루어추谢若初는 2020년 11월 왕이 외교부장의 일본 방문을 계기로 중일 사이에 놓여진 3가지 도전을 다음과 같이 지적했다.

- 전략적 상호 신뢰의 부족
- 일본인의 대중 호감도 하락
- 미국의 영향

일본에 대한 중국 인민의 호감도는 2019년 45.9%에서 2020년 45.2%로 큰 변화가 없는 반면 중국에 대한 일본인의 비호감도는 2019년 84.7%에서 2020년 98.7%로 악화되었다고 한다. 중국과 일본의 관계 개선이 쉽지 않은 것이다. 이것은 상대적으로 중국과 서방의 충돌 지점이 우리나라를 지나 일본에 가 있다는 증거이며 일본에서 미국과 중국의 힘이 부딪치게 될 가능성이 높다는 의미이다. 중국에게 있어 한국과 일본은 미국에 대한 방패이다. 중국은 가능한 일본과의 관계를 파국으로 가져가지 않을 것이다.

일본만큼 중요해지고 있는 것이 필리핀이다. 필리핀은 남중국해의 이해 당사국이기도 하지만 필리핀의 동쪽은 괌의 미 전력이 타이완 및 중국으로 접근하는 통로이다. 그리고 서쪽은 남중국해로 중국의 에너지 수입 통로이다.

중국은 남중국해의 여러 암초들을 점령하고 군사 기지화하고 있는데, 동사군도를 둘러싸고 필리핀과의 긴장이 매우 높아진 상태다. 에마뉘엘 바우티스타 전 필리핀 군사령관은 미중 간에 무력 충돌이 발생할 경우 중국이 남중국해의 동부인 필리핀해의 수로를 장악하려 할 것이라고 예상한다. 그는 현재 중국이 지속적으로 무력 도발을 하고 있는 타이완과 필리핀의 바탄 제도 사이의 바시 해협Bashi Channel과 민도로Mindoro, 세부Cebu, 발라바크Balabac, 샌버나디노San Bernardino, 수리가오Surigao 같은 섬들 사이의 해협이 관건 해역이 될 것이라고 진단했다. 싱가포르의 국방 전문가 콜린 코Collin Koh도 여기에 동의한다. 그는 중국이 필리핀 전역을 공격하기보다는 국부적인 공격을 통하여 원하는 효과를 얻으려 할 수 있다고 했다. 역시 제한적인 범위 내의 무력 충돌을 예상하는 것이다.

이제 시야를 돌려 중국에게 가장 중요한 국가이자 가장 긴 국경을 맞대고 있는 러시아를 살펴보자. 러시아는 현재 중국에게 생존의 전제이다. 중국의 군사 기술과 에너지의 제공자이며 사상과 이념의 전달자이기도 하다. 중소 분쟁을 겪은 후 중러 관계가 예전 같을 수는 없겠지만 공동의 적인 미국을 앞에 두고서 양국의 이해관계는 대체로 일치한다. 많은 한국인들이 의식하지 못하고 있지만 러시아는 2014년 우크라이나의 크림 반도를 합병한 후 줄곧 미국과 서방의 경제 제재를 받고 있다. 2014년 러시아 군수물자, 에너지, 금융 부문 등의 기업을 지원하는 외국 기업 및 금융기관을 제재하기 시작했고 여기에 북한, 러시아, 이란에 대한 통합적 제재가 가해지고 있다. 2018년부터는 미 대선에 개입한다 하여 미국 내 자산 동결 등의 조치가 더해졌다.

러시아는 중국의 입장을 잘 활용하려는 자세이다. 중국은 러시아와의 안정적이고 우호적인 관계를 확보해야 한다. 이를 위해 여러 정책을 펼치고 있는데 에너지 개발이나 수입도 그중 하나이고, 중국 기업과 인민들을 보내 동북 접경 지역의 러시아 농토를 대규모로 개발하는 것도 양국의 이해가 합치하는 사례이다. 러시아는 미개발된 토지를 개발하고 중국은 식량안보 문제를 해결하는 것이다.

이제 한국의 차례이다. 중국은 식량과 에너지에 대해서는 상당한 수준으로 손을 써 놓았다. 하지만 21세기 전략 물자는 첨단 과학 제품이며 산업의 쌀이라고 불리는 반도체가 중국의 목을 옥죄고 있다. IC 인사이트IC Insight가 2020년 11월 발표한 세계 반도체 업체 순위를 보면 미국, 유럽, 한국, 타이완 네 국가가 상위 15개를 차지하고 있다. 중국 입장에서 이들 국가 중 가장 접근이 용이한 국가를 선택해야 한다면 그것은 한국일 수밖에 없다.

물론 한국 입장에서는 미국에 등을 돌리고 중국의 편에 선다는 것은 생각도 할 수 없는 일이다. 그리고 한국의 반도체 산업 사슬에는 서방의 재료와 설비의 공급이 필요하다. 이번 일본의 수출 규제 사태에서 보았듯이 어느 나라나 마찬가지로 서방의 설비와 일본의 재료를 필요로 한다.

중국의 입장에서 설비는 시간의 여유가 더 있는 분야이고 재료의 경우는 일본의 지지를 확보하면 된다. 그리고 자국과의 협력 가능성이 있는 국가로서 서방이나 제3세계보다는 한국과 일본이 더 접근하기 쉽다. 그래서 중국은 한중일 삼국 경제권을 구축하려 한다. 중국은 이 생각을 이미 2020년 전인대에서 공식적으로 드러냈다. 한중일 경제 블록은 EU보다도 더 큰 경제 블록이며 전략적으로 중요하다는 것이다. 한일은 경제적으로도 중국에 매우 종속되어 있으며 그 반대도 성립한다. 중국은 한일의 부품과 기술의

2020년 상위 15개 반도체 판매 기업(백만 달러, 파운더리 포함)

2020 순위	2019 순위	기업	본사	2019 IC 합계	2019 디스플레이 합계	2019 반도체 합계	2020 IC 합계	2020 디스플레이 합계	2020 반도체 합계	2019/2020 증가율
1	1	인텔	미국	70,797	0	70,797	73,894	0	73,894	4%
2	2	삼성	한국	52,486	3,223	55,709	56,899	3,583	60,482	9%
3	3	TSMC(1)	타이완	34,668	0	34,668	45,420	0	45,420	31%
4	4	SK 하이닉스	한국	22,578	607	23,185	25,499	971	26,470	14%
5	5	마이크론	미국	22,405	0	22,405	21,659	0	21,659	−3%
6	7	퀄컴(2)	미국	14,391	0	14,391	19,374	0	19,371	35%
7	6	브로드컴(2)	미국	15,521	1,722	17,243	15,362	1,704	17,066	−1%
8	10	엔비디아(2)	미국	10,618	0	10,618	15,884	0	15,884	50%
9	8	TI	미국	12,812	839	13,651	12,275	813	13,088	−4%
10	9	인피니언(3)	유럽	7,734	3,404	11,138	7,438	3,631	11,069	−1%
11	16	미디어텍(2)	타이완	7,972	0	7,972	10,781	0	10,781	35%
12	14	키오시아	일본	8,760	0	8,760	10,720	0	10,720	22%
13	15	애플*(2)	미국	8,015	0	8,015	10,040	0	10,040	25%
14	11	ST	유럽	6,475	3,058	9,533	6,867	3,085	9,952	4%
15	18	AMD(2)	미국	6,731	0	6,731	9,519	0	9,519	41%
–	–	합계		30,963	12,853	314,816	341,631	13,787	355,418	13%

(1) 파운더리   (2) 팹리스   (3) 인수 회사의 2019년 및 2020년 실적 포함

출처: IC 인사이트(2020년 11월)

공급이 없으면 곤란하다. 따라서 중국은 한일을 확실하게 잡아놓을 필요가 있다. 이것이 중국이 한중일 FTA를 추진하는 목적이다.

한국에 대한 중국의 영향력을 위하여 중국이 북한 카드를 사용하고 있는 것은 이미 오래된 이야기이다. 한국이 중국의 북한 카드에 호응하는 것은 이전과 같이 북한의 침략을 걱정하는 것이 아니다. 오히려 북한을 더 코너로 몰아 바보 같은 짓을 하지 않도록 관리하고 북한을 경유하여 중국과 러시아로 연결되는 통로를 확보하여 남북한의 공동 이익을 추구하려는 것이다. 이는 중국이 희망하는 바와 통한다(미군 문제만 해결된다면 말이다). 그래서 중국은 한국이 자신의 동생이 되어 주기를 원한다.

우리나라가 미중의 어느 한 편에 확실히 서야 한다면 의문의 여지없이 미국 쪽에 서겠지만 그래야 하는 국면은 여간해서는 오지 않을 것이다. 그리고 우리는 미국과 중국 중에서 어느 한쪽을 선택할 수 있을 정도로 여유가 있는 국가가 아니다. 그렇다고 중국에게 굴종할 수는 없다. 오히려 우리나라가 나서서 중국 문제를 해결해야 한다. 이 책의 긴 이야기는 어쩌면 바로 이 이야기를 하기 위한 서론일지도 모른다.

10장

싸우지 않고 이긴다

필자의 아내는 중국의 한 국제학교에서 일하고 있다. 미 대선이 막바지로 치닫던 어느 날 학교에서 지시가 내려왔다. 미국 국적의 학생들 앞에서 미 대선에 대한 언급을 하지 말라는 것이다. 미국 대통령 선거에 대한 풍자와 놀림을 받다 보니 학생들이 스트레스를 많이 받는다는 것이었다. 이 일은 필자에게는 매우 상징적인 것으로 생각되었다. 그렇지 않아도 화교권에서는 미 대선을 '펑즈疯子와 바이츠白痴의 대결', 즉 또라이와 바보의 대결이라고 희화화하는 말이 돌아다니고 있었고, 중국인들은 미국의 선거가 얼마나 우스운지 비아냥댔다. 미국인들은 중국인뿐만 아니라 유럽인들에게까지 이런 놀림을 받는 것이 견디기 어려웠을 것이다.

이 모든 것은 미국의 지도력의 쇠퇴를 나타내는 현상이다. 비록 경제력, 군사력, 기술력은 아직 세계 유일의 초강대국이지만 더 이상 존경하기가 어려운 것이다. 그리고 슬프지만 앞으로 다시 미국이 존경받는 국가가 될 수 있을지는 알 수 없다. 저절로 아비투스habitus라는 말이 입 밖으로 나왔다. 필자는 아비투스라는 말을 최근에 배웠다. 인터넷에서 검색해 보니 어려운 정의도 있지만 필자와 같은 공학도가 알기 쉬운 말로 아래의 설명이 있었다.

"아비투스는 프랑스의 사회학자 피에르 부르디외가 규정한 용어로 '가지다, 보유하다, 간직하다'라는 뜻의 라틴어 동사 'habere(하베레)'에서 파생했다. 부르디외는 우리가 어떤 가치관이나 취향, 행동방식, 습관을 가질지는 아비투스에 달려 있다고 말한다."

아비투스는 7가지 자본을 이야기한다고 한다. 심리자본, 문화자본, 지식자본, 경제자본, 신체자본, 언어자본, 사회자본이다. 필자는 이 아비투스라는 말을 세계의 국가들에게도 적용할 수 있다고 생각한다. 예를 들면 일본의 경우 경제력이 상위권임에도 불구하고 일본 정부의 마음 씀씀이는 전혀 대국으로 여겨지지 않는다. 중국은 어떨까? 과거 중국에 대한 한국인의 심리는 중국의 역사와 문화를 존경하고 있다고 할 수 있다. 그러나 현재의 중국에 대해서도 과연 같은 말을 할 수 있을까? 비록 중국이 정말로 G2가 되고 G1이 된다고 해도 말이다.

중국의 최대 약점, 한국의 최대 강점

세계의 초강대국 중 하나인 중국은 외부와 내부에 모두 근원이 같은 커다란 약점을 가지고 있다. 그것은 인심을 잃고 있다는 것이다. 밖으로는 세계 각국의 마음을 거스르고 있고 안으로는 인민의 마음에 상처를 주고 있다. 비록 그것이 그들이 의도한 것은 아닐지라도 말이다.

퓨 리서치 센터에서는 2020년 10월 중국에 대한 세계 각국의 시각을 조사한 보고를 게재한 바 있다. 이 보고에 의하면 주요 서방 선진국의 중국에 대한 시각은 지난 수년간 엄청나게 악화되었고 특히 최근 몇 년간 급격히 악화되었다는 것을 보여준다. 예외가 있다면 이탈리아 정도이다. 이탈리아는 팬데믹이 오면서 자신들이 어려울 때 EU는 방관하였고 오히려 중국이 도와주었다는 인식이 있다고 한다.

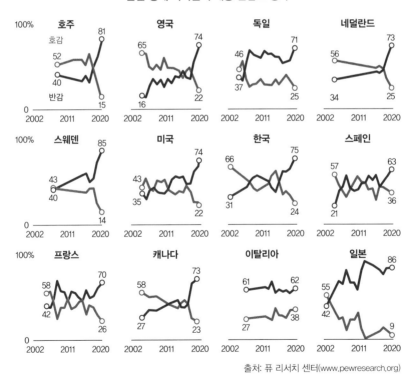

선진 경제 국가들의 대중 반감도 평가

출처: 퓨 리서치 센터(www.pewresearch.org)

중국이라는 나라에 대해서뿐만 아니라 시진핑 주석에 대한 평가도 악화되고 있다. 시진핑 주석을 믿을 수 없다고 답변한 주요 각국의 비율이 상승한 것이다. 중국에 대한 반감에 큰 변화를 보이지 않은 이탈리아도 시진핑 주석에 대한 반감이 21%나 상승하였다. 그리고 시진핑 주석에 대한 반감이 가장 높은 국가가 한국(83%)과 일본(84%) 두 나라다. 한국의 그래프를 보면 2015년부터 엄청난 속도로 반감이 상승하고 있는 것을 볼 수 있다.

이렇게 중국은 세계 각국의 반감을 사고 있으며 지도자에 대한 전 세계의 반감도 급격히 상승했다. 이는 지난 수년간의 중국 외교의 실패이며 중국

시진핑 주석에 대한 부정 평가 증가

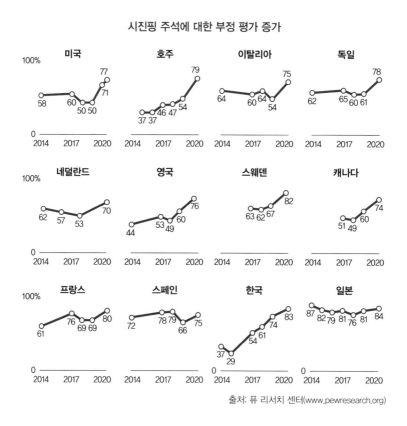

출처: 퓨 리서치 센터(www.pewresearch.org)

공산당 전략의 실패나 다름없다. 중국은 미국의 글로벌리즘의 혜택을 가장 많이 본 국가이다. 동시에 현재도 자유 무역을 주장하고 있는 국가이다. 그런 중국이 전 세계로부터 반감을 사고 있는 것을 어떻게 설명하겠는가? 필자는 이 또한 책의 서두에 이야기한 우리와 남으로 보는 중국의 이분법 시각이 초래한 결과라고 본다.

이에 비해 한국의 경우는 매우 다르다. 수많은 사람들이 노력하고 희생한 결과 민주주의를 얻고 정착시켰다. 사회와 정부 각 분야가 그만하면 유기적인 시스템을 가지고 작동하는 편이다. 무엇보다도 국민들의 권리가 커져서 때로는 지나칠 정도로 느껴질 정도이다. 아시아뿐만 아니라 전 세계에서도 찾아보기 어려운 수준의 민주주의를 구현하고 있는 것이다.

사람들의 권리가 강해지면서 각자의 주장도 강해지고 있다. 일상생활 속에서 다른 사람들이 자신의 권리를 주장하는 소리를 매일 듣는 것은 피곤할 수도 있지만 한 사람 한 사람이 자신의 생각과 아이디어를 거침없이 용솟음치게 하는 효과가 있다. 바로 이러한 사회 분위기야말로 많은 젊은이들이 창의력을 발휘하고 예술과 문화에서 뛰어난 성과를 보이는 것이 아니겠는가?

한류와 케이팝 등을 통해 한국의 라이프 스타일은 세계에서 인정받고 있으며 국가의 소프트 파워를 몇 단계 상승시킨 효과를 가져왔다. 한국의 아티스트가 미국의 빌보드 차트 순위에 올라가고 한국의 영화가 아카데미상을 수상하는 것도 그들의 피나는 노력과 함께 세계에서 한국의 문화 수준을 보는 평판이 상승했기 때문이다.

이렇게 국제 사회에서 호감을 얻고 있는 한국과 반감을 사고 있는 중국의 모습은 뚜렷한 대비를 이룬다. 중국의 약점이며 한국의 강점이다. 그리고 그 차이의 본질은 사람, 국민, 인민을 대하는 체제의 차이이다.

　한국이 민주주의를 이룬 데 비하여 중국은 집단 지도 체제에서 일인 지도 체제로 옮겨 가려는 경향을 보인다. 시진핑 주석이 18차 전인대에서 '총통제' 전환을 추진했다는 말이 있었다. 이는 중국에서 다시는 마오쩌둥 시대와 같이 일인 독재가 일어나서는 안 된다며 집단 지도 체제와 격대지정을 수립한 덩샤오핑의 유훈을 거스르는 것이다. 따라서 당시 양쪽 진영이 대립하였는데 결국 시진핑 주석 측에서는 '총통제'를 포기할 수밖에 없었고 반대 진영에서는 임기제를 양보하는 것으로 타협을 보았다고 한다. 이것이 중국에서 떠도는 시진핑 주석의 임기 제한 취소의 배경에 대한 소문이다.

　그런데 지난 5중전회에서도 유사한 이야기가 있었다. 시진핑 주석이 '공산당 주석' 칭호를 원했다는 것이다. 당이 국가보다 상위 개념인 중국에서 공산당 주석은 국가 주석의 상위이며 '총통'보다도 상위 개념이다. 마오쩌둥이 공산당 주석을 지낸 이후 중국에서는 집단 지도 체제의 개념에 맞추어 아무도 공산당 주석을 지내지 않았다. 그런데 시진핑 주석 쪽에서 공산당 주석을 원했다는 것이다. 이에 대해 반대 진영도 맹렬히 반발을 하였고 그 결과 5중전회에서 아무런 인사 발표가 없어졌다고 한다.

　믿기 힘든 이야기라서 그냥 흘려버린 소문이지만 시진핑 주석을 중화인민공화국 국부로 추대하자는 움직임도 있었다고 한다. 트럼프 행정부가 시진핑 주석을 민주 국가의 대통령에 해당되는 칭호인 프레지던트로 부르지 않고 주석이라는 의미의 체어맨으로 부르는 것이 사실은 중국에서 시진핑 주석을 지고지상의 자리로 올려주는 것임을 생각해 보면 재미있는 일이 아닐 수 없다.

　이렇게 중국이 시진핑 주석을 중심으로 일인 지도 체제로 가고 있을 때 중국 인민들의 시선은 어떨까? 사실 대부분의 중국 인민들은 중국의 현 체제를 지지한다.

시진핑 주석의 중국몽은 반부패 척결의 기치에 환호하는 민중의 지지와 함께 중국인들을 우리로 묶는 효과를 가져왔다. 좀처럼 우리가 되지 못하던 중국인들에게 우리를 괴롭히던 부패 관료를 색출하여 처분하는 시진핑 정권은 진정한 우리가 될 수 있도록 만들었다. 해외여행을 가면 중국인들을 아래로 내려다보는 시선을 느끼던 중국인들에게 중국몽은 우리라는 느낌이 들도록 해 주었다. 그리고 중국에 대한 미국의 압박은 그 정도를 강화할수록 중국인들에게 우리 중국인과 남인 미국을 뼈저리게 느끼게 하였다. 외부의 적만큼 내부의 단결에 유용한 것이 없다. 그리고 전 세계의 중국에 대한 반감은 이제 중국 인민이라면 모두가 느끼고 있다. 중국 인민들 입장에서 안으로 뭉치지 않으면 다른 방법이 있겠는가?

여기에 중국 정부가 휘두르는 중요한 무기가 있다. 정보 통제, 정보 조작, 여론 조작이다. 인민들이 접하는 정보를 어떤 것은 차단하고 어떤 것은 제공해서 그들이 원하는 방향으로 인민들의 정서와 여론을 몰고 가는 것이다. 중국 당국이 인터넷의 거대한 장성 방화벽을 구축하여 외부의 정보에 대한 접근을 막고 있는 것은 유명한 이야기이다. 또 모든 언론과 미디어들이 당국의 통제를 받고 있다는 것도 잘 알려진 사실이다. 그러나 이러한 정보 조작이 중국에게 얼마나 중요하고 또한 치명적인지에 대해 우리는 잘 알지 못한다.

진리부를 무력화하라

중국에는 진리부라고 불리는 것이 있다. 진리부라는 이름은 조지 오웰의 소설《1984》에 나오는 언론 조작 기관에서 비롯된 것이다. 소설 속에서 진리부는 이름만 '진리'부일 뿐 실제로는 사건들을 위조해 언론 공작을 하는 부처이다.

중국 선전부의 역사는 매우 길며 조직과 영향력 또한 방대하다. 중국 만이 아니라 소련을 비롯한 공산주의 국가에서는 모두 선전·선동의 기능이 매우 강력하다. 공산 혁명을 위한 선동, 선전, 교육, 이념 개발 등이 모두 같은 범위이다. 현재 중국의 집단 지도 체제의 한 사람인 왕후닝이 이 분야를 책임지고 있다. 중국인들은 중국 공산당 중앙 선전부, 국무원신문 판공실, 국가 인터넷 판공실, 신화사, CCTV 등 주요 선전 부처와 미디어들을 진리부라고 부르며 비아냥거리고 있는 것이다.

하지만 중국의 해외 유학생 수는 전 세계에서 제일 많다. 그리고 중국이 해외여행을 허용한 후 수많은 중국 관광객들이 전 세계를 누비고 다니고 있다. 이들은 중국 밖의 많은 나라들을 보았고 그들의 체제와 다르다는 것을 알았다. 그 결과 이들 중 중국의 체제에 불만을 느끼고 반중 인사가 된 사람들도 있다. 하지만 대부분의 중국 인민들은 중국이 부강한 나라가 되어 가고 해외여행을 하게 된 기쁨을 즐길 따름이다.

여기에는 여러 가지 원인이 있겠지만 가장 큰 원인은 아마도 이 진리부 때문일 것이다. 북한이나 중국 모두 인터넷을 막아 놓는 것은 자유로운 정보의 교환과 소통이 체제에 위협이 되기 때문이다. 아예 외부로의 인터넷을 막아 놓은 북한을 보라. 이는 역으로 자유로운 정보의 소통이 공산주의 체제에 가장 큰 위협이 된다는 증거이다.

중국 공산 혁명을 다룬 영화나 드라마를 보면 부대장의 옆에 '지도원'이라는 사람이 자주 나온다. 부대장의 경우 인망이 있고 전투에 능하며 통솔력이 강한 캐릭터가 많다. 그리고 당시 시대적 상황으로 대부분의 부대장들은 교육받지 못했으나 집을 뛰쳐나와 군대에 들어갈 정도로 격정적인 성격이고 현지 주민들의 지지를 받는 인물들인 경우가 많았다.

부대장의 옆에 있는 지도원들은 일단 글을 알고 공산당 사상과 지도부의 전략과 전술을 이해하는 사람들이다. 대부분 도시 출신이고 학력이 높으며 공산당에 사상적으로 동조하지만, 언제나 그렇듯이 공부 잘하고 도시에 사는 순둥이가 야전에서 잘 싸우지 않는 법이다. 그래서 공산당 중앙에서는 주요 부대에 이 지도원들을 보내서 중앙의 전략과 사상에 맞게 각 부대들이 활동하게 하였다. 만일 지도원이 중앙의 생각과 다른 사상을 부대장들에게 불어넣으면 어떻게 되겠는가? 각 부대의 부대장들은 갸웃거리면서도 자신의 지도원의 '지도'를 따라갈 것이다. 그런 상황은 일당 전제 체제의 중국 공산당으로서는 도저히 용납할 수 없는 일이다.

인터넷과 언론의 개방은 바로 이렇게 지도원들이 각 부대에 공산당이 원하지 않는 사상과 이념을 불어넣을 수 있다. 인터넷의 개방이나 언론의 자유가 실시된다면 중국 사회에 나타날 현상의 시작은 공산당이나 지도부에 대한 공격이 아닐 것이다. 간단한 일상의 일부터 시작하여 주변 사람들의 작은 일들, 사소한 이해관계에 대한 논의가 있을 것이다. 당연히 이견을 가진 사람들이 나타날 것이며 옳으니 그르니 하는 논쟁이 발생할 것이다. 그리고 이것은 점점 눈덩이가 불어나듯 커질 것이다.

오늘날 중국 안에는 보도되지 않는 많은 시위와 사회 불만이 있다. 베이징의 서쪽에는 정법 기관들이 모여 있는데 언제나 공안이 배치되어 사람들이 모이지 못하게 한다. 이곳에 사람들이 몰려드는 이유는 방방곡곡에서 억울한 일을 당한 사람들이 상경하여 고발 또는 읍소하기 위해서다. 삼권 분립이 되어 있지 않은 중국에서는 관공서에서 억울한 일을 당하면 상급 기관을 찾을 수밖에 없다. 그래서 베이징의 이곳은 항상 지방에서 상경하여 호소하는 사람들로 붐빈다. 심지어 하소연할 곳이 없어지자 수류탄을 들고 이곳에 와서 호소하는 사람도 있다. 이제는 베이징에서 상소를 올리기조차 어려워지자 국가 지도자가 해외를 방문할 때 길거리를 막고 상소문을 올리는 일이 늘어나고 있다고 한다.

상소문의 내용은 민주화나 사회 정의 같은 거창한 것이 아니다. 중국인들이 거리로 나와서 시위하는 경우의 대부분은 경제적인 문제다. 부당하게 집이 철거를 당하거나 거주 이전을 강요당한다는 등의 읍소가 많다. 형다가 집값을 인하했을 때에도 인하 전 가격으로 집을 산 사람들의 시위가 있었다. 겉으로는 단순한 경제적 손실로 보여도 당사자들은 생존에 위협을 받을 수 있기 때문에 격렬한 시위가 되는 경우가 많다.

이런 무리한 행정이 진행된 배경에는 대부분 관련 정책으로 인해 촉발된 경우가 많다. 예를 들어 최근 베이징의 서북부에서 빌라 단지 하나가 강제로 철거된 적이 있었다. 당연히 사람들은 반발하고 시위에 나섰다. 하지만 이 집들은 소산권小产权에 해당하는 집들이다. 소산권은 원래 건축 허가를 받지 않고 집을 지었거나 농촌의 집체 소유 토지 위에 집을 짓는 경우를 말한다. 모두 불법이다.

이렇게 이런 시위가 일어난 경우를 보면 시작은 중앙의 정책에서 비롯되어 상부의 질책이나 강력한 지시에 의하여 하부 기관에서 무리하고 몰인정한 집행을 하는 경우가 많다. 물론 담당 공무원의 전횡이 있는 경우도 많이 있다. 이럴 경우 공산당은 조사를 하여 담당 공무원을 처벌하지만 대부분의 무리한 집행은 처벌받지 않는다. 중앙 정책의 집행이 각지의 이해 당사자들의 반대가 있다고 해서 중지할 수는 없을 테니 말이다.

결국 시위가 발생하는 경우 상당한 확률로 시위자 쪽이 법적으로 잘못되었다는 결과를 초래할 가능성이 높다는 것을 중국 정부나 인민 모두 잘 안다. 민주주의나 인권 같은 정치적으로 민감한 이슈를 들고나오면 당장 처벌될 것이라는 것도 잘 안다. 그러므로 시위는 주로 경제적 원인을 부각하고 담당 관료의 부패를 고발하며 상급 기관에 호소를 하게 되는 것이다.

필자는 20년 이상 중국에서 생활하면서 중국 공산당이 시위를 하는 사람들의 요구 사항을 들어주는 장면을 본 적이 없다. 그래서 중국 공산당은 시위하면 영향력을 발휘할 수 있다는 생각 자체를 못 하게 하려는 것이 아닌가 의심한 적도 있었다. 이런 환경에서 누가 나서서 관료를 고발하며 시위에 나서겠는가? 모난 돌이 정 맞는 법이다.

그러나 시진핑 주석 시대에 들어서 이런 풍조가 변화하기 시작했다. 중국 공산당이 관료들의 부패, 고위 국유기업 간부들의 부패를 적극적으로 고발하게 한 것이다. 그 목적은 이미 앞에서 설명한 바 있다. 또한 공산당은 언론 매체의 정부 공무원에 대한 고발과 지적도 활성화하였다. 모두 같은 맥락이다.

이 조치는 시진핑 그룹의 의도와 상관없이 중국의 언론 체제가 자율의 길을 가는 것처럼 여겨졌다. 그러나 설령 그랬다 하더라도 미국의 압박 이후 중국이 비상 체제로 점차 전환하면서 언론 통제는 다시 예전으로 돌아갔고 이전보다도 더 심한 상태가 되었다. 중국이 보다 나은 중국이 되려면, 세계와 화합하려면, 외부 세계의 반감을 없애고 우호적인 관계를 맺으려면 진리부의 활동이 억제되어야 한다. 진리부야말로 중국의 아킬레스건이다.

중국을 무너뜨릴 수 있는 것은 중국 인민뿐이다

잘 생각해 보면 오늘날 이 사태를 상징하고 있는 것이 1974년 덩샤오핑의 UN 연설이다. 덩샤오핑은 중국이 중화민국을 대신하여 UN 회원국과 안보리 상임 이사국이 된 후 연설에서 다음과 같이 말했다.

"중국이 초강대국이 되어 세계 패권을 주장하고 타국을 괴롭거나 침략하고 강탈한다면 세계 인민들은 응당 중국에게 '사회 제국주의'라는 모자를 씌우고 중국을 밝히고 반대하고 중국 인민들과 함께 무너뜨려야 할 것이다."

중국이 세계 패권을 주장하는가? 아니다. 세계 패권을 반대한다고 말한다. 그러나 중국의 실제 언행은 다르다. 예를 들면 호주가 코로나19 발원지에 대한 국제 조사를 요구하고 미국의 군사 훈련에 참여하자 중국은 호주에게 미국에게 붙었다는 괘씸죄를 적용하여 호주산 포도주에 임시 관세 107.1%~212.1%를 부과하였다. 또 한반도에 사드 배치를 요구한 미국에게는 한마디도 하지 못하면서 우리나라에게 보복을 가하며 당시 중국 외교부의 부국장급 인사가 "너희 소국은 우리 대국이 말하면 들어라"라고 말한 것을 우리는 잊지 않고 있다. 남중국해의 산호초들을 점령하고 군사 기지를 만드는 것만이 패권이 아니다. 이러한 언행이 곧 패권적 언행인 것이다.

필자가 앞에서 아비투스 이야기를 한 이유는 국가도 개인과 마찬가지로 단지 경제력이 있다든가 군사력이 강하다고 해서 글로벌 리더가 되지는 못한다는 말을 하기 위해서다. 국가에도 아비투스가 적용된다고 할 수 있다.

현재의 중국은 아비투스의 7자본인 심리자본, 문화자본, 지식자본, 경제자본, 신체자본, 언어자본, 사회자본 중 어느 것 하나도 제대로 가진 것이 없다. 중국의 GDP가 설령 미국을 앞지른다 하더라도 중국이 세계를 지도해 나가기를 바라는 국가들은 별로 없을 것이다.

그렇다면 미국은 아비투스의 7개 자본을 잘 가꾸고 성장시켜 왔을까? 필자를 포함하여 대부분의 사람들은 그렇게 생각해 왔다. 그러나 트럼프 행정부와 바이든 행정부를 지켜보면서 이제 미국은 이전과 같지 않다는 것을 인정하지 않을 수 없다.

그럼 우리 대한민국은 어떠한가? 우리의 7개 자본은 잘 키워져 왔을까? 물론 우리는 이제 겨우 선진국 문턱에 들어서 조심스럽게 좌우를 둘러보는 처지이다. 하지만 상황은 우리를 그대로 있게 하지 않을 것 같다. 우리가 신속하게 세계의, 적어도 동북 아시아의 리더 국가가 되지 않으면 안 되는 시대적 상황이 전개되고 있기 때문이다.

중국이 명확하게 남중국해의 도서를 점령하고 군사 기지화하는 것은 패권이라고밖에는 달리 생각할 수 없다. 중국은 레드 라인을 넘은 것이다. 이러한 중국의 행동에는 덩샤오핑의 말대로 전 세계가 중국 인민과 함께 대처해야 할 것이다. 단지 필자는 여기서 '중국 인민과 함께'라는 것을 강조하고 싶다. 중국 인민과 함께가 아니면 이 싸움에서 승리할 수 없기 때문이다.

민주주의 국가에 사는 우리가 잘 의식하지 못하는 것은 중국 공산당은 인민이 선택한 사람들이 아니라는 사실이다. 인민이 중국 공산당을 배반하면 일당 전제 체제는 무너진다는 것을 우리는 경험으로 알고 있다. 하지만 중국의 인민들은 공산당을 신뢰하고 의지한다. 청 리 교수가 말했듯이 중국과 공산당을 분리하려는 어떤 시도도 통하지 않을 것이다.

그러나 그것은 외부 세력이 중국과 중국 공산당을 분리하려 했을 때의 상황이다. 중국 인민들이 스스로 중국과 공산당을 분리한다면 그것은 아무도 막을 수 없다.

중국 인민이 정확한 정보를 알고 공산당을 지지한다면 그것은 중국 인민들의 권리이며 누구도 침해해서는 안 된다. 또 중국 인민들이 중국 공산당에 대한 불만이 있더라도 공산당과의 분리가 아닌 공산당의 당내 민주화 같은 점진적 개선을 원한다면 그 또한 중국 인민의 신성한 권리이다. 우리가 할 수 있는 역할은 중국 인민들에게 진실을, 즉 정확한 정보를 알리는 일이다. 그 후의 선택은 중국 인민들의 몫이다.

파룬궁을 예로 들어보자. 파룬궁은 본래 일종의 인도 요가 또는 도교의 도납술과 비슷한 기를 수련하는 모임이다. 그런데 세력이 커지면서 파룬궁의 집회는 대형 체육관에서 수만 명이 모일 정도로 대형화되고 마치 우리나라 대형 기독교의 부흥회를 연상하게 하는 종교적 모임이 되어 버렸다.

당시 필자가 들은 바로는 장쩌민 주석 시절 파룬궁의 세력이 지나치게 커지고 있다며 군사 위원회에서 대책을 논의한 적이 있다고 한다. 파룬궁이 아직은 문제를 일으킨 바 없고 자칫 종교를 박해한다는 국제 여론을 불러 일으킬 수 있기 때문에 문제가 되는 수뇌부 몇 사람만 조사하고 선교를 억제한다는 방침을 내렸다. 그런데 그날 군사위원회에 참석했던 사람 중에 파룬궁 사람이 하나 있었고 그가 교단에 이 사실을 알렸다는 것이다. 이를 감청한 정보 당국은 그 사실을 장쩌민 주석에게 알렸고 장쩌민 주석은 파룬궁이 군사위원회까지 영향을 주고 있다면 그것은 반체제 세력이라고 결론 내리며 전면 소탕을 지시했다고 한다.

결국 전국적인 파룬궁 박해가 수년에 걸쳐 일어났다. 이들 중에는 정말로 문제가 되는 사람들이 있을 수도 있다. 하지만 대부분의 사람들은 그저 건강을 위하여 체조 대신 파룬궁을 연마했을 뿐이다. 이들은 갑작스러운 탄압에 억울하게 당한 것이다. 그 결과 파룬궁이 완전히 분쇄되었는가? 아니다. 파룬궁은 그 세력을 전 세계로 펼치며 뻗어 나갔고 오늘날 반중 운동을 하는 상당수의 해외 미디어들은 파룬궁이 설립하여 운영하고 있다.

파룬궁의 예를 보면 중국 인민의 힘이 얼마나 큰지 알 수 있다. 파룬궁은 중국 인민 중 소수만을 대표한다. 그리고 집단의 속성상 모든 인민을 대표할 수 없다. 중국의 모든 인민을 대표할 수 있는 집단의 형성을 유도하기 위해서는 다음과 같은 조건이 필요하다.

1. 공개된 정보에 대한 자유로운 접근
2. 진실에 기반한 공정하고 정확한 정보와 언론
3. 다수 중국 인민들이 공감할 수 있는 소통

이 조건이 모두 갖추어지면 인민들은 자신이 옳다고 생각하는 미래를 향하여 나아갈 수 있을 것이다. 그러면 미국이 아니라 그 누구라도 그들의 길을 막을 수 없을 것이다. 동시에 필자는 중국 인민이 그들 자신이 주인이 되는 세상을 선택할 것이라고 믿는다.

첫째 조건인 정보의 접근을 보자. 중국 공산당이 중국 인민으로부터 막고 있는 정보의 세계는 이미 VPN 등 기술적 수단이 제공되면서 부분적으로 틈이 있다. 중국 당국이 동원하는 댓글 부대는 대부분 젊은이들인데 이들이 댓글 작업을 위하여 외부의 인터넷에 접근했을지 모르나 새롭고 다양한 시각의 정보의 바다를 보고 나면 그전으로 돌아갈 수는 없는 법이다. 사춘기에 접어든 소년 소녀가 다시는 어린이로 되돌아 갈 수 없듯이 말이다.

문제는 인터넷이나 다른 미디어를 통한 전 세계의 정보에 대한 접근의 폭을 어떻게 넓힐 수 있는지다. 일론 머스크의 위성 인터넷 사업인 스타링크는 저궤도 위성을 사용하여 중국에서도 기술을 사용할 수 있다고 한다. 하지만 이미 중국 정부와의 협상을 통해 중국 영공상에서는 기능하지 않도록 막아 놓았다고 한다.

브래들리 세이어Bradley Thayer 박사와 한 리안차오Lianchao Han는 미국이 중국의 인터넷 방화벽을 무너뜨려야 한다고 주장하며 다음의 4가지를 건의한 바 있다.

1. 미국 정부는 모든 수단을 동원하여 중국 정부가 방화벽을 철폐하도록 해야 한다.
2. 미국 정부는 방위고등연구계획국DARPA과 국가안보국NSA으로 하여금 중국의 방화벽을 무력화하는 기술을 개발해야 한다.
3. 미국 정부는 NSA에 전담 기구를 설치하여 중국의 사상 및 이념 선전에 대응해야 한다.
4. 연방 기관들을 재조직하여 중국의 자유 국제 질서를 손상하는 통제 시도에 대응해 미국의 이념을 선전하는 혁신적인 콘텐츠를 만들어 내야 한다.

사실 여부는 알 수 없으나 이미 미국 정부가 중국의 방화벽을 무너뜨릴 기술을 개발하고 있다는 이야기가 돌아다니고 있다. 전 세계 사람들이 중국의 방화벽의 중요성을 이해하게 되면 조만간 이 방화벽은 공격받고 무너질 것이다.

두 번째 조건은 진실에 기반한 공정하고 정확한 정보와 언론이다. 처음 세상을 보게 되는 중국의 인민은 중국 정부의 선전과는 다른 시각에서 여러 이슈들을 알게 해주는 정보와 언론을 기대할 것이다. 하지만 실상은 서로 자기 주장을 하며 상대방을 공격하는 내용이 인터넷 세계에 가득 차 있는 것을 발견하게 될 것이다. 단순하고 하나의 목소리만 들리는 세상에서 온 사람들에게 현재의 인터넷과 미디어의 소리는 시끄럽고 여과되지 않은 잡음으로 들릴 가능성이 많다. 이들은 아직 자신의 생각으로 정보를 분석하고 추리고 진실과 거짓을 판별하고 쟁론 중에 담긴 부분적인 사실과 부분적인 과장 그리고 가짜 정보를 구별하기 어렵다. 그래서 우리는 우리의 귀가 아닌 그들의 귀에 진실을 전해주는 목소리를 들을 수 있는 방법을 만들어 주어야 한다. 그 방법이 얼마나 신속하게 형성되느냐에 따라 중국 인민들의 주체성 형성을 좌우할 것이다.

마지막으로 공감의 소통이다. 예를 들어 타이완의 콘텐츠들을 보면 중국 대륙에 대해 날이 갈수록 적대적인 표현들이 많아지고 있다. 타이완이 중국의 인민들을 적으로 돌리려는 것은 아니다. 하지만 이런 콘텐츠를 접하는 중국의 인민들은 타이완 사람들이 중국 인민을 증오한다고 오해하기 쉽다. 상대가 나를 적대시한다고 생각되면 그 사람의 말은 귀에 들어오지 않는 법이다. 더구나 중국 공산당과 중국 인민을 적절히 구분하여 표현하지 않는다면 더욱 그러할 것이다.

그래서 가능한 중국 인민들의 현시점에서의 이해 정도와 그들의 시각을 충분히 배려한 소통이 필요하다. 우리나라의 유튜버 중에는 중국을 악마화하는 극단적인 경향의 사람들이 제법 있다. 그런 방식의 소통은 중국 인민들의 고개를 돌리게 할 뿐이다. 그들은 진실을 알아야 하지만 그전에 우선 공감대가 형성되어야 소통할 수 있다. 세계가 중국의 인민들과 중국 공산당을 나누어 대하는 태도가 일반화되면 중국 인민과의 공감대도 깊어질 것이다.

이런 단계를 지나며 우리는 중국과 싸우는 일 없이 그들과의 우호 관계를 강화해 가며 보다 나은 세계를 우리 자손들에게 남겨줄 수 있을 것이다. 싸우지 않고 이기는 방법이란 바로 이런 것이다. 중국과의 전쟁이라는 대가를 치를 수 있는 국가는 없다. 설령 미국과 서방 세계가 단합하여 중국과의 전쟁을 벌이고 또 승리한다고 하자. 그다음은 어떤 일이 일어날까? 미국과 서방이 이라크를 무너뜨리고 나서 이라크는 어떤 나라가 되었는가? 아프가니스탄을 점령하고 나서 아프가니스탄은 어떤 나라가 되었는가? 이들 국가는 미국과 서방에 대해 감사해하고 있는가? 민주주의 정권을 세우고 경제 부흥을 이루었는가? 우리는 모두 그 답을 알고 있다.

우리가 중국 인민의 지지 없이 공산당과 싸운다면 언제 끝날지 알 수 없는 장기적인 전쟁이 될 뿐이다. 설령 그 전쟁에서 천신만고 끝에 승리한다 하더라도 바로 옆에 정치, 사회, 경제적으로 매우 불안정한 인구 14억 명의 국가를 곁에 두고 살게 될 뿐이다. 이것은 우리뿐 아니라 전 세계 사람들 그리고 중국 인민들도 바라는 바가 아니다. 중국을 상대하려면 전쟁은 결코 해결책이 될 수 없다.

중국을 바꾸면 북한도 바뀐다

필자가 먹고살기 위해 부단히 애쓰던 시절에 한국의 한 대형 인터넷 회사의 사장님의 지원으로 당시 중국의 영화 및 미디어 콘텐츠를 확보하려 한 적이 있다. 지금은 중국의 드라마나 영화도 많은 자본과 기술을 적용하여 상당한 품질로 나오고 있지만 당시만 해도 중국의 콘텐츠는 국제 사회의 눈높이에 많이 미흡했었다. 그래서 품질을 따지기 어려운 다큐멘터리를 검토 대상으로 정했다. 그러고는 실사를 위하여 인터넷 회사의 사장님을 모시고 중국을 방문하였다.

그때 중국 측이 보여준 것이 바로 6·25전쟁 관련 다큐멘터리였다. 그 다큐멘터리를 본 사장님이 필자에게 나지막한 목소리로 말했다.

"자네, 내 목을 날릴 생각인가?"

중국 측이 보여준 다큐멘터리는 "남한이 북침하여 전쟁이 발발하였다"로 시작하여 인민해방군이 6·25전쟁에서 승전하여 미군을 포로로 잡고 우리 국군 병사들을 확인 사살하는 등의 내용이었다. 필자는 입이 열 개라도 할 말이 없었다. 이렇게 해서 필자의 중국 콘텐츠 사업의 꿈은 멀리 날아가 버렸다.

당시 필자의 기억에 남는 또 하나의 장면이 있었는데 중국의 인민해방군과 북한의 인민군이 서울에 입성하는 개선 장면이었다. 필자는 그 반대로 미군과 국군이 평양에 입성하고 거리마다 연도에 선 사람들이 태극기를 흔들며 환호하는 장면만 보아 왔는데 이날 본 장면에는 서울 시민들이 구름처럼 몰려와서 인공기를 흔들며 북한 인민군과 인민해방군을 맞이하는 모습이 담겨 있었다.

사실 생각해 보면 당연한 일이다. 서울에 군대가 쳐들어오는데 사람들에게 무슨 선택이 있겠는가? 공산당 조직에서 길가로 나가 환영하라면 시키는 대로 나가서 인공기가 아니라 더한 깃발도 흔들어야 할 것이다. 하지만 이 장면은 필자 마음속에 하나의 의문을 던져 놓았다. 6·25전쟁 당시 우리 국민들은 과연 좌파니 우파니, 자본주의니 공산주의니, 소련이니 미국이니 등에 대해 정말 잘 알고 있었을까? 일본과 싸우던 우리 선조들은 과연 서방의 자유 민주주의와 마르크스 레닌주의를 정말 잘 이해하고 싸운 것일까? 혹시 일본 제국주의와 싸우는 데 도움이 된다면 그 누구와도 손잡을 수 있었던 것은 아닐까? 평양 시민들도 등 떠밀려서 국방군과 미군을 환영한 것은 아닐까?

요즘은 어느 나라의 공항을 가도 아시아인들이 많이 보인다. 대부분은 동북아 3개국 사람들로 한국인, 중국인, 일본인이다. 게다가 외모로는 잘 구분도 되지 않는다. 하지만 이 3개국 사람을 구분하는 것은 어렵지 않다. 조심스럽고, 얼굴에 미소를 띠고 소근소근 말하는 사람들은 대부분 일본인이다. 어딘지 여유 있어 보이고 큰 목소리로 떠드는 사람들은 대부분 중국인이다. 그리고 한국인들은 대부분 위압적이고 화난 얼굴이며 특히 사람을 아래로 깔보는 듯한 공격적인 태도를 취한다. 그래서 한국인을 알아보는 것은 어렵지 않다.

필자는 처음 중국 땅에 왔을 때 중국 친구들로부터 "당신은 오만해 보인다"라는 이야기를 많이 들었다. 하지만 이제는 필자가 공항에 가면 누구나 중국어로 말을 붙여 온다. 그리고 한국인들이 많은 곳에 가면 불편하다. 꼭

집어 이야기할 수 없지만 한국인들에게는 상대방을 억누르려는 기운이 느껴지기 때문이다.

중국은 지금 미국 및 서방과의 갈등을 키워가고 있다. 원한 것은 아니겠지만 중국이 그간 보여준 패권적 태도, 일방적 주장, 힘에 의한 논리, 감정적인 대응, 불공정한 거래, 불공평한 일처리는 주변 국가들은 물론 전 세계의 반발을 사고 있다. 한국인들이 상대에게 오만해 보인다는 것, 상대방을 누르려 한다는 것을 우리 자신은 눈치채지 못하듯이 중국도 자신이 세계 만방에서 빈축을 사고 있는 것을 잘 눈치채지 못하고 있다.

한반도 문제의 해결을 위해서는 중국의 협조가 있어야 하고, 중국의 협조를 얻기 위해서는 중국이 변화해야 한다. 그리고 중국의 변화가 일어나기 위해서는 당연히 우리가 중국을 변화시켜야 한다.

중국을 어떻게 바꿀 것인가? 한국이 바라는 중국의 모습이 중국의 이해나 비전과 어긋난다면 중국은 당연히 변화를 거부할 것이다. 그렇다면 중국과 한국이 함께 추구할 수 있는 변화가 존재하는가? 필자는 중국이 우리와 많은 부분의 가치관을 공유하는 변화를 할 수 있다고 믿는다.

유럽의 많은 국가에는 공산당이나 사회주의 정당이 있다. 독일의 메르켈 총리도 좌파인 사회민주주의당과 협력하고 있다. 때로는 이들 국가에 사회주의 정권이 들어서기도 한다. 그렇지만 우리는 이들을 공산당이라고 비난하지 않는다. 왜인가? 그것은 '독재'라는 단어의 대척점에 있는 '자유'라는 가치가 이들 국가에서 존중되고 지켜지고 있기 때문이고, 그 자유가 모든 국민의 권리를 잘 지켜주고 있기 때문일 것이다. 개인의 자유는 어떻게 지킬 수 있는가? 그것은 민주주의를 통해서, 개인 한 사람 한 사람의 권리가 보장되고 실행되는 제도를 통해서 이루어진다.

우리는 북한이나 중국의 체제를 받아들일 수 없다. 공산주의나 사회주의 이념 이전에 그들의 일당 전제 정치 체제, 개인의 권리가 무시되고 집단주의, 전체주의 이념이 강제되는 국가 체제를 받아들일 수 없기 때문이다. 다시 말해 북한, 중국과 우리나라의 가장 본질적인 차이는 바로 개인의 권리와 자유가 보장되느냐의 여부이며 해결 방법은 바로 민주주의 체제인 것이다.

그러면 북한이나 중국이 민주주의를 반대하는가? 그렇지는 않다. 북한과 중국도 민주주의를 반대하지 않으며 민주주의를 존중하고 추구한다. 문제는 그 이념과 해당 국가의 현실이 동떨어져 있다는 것이다.

우리가 북한이나 중국을 변화시키려 할 때 가장 중요하고 근본적인 것을 선택해야 한다면 '민주' 외에 다른 것은 없다. 민주는 북한과 중국에서도 부인하거나 거부할 수 없는 가치다. 조선 '민주주의' 인민공화국이 어찌 민주를 거부할 수 있을까? 중화 '인민'공화국이 어찌 민주를 거부할 수 있을까? 그들은 적어도 형식상으로는 거부하지 못한다. 바로 이 민주가 우리와 그들이 함께 노력할 수 있는 핵심 가치다.

한 가지 의견을 내자면, 중국 인민들이 수용할 가능성이 있는 민주 체제를 보여주고 있는 국가는 다름 아닌 한국이라는 것이다. 한국은 한두 가지 단점을 제외하면 충분히 중국 인민의 마음을 끌 수 있는 국가이기 때문이다.

다음 표를 보면서 한국과 중국의 아비투스 7자본을 평가해 보자.

한국과 중국의 아비투스 7자본

자본	중국	한국
심리자본	중화 사상의 자존심과 함께 타국이 중국을 얕본다는 열등감 공존	• 지나친 민족주의, 순혈주의로 인한 배타적 자긍심 • 수직적인 조직 문화
문화자본	4대 문명 발상지이며 5천 년 역사에 축적된 풍성한 문화 보유	5천 년의 역사와 문화를 보유하였으며 전통과 현대 문화, 한국과 세계 문화를 융합 및 발전시키고 있음
지식자본	• 선진 수준의 기초 기술 • 세계 1위의 교육 경쟁력 • 중진국 수준의 지식 경제	• 세계 1위의 과학 기술 투자 국가 • 세계 5위의 교육 경쟁력 • 선진국 수준의 지식·경제
경제자본*	• 세계 2위의 GDP 강국 • 세계 59위의 1인당 GDP 1만 달러	• 세계 10위의 GDP 강국 • 세계 26위의 1인당 GDP 3만 달러
신체자본 (국방력)	• 14억 인구 • 세계 3위의 군사 대국	• 5천만 인구 • 세계 6위의 군사 대국
언어자본	• 세계 최대 인구가 사용하는 국제 표준어 중 하나 • 56개 민족의 다양한 언어	• 세계에서 가장 합리적이고 쉬운 문자 보유 • 남북한 및 해외 교민을 합하여 1억 명 미만이 사용
사회자본	• 일당 전제 정치 체제 • 국가주의에 의한 사회 자본 운영	• 민주주의 정착 • 국민의 자발적인 사회 자본 형성

이 평가표는 필자의 주관적인 의견이다. 필자의 견해로는 중국과 한국의 아비투스 7자본은 비슷한 수준이다. 단지 중국의 자본이 양적인 면에 치우쳐 있다면 한국은 상대적으로 질적으로 나은 모습이다. 그러니 양국은 서로의 차이를 인식하면서 서로의 장점을 배울 수 있는 좋은 조건에 있다고 할 수 있다.

결정적인 차이는 사회 자본이다. 일본이 경제 대국이 되었어도 국가 가치관 속에는 '공정함'과 '정의로움'이 빠져 있는 한 주변 국가는 물론 세계의

---

* IMF 2020년 10월 추정치 기준.

리더 국가가 절대 될 수 없다. 중국 또한 '공정함'과 '정의로움'을 갖추지 못하면 아무리 국력이 신장해도 세계 각국으로부터 경계를 당할 뿐 존경받지 못한다. 체제가 국민의 자유 의지와 권리를 보장하지 못하면 결코 타자로부터 존경받지 못하는 법이다.

이 사회 자본의 격차는 우리 시각에서는 절대적으로 큰 것이지만 중국 인민의 시각에서는 인지하지 못하거나 인지가 덜 되어 있는 부분이다. 그리고 이러한 인지에 방해가 되는 요인 중의 하나가 한국의 심리 자본이다. 직설적으로 말하자면 중국 인민에 대한 한국인의 시각이 공격적이며 차별적이고 배타적이어서 중국 인민이 설령 한국에 호감을 갖고 다가가려 해도 이 요소가 방해가 된다.

그러므로 한국이 심리 자본을 개선해 나간다면 중국 인민들의 마음을 열수 있을 것이며 궁극적으로 중국의 상황에 큰 변혁을 가져올 수 있다. 중국 인민들은 한국의 아비투스에 이끌려 한국에 접근하고, 한국이 제공하는 다양하고 진실된 정보를 접하고, 공감대를 형성하고, 자신의 판단을 통해 정보의 진실성을 분석하고, 자신과 인민의 권리에 대해 새롭게 인식하게 될 것이다. 그 이후는 중국 인민들이 주체적으로 결정할 일이다.

이것이 한국이 싸우지 않고 이기며 공존공영하는 방법이다. 어디 중국뿐인가? 우리가 공정한 자세와 관용의 마음 씀씀이를 갖는다면 많은 아시아국가들이 우리의 모델을 따를 것이다.

중국이 한국의 사회 체제를 모델로 삼고 인터넷을 개방한다면 북한에는 어떤 일이 생길까? 중국의 인민들이 진정으로 한국의 사회 체제를 존중하게 되면 북한에는 어떤 일이 생길까? 중국은 북한을 어떻게 대할까?

북한의 체제 유지 방식은 중국과 유사하지만 더 폐쇄적이고 옹졸하다. 생존을 위해 북한은 핵을 개발했고 세계 어느 국가보다도 핵을 사용할 가능성이 크다. 북한 문제를 해결하는 방법 또한 중국과 다르지 않다. 중국이 인터넷을 개방하고 인민이 체제가 부여하는 생각이 아닌 자신의 판단과 신념에 의해 행동하게 되면 이는 곧바로 북한에 지대한 영향을 준다. 북한은 중국과의 관계에서도 단절을 선택하거나 아니면 국민들이 외부의 정보와 사상에 접근을 허용하는 상당한 정도의 교류를 선택해야 하는 처지가 된다. 그리고 시간은 점차 북한 주민들이 외부의 정보를 접하고 판단하고 행동하게 만들 것이다.

이제 대한민국은 상당한 국격을 갖춘 나라가 되었다. 하지만 우리의 심리 상태 속에는 아직도 20세기에 속해 있는 부정적 요인의 비중이 제법 크다. 21세기가 된 지도 한참이다. 이제는 떨치고 앞으로 나아가야 할 때다. 중국과 북한에 대해서 형님의 마음가짐으로 관용과 존중의 태도를 가지고 진실과 정확한 정보를 제공해 나가면 어떨까.

한반도를 넘어서

필자는 대한민국이 중국과 북한의 개방과 민주화에 큰 역할을 할 수 있다고 믿는다. 이러한 노력은 비단 중국뿐만 아니라 많은 나라의 사람들에게 공감과 인류애를 함께할 수 있는 새로운 시대를 열 수 있도록 도움을 줄 것이다.

한국은 앞으로 세계 무대에서 더 큰 역할을 하게 될 것이다. 이를 위해서는 우리의 민주 체제가 보다 탄력적이고 글로벌화될 필요가 있다.

그 첫걸음으로 국회의원의 지역구에 해외 지역구를 만드는 것을 추천한다. 미국이나 일본, 중국 등 세계 각지에는 우리 교민들이 많이 살고 있다. 2019년 외교부의 자료를 보면 일본에 82만, 중국에 246만, 미국에 255만, 캐나다에 24만, 기타 아시아 지역에 59만, 중남미에 10만, 유럽에 69만, 아프리카에 1만, 중동에 2만 명이 있다고 한다.

우리의 생활 방식은 앞으로 더욱 글로벌화될 텐데 국민을 대변하는 의회 제도는 국내 영토에만 귀속되어 있다. 해외 교민의 수는 날이 갈수록 늘어가는데 이들을 대변할 수 있는 체제는 없는 실정이다.

우리나라 국회의원의 지역구 인구 기준을 보면 14~28만 명이다. 평균을 내면 인구 약 20만 명당 한 사람의 국회의원이 있는 것이다. 해외 지역구를 설정할 경우 이를 해외 교민 수에 적용해 보면 일본 4명, 중국 12명, 미국 13명, 캐나다 1명, 기타 아시아 지역구 3명, 유럽 3명 등이다. 마땅히 33명 정도의 국회의원이 해외 교민의 의사를 대변해야 하지 않겠는가?

물론 처음부터 이렇게 운영할 수는 없을 것이다. 중국처럼 민주 정치 체제가 없고 논란이 있는 곳은 조건이 성숙해질 때까지 기다려야 할 수도 있다. 하지만 성숙한 민주주의가 있고 확실한 우호 관계가 있으며 교민의 수가 상당한 지역, 예를 들어 미국, 캐나다, 유럽, 일본에는 지역구를 설정할 수 있을 것이다. 처음에는 미국, 유럽, 일본에 각 1명 정도의 국회의원 지역구를 설정하여 점진적으로 운영해 보는 것도 좋은 방법이다. 또는 초기에 비례 대표 중에 해외 지역 대표를 안배하는 것도 방법이 될 수 있다.

우리나라는 세계에서 가장 우수한 선거 시스템을 갖고 있다. 현지의 국회의원 선거는 현지 공관에서 치를 수 있다. 전자투표 제도를 도입해도 좋을 것이다. 이처럼 해외 지역구 제도가 도입된다면 현지 국가와의 협력 관계를 강화하는 데도 큰 도움이 될 것이다.

　세계적으로도 아직 영토 밖의 의회 제도는 없다. 그러니 우리가 먼저 시작한다면 세계 민주주의 역사에 새로운 장을 열게 될 것이다. 21세기 글로벌 시대에 대한민국이 새로운 리더십을 가지고 세계의 모범국가가 될 수 있지 않을까? 이국의 야인이 꿈을 꾸어 본다.